职业院校汽车专业创新立体化教材

汽车发动机结构与原理

主　编：徐春保　张　秋

副主编：郝　隆　陈华艳　范　哲
　　　　邬仪鸣

参　编：李国栋　周艳辉　黄东宁
　　　　李龙飞　王　勇

机械工业出版社

本书以汽车发动机结构为主线，融合发动机原理，为发动机检测与维修实际操作奠定必需的知识基础。本书介绍了汽车发动机基础知识、曲柄连杆机构、配气机构、汽油机燃油供给系统、柴油机燃油供给系统、发动机冷却与润滑系统、发动机点火与起动系统以及汽车的排放净化等相关系统的基本结构和工作原理。本书按照汽车维修作业项目的实际工艺过程，根据高职高专汽车专业一体化教学实际需要，理论知识与实践技能相结合，着眼于夯实理论基础。本书取材新颖，图文并茂，内容翔实，通俗易懂，实用性强。

本书内容详尽，可作为高等职业院校、高等专科院校、成人高校、民办高校和二级职业技术学院汽车运用与维修及相关专业的教学用书，也可作为相关领域专业技术人员的参考用书及培训用书。

图书在版编目（CIP）数据

汽车发动机结构与原理/徐春保，张秋主编 . —北京：机械工业出版社，2017.6

职业院校汽车专业创新立体化教材

ISBN 978-7-111-57410-1

Ⅰ. ①汽…　Ⅱ. ①徐…②张…　Ⅲ. ①汽车 – 发动机 – 结构 – 职业教育 – 教材　Ⅳ. ①U472.43

中国版本图书馆 CIP 数据核字（2017）第 165555 号

机械工业出版社（北京市百万庄大街 22 号　邮政编码 100037）

策划编辑：母云红　责任编辑：母云红

责任校对：刘志文　封面设计：张　静

责任印制：李　飞

北京机工印刷厂印刷（三河市南杨庄国丰装订厂装订）

2017 年 9 月第 1 版第 1 次印刷

184mm×260mm · 14 印张 · 337 千字

0001—3000 册

标准书号：ISBN 978-7-111-57410-1

定价：35.00 元

"职业院校汽车专业创新立体化教材"
编委会

专家组

胡建军（全国知名汽车维修专家）

阚有波（北京市首届高级汽车维修工技能大赛冠军）

薛庆文（汽车变速器专家）

李绍相（中国汽车后市场联合会汽车工程师专业委员会专家）

崔修元（中国汽车后市场联合会汽车工程师专业委员会专家）

李云松（中国汽车后市场联合会汽车工程师专业委员会专家）

李　龙（中国汽车后市场联合会汽车工程师专业委员会专家）

徐春保（中国汽车后市场联合会汽车工程师专业委员会专家）

编写组（排名不分先后）

徐春保（北京吉利学院）

郝　隆（北京吉利学院）

张　秋（北京吉利学院）

韩　东（长春汽车工业高等专科学校）

尹力卉（长春职业技术学院）

易景然（湖北国土资源职业学院）

潘宗友（兰州石化职业技术学院）

张维军（兰州石化职业技术学院）

鲁民巧（邢台职业技术学院）

王一斐（甘肃交通职业技术学院）

纪光兰（甘肃交通职业技术学院）

胡光辉（湖南交通职业技术学院）

骆瑞清（河南安阳职业技能鉴定所）

姚方方（黄河交通学院）

李军民（安阳工学院）

闫以军（北京市汽车工业高级技工学校）

胡　勇（河南职业技术学院）

邵明田（北京广达汽车维修设备有限公司）

前 言

PREFACE

为推进高职院校汽车类专业教学改革与发展，机械工业出版社于 2015 年 5 月 23—24 日在北京召开"职业院校汽车专业创新立体化课程开发"研讨会。研讨会以创新立体化教材为突破口，探讨了汽车专业课程的创新和发展，以推动职业院校汽车专业教学内容、教学流程和教学方法改革。

本套创新立体化教材的创新点有以下几方面。

1) 在教材的内容组织上，与汽车产业需求、职业标准、生产过程相对接，按照企业真实的技术和装备水平设计理论、技术和实训课程，反映汽车服务企业的真实业务流程。

2) 在教材的编写方式上，通过真实案例、真实项目激发学生的学习兴趣、探究兴趣和职业兴趣。

3) 在教材的表现形式上，采用图片、表格、二维码等多种形式，以"互联网＋"的思维模式，在传统平面教材的基础上通过二维码扫描呈现立体的工作原理、真实的工作情景和环境，使教师更容易教，学生更容易学，实现教材与教学资源的配套和融合。

机械工业出版社于 2015 年 7 月 27 日在郑州中鑫之宝汽车服务有限公司召开"职业院校汽车专业创新立体化课程开发第二次会议"，进一步探讨确定创新立体化课程的具体实现细节，探讨架构全面、立体的课程体系，探讨职业教育与现代汽车维修企业人才需求的对接。

本书是本套教材中的《汽车发动机结构与原理》，以汽车发动机结构为主线，融合发动机原理，为发动机检测与维修实际操作奠定必需的知识基础。本书介绍了汽车发动机基础知识、曲柄连杆机构、配气机构、汽油机燃油供给系统、柴油机燃油供给系统、发动机冷却与润滑系统、发动机点火与起动系统以及汽车的排放净化等相关系统的基本结构和工作原理。

本书面对高职高专教育而编写，其特色如下。

1) 理论立足于实际：基础知识和理论根据实际需求确定。

2) 内容新：设置了"先进技术"小节，介绍目前较前沿的技术。

3) 编写形式直观生动：设有学习目标、学习导入、小结和课后练习题等小栏目，并且嵌入了有助于读者理解的动画、视频、图片等内容的二维码，利用互联网实现了教材的立体化。

本书由北京吉利学院汽车工程学院徐春保、张秋担任主编，郝隆、陈华艳、范哲、邬仪鸣担任副主编，李国栋、周艳辉、黄东宁、李龙飞和王勇也参加了编写。本书在编写过程中得到了北京吉利学院文理学院曾润泽和中车云商（北京）信息技术有限公司王梦伟的大力帮助，在此表示诚挚的感谢。

本书二维码链接中的部分视频和图片由王海翔同学拍摄，在此表示感谢！

由于编者水平有限，书中难免有错误和疏漏之处，希望广大读者批评指正。

编 者

目 录
CONTENTS

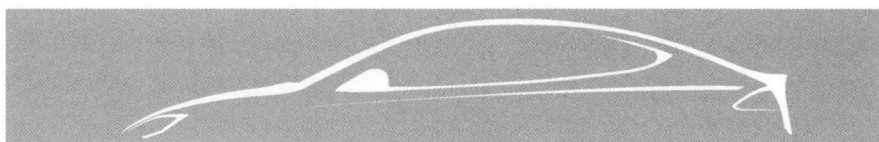

第1章

绪　论

【学习目标】

1. 能够叙述汽车发动机发展简史。
2. 掌握汽车发动机的分类方法、国产发动机车的编号规则。

【学习导入】

　　一位选择了汽车专业的大学生，在专业学习过程中，想了解一下发动机的发展历程，增加自己对汽车发动机的认识，他想知道发动机有哪些类型？是否只有汽油发动机？未来发动机会是什么样的？

1.1　发动机发展概况

　　发动机发展过程是以机械蒸汽机时代为代表，到现在追求节能、环保、动力为核心的发动机。发动机的类型也有着不同的变化，让我们一起来了解一下发动机的发展历程。

1. 蒸汽发动机的应用

18 世纪中叶，瓦特发明了蒸汽机（图 1-1），此后人们开始设想把蒸汽机装到车子上载人。法国的古诺（N. J. Cugnot）是第一个将蒸汽机装到车子上的人。

2. 煤气发动机

1858 年，定居在法国巴黎的里诺发明了煤气发动机（图 1-2），并于 1860 年申请了专利。发动机用煤气和空气的混合气体取代往复式蒸汽机的蒸汽，使用电池和感应线圈产生电火花，用电火花将混合气点燃爆发。这种发动机有气缸、活塞、连杆、飞轮等。

3. 柴油发动机

1892 年，德国工程师狄塞尔根据定压热功循环原理，研制出压燃式柴油机（图 1-3），并取得了制造这种发动机的专利权。

图 1-1　瓦特发明的蒸汽机

图1-2　里诺发明的煤气发动机　　　　　图1-3　狄赛尔发明的柴油机

4. 转子发动机

1957年，德国人汪克尔发明了转子活塞发动机。转子发动机的零件数比往复活塞式汽油机少40%，质量轻、体积小、转速高、功率大，如图1-4所示。日本东洋公司（马自达公司）买下了转子发动机的样机，并把转子发动机装在汽车上。后来由于排放和油耗的要求，这款发动机逐渐退出了市场。

5. 进气道燃油喷射发动机

进气道燃油喷射发动机就是把汽油直接喷射在进气道内，和空气混合后进入到发动机里面进行燃烧的发动机。图1-5是现代电控燃油喷射发动机。

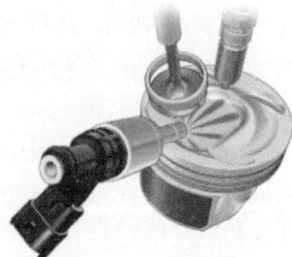

6. 汽油燃油直喷发动机

汽油燃油直喷发动机就是让燃油直接喷射在气缸内，然后再和空气混合进行燃烧，如图1-6所示。采用燃油直喷的形式可以让燃油在很稀的条件下进行燃烧，这样能够节省更多的燃油。

图1-4　转子发动机　　　　　图1-5　电控燃油喷射发动机　　　　　图1-6　汽油燃油直喷发动机

1.2　发动机的分类

汽车发动机通常按照所用燃料、气缸排列方式、进气系统是否采用增压方式进行分类。

1. 按照使用的燃料分类

按照使用燃料的不同可以分为汽油发动机和柴油发动机。

（1）汽油发动机 汽油发动机转速高，质量小，噪声小，起动容易，制造成本低，如图 1-7 所示。

（2）柴油发动机 如图 1-8 所示，柴油发动机压缩比大，热效率高，经济性能和排放性能都比汽油发动机好。

图 1-7 汽油发动机   图 1-8 柴油发动机

2. 按照气缸排列方式分类

按气缸排列方式不同可以分为直列式和 V 形发动机。

（1）直列式发动机 直列四缸是内燃机的气缸排列形式之一，图 1-9 所示为直列 4 缸汽油发动机。

（2）V 形发动机 V 形发动机就是将所有气缸分成两组，把相邻气缸以一定夹角布置在一起，使两组气缸形成有一个夹角的平面，从侧面看气缸呈 V 字形的发动机。图 1-10 所示为 V 形 8 缸汽油发动机。

图 1-9 直列式发动机   图 1-10 V 形发动机

3. 按照进气系统是否采用增压方式分类

按照进气系统是否采用增压方式可以分为自然进气式发动机和增压式发动机。

（1）自然进气式发动机 单独依靠进气产生的吸力吸进混合气的发动机，没有增压装置，如图 1-11 所示。

（2）增压式发动机 增压式发动机又分为涡轮增压式发动机、机械增压式发动机和复合增压式发动机。

1）涡轮增压式发动机。依靠废气的能量带动进气涡轮产生进气增压的发动机，如图1-12所示。

图1-11 自然进气式发动机　　　图1-12 涡轮增压式发动机

2）机械增压式发动机。依靠发动机的能量带动增压泵增加进气量的发动机，如图1-13所示。

3）复合增压式发动机。即废气涡轮增压和机械增压并用，这种装置在大功率柴油机上采用得比较多，其发动机输出功率大，燃油消耗率低，噪声小，只是结构太复杂，技术含量高，维修保养不容易，如图1-14所示。

图1-13 机械增压式发动机　　　图1-14 复合增压式发动机　　　发动机种类及排列

此外，按照行程发动机可分为二冲程发动机和四冲程发动机；按照冷却方式，发动机可分为水冷发动机和风冷发动机；按照气缸数目，发动机可分为单缸发动机和多缸发动机。

1.3 国产发动机编号规则

发动机型号及出厂编号是汽车的重要标志之一。按规定，发动机型号应打印或铸在气缸体的易见部位，发动机出厂编号应打印在气缸体的易见且易拓印的部位，两端应打印起止标记。新车登记时，应将发动机出厂编号用复写纸拓印下来，交车辆管理部门存档。

1. 内燃机型号的组成

首部：为产品特征代号（产品系列符号和换代标志符号），由制造厂根据需要自选相应字母表示，但需主管部门核准。

中部：由缸数符号、冲程符号、气缸排列形式符号和缸径符号等组成。

后部：结构特征和用途特征符号，以字母表示。

尾部：区分符号。同一系列产品因改进等原因需要区分时，由制造厂选用适当符号表示。

2. 内燃机型号的排列顺序及符号所代表的意义

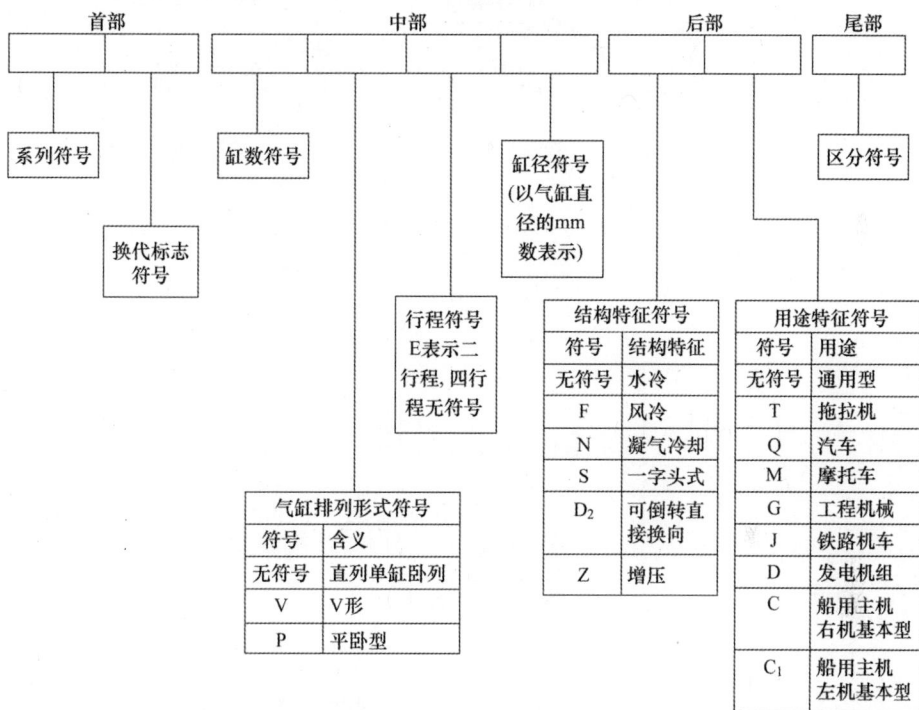

首部：系列符号、换代标志符号

中部：缸数符号、行程符号（E表示二行程，四行程无符号）、气缸排列形式符号、缸径符号（以气缸直径的mm数表示）

后部：结构特征符号、用途特征符号

尾部：区分符号

气缸排列形式符号

符号	含义
无符号	直列单缸卧列
V	V形
P	平卧型

结构特征符号

符号	结构特征
无符号	水冷
F	风冷
N	凝气冷却
S	一字头式
D_2	可倒转直接换向
Z	增压

用途特征符号

符号	用途
无符号	通用型
T	拖拉机
Q	汽车
M	摩托车
G	工程机械
J	铁路机车
D	发电机组
C	船用主机右机基本型
C_1	船用主机左机基本型

3. 型号编制举例

（1）汽油机

1E65F：表示单缸，二行程，缸径65mm，风冷通用型。

4100Q-4：表示四缸，四冲程，缸径100mm，水冷车用型，第四种变型产品。

TJ376Q：表示三缸，四冲程，缸径76mm，水冷车用型，TJ表示系列符号。

CA488：表示四缸，四冲程，缸径88mm，水冷通用型，CA表示系列符号。

（2）柴油机

195：表示单缸，四冲程，缸径95mm，水冷通用型。

165F：表示单缸，四冲程，缸径65mm，风冷通用型。

6135Q：表示六缸，四冲程，缸径135mm，水冷车用型。

X4105：表示四缸，四冲程，缸径105mm，水冷通用型，X表示系列代号。

【小　结】

```
发动机分类
 ├─ 按照所用燃料分
 │        ├─ 汽油发动机
 │        └─ 柴油发动机
 ├─ 按照行程分
 │        ├─ 二冲程发动机
 │        └─ 四冲程发动机
 ├─ 按照冷却方式分
 │        ├─ 水冷发动机
 │        └─ 风冷发动机
 ├─ 按照气缸数目分
 │        ├─ 单缸发动机
 │        └─ 多缸发动机
 ├─ 按照气缸排列方式分
 │        ├─ 直列式发动机
 │        └─ V形发动机
 └─ 按照进气方式分
          ├─ 自然吸气式发动机
          └─ 增压式发动机
```

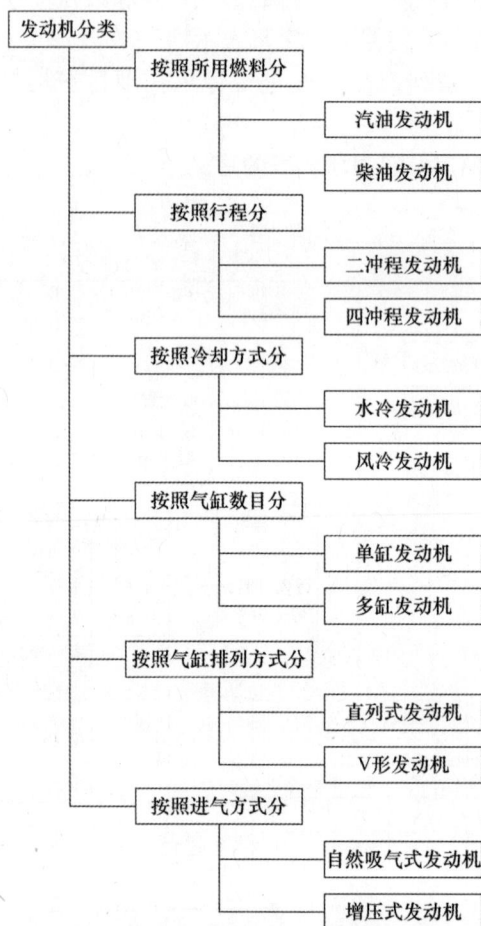

1. 发动机是将某一种形式的能量转变成机械能的机器。
2. 发动机按照不同的分类方法有不同的类型。
3. 发动机型号有一定的编号规则。

【课后练习题】

1. 简述发动机的发展历程。
2. 发动机有哪些类型？
3. 简述 CA488、JL579Q 的含义。

第 2 章

CHAPTER 2

发动机基础知识

【学习目标】

1. 能够解释发动机结构的基本术语。
2. 能够叙述四冲程发动机的工作原理。
3. 掌握发动机的总体构造；了解发动机的主要性能指标与特性。

【学习导入】

在了解了发动机的发展历程及种类后，该学生对发动机有了更多的认识，他知道了发动机是什么样的。但是对于推动汽车前进的发动机他还是所知甚少，所以他想知道发动机是由哪些部件组成的？发动机是如何产生动力，推动汽车行进的？

2.1 发动机结构基本术语

发动机是将某一种形式的能量转换为机械能的机器。发动机是汽车的动力源，其结构比较复杂。为了研究方便，人们规定了大量的术语，掌握这些术语是我们学习发动机的基础。

单缸四冲程发动机示意图如图 2-1 所示。活塞置于气缸中，活塞可在气缸中做往复直线运动，活塞通过连杆和曲轴相连，曲轴可绕其轴线旋转。发动机结构的基本术语如图 2-2 所示。

1）上止点：活塞顶部离曲轴中心最远处，即活塞最高位置。

2）下止点：活塞顶部离曲轴中心最近处，即活塞最低位置。

3）活塞行程（S）：上、下止点间的距离。

4）曲柄半径（R）：曲轴与连杆下端的连接中心至曲轴旋转中心的距离（$S = 2R$）。

5）气缸工作容积（V_h）：活塞从上止点到下止点所扫过的容积称为气缸工作容积或气缸排量，用符号 V_h 表示。多缸发动机各气缸工作容积的总和，称为发动机工作容积或发动机排量，用符号 V_L（单位为 L）表示。

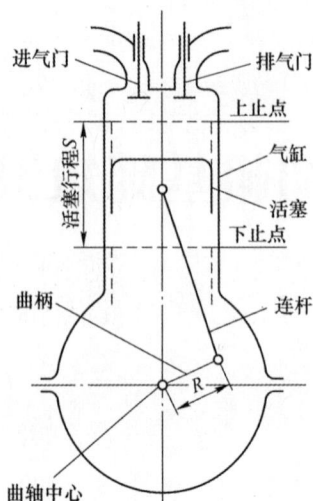

图 2-1 单缸四冲程发动机示意图

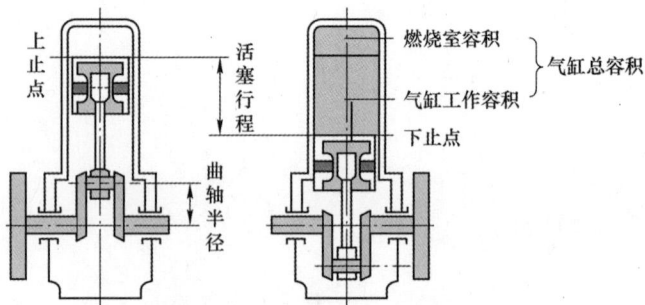

图 2-2 发动机的基本术语

$$V_L = \frac{\pi D^2}{4 \times 10^3} Si$$

式中 D——气缸直径，单位为 cm；

S——活塞行程，单位为 cm；

i——气缸数。

6）燃烧室容积（V_c）：活塞在上止点时，活塞顶上面的空间为燃烧室，它的容积叫燃烧室容积（单位为 L）。

7）气缸总容积（V_a）：活塞在下止点时，活塞顶上面整个空间的容积（单位为 L）。它等于气缸工作容积与燃烧室容积之和，即

$$V_a = V_h + V_c$$

8）压缩比（ε）：气缸总容积与燃烧室容积的比值，即

$$\varepsilon = V_a / V_c = 1 + V_h / V_c$$

它表示活塞由下止点移动到上止点时，气缸内气体被压缩的程度。压缩比越大，则压缩终了时气缸内的压力和温度就越高。目前，一般车用汽油机的压缩比约为 6～10，也有高达 10 以上的。如一汽奥迪 A6 轿车的六缸 2.4L 发动机压缩比为 10.5。柴油机的压缩比约为 15～22。

扫一扫

发动机术语

2.2 四冲程发动机的工作原理

汽油发动机是将汽油和空气混合后的可燃混合气吸入发动机气缸内，用电火花强制点燃使其燃烧，产生热能而膨胀做功。柴油机是利用喷油泵使柴油在高压下由喷油器直接喷入发动机气缸内，并与气缸内已经被压缩的高温空气混合形成混合气，自燃后产生热能而膨胀做功。

2.2.1 四冲程汽油机的工作原理

四冲程汽油发动机每完成一个工作循环需要经过进气、压缩、膨胀（做功）和排气四个过程，如图 2-3 所示。对应活塞上、下四个行程，相应的曲轴旋转 720°（两圈）。

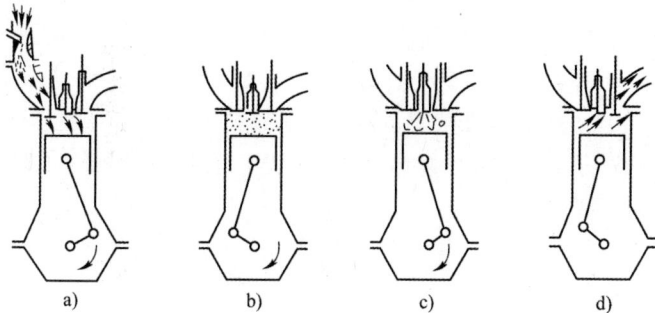

图 2-3 四冲程汽油机的工作原理示意图

a）进气行程 b）压缩行程 c）膨胀行程（做功行程） d）排气行程

1. 进气行程

进气行程如图 2-4 所示。进气行程开始时，排气门关闭，进气门开启，活塞被曲轴带动从上止点向下止点移动一个行程；曲轴由 0° 沿顺时针方向转到 180°。

当活塞从上止点向下止点移动时，气缸内活塞上方的容积增大，压力降低到小于大气压力，产生了真空度。这时，可燃混合气经进气歧管、进气门吸入气缸。由于进气系统有阻力，且进气时间很短，故进气终了时气缸内的气体压力略低于大气压力，约为 75 ~ 90kPa。

流进气缸内的可燃混合气，因与气缸壁、活塞顶等高温机件接触并与前一行程（排气行程）留下的高温残余废气混合，所以它的温度上升到 80 ~ 130℃。

图 2-4 进气行程

2. 压缩行程

压缩行程如图 2-5 所示。为使可燃混合气能迅速、完全、集中地燃烧，使发动机能发出更大的功率，燃烧前必须将可燃混合气进行压缩。在进气行程终了时，活塞自下止点向上止点移动，曲轴由 180° 转到 360°，此时进、排气门均关闭。随着气缸的容积不断缩小，可燃混合气受到压缩，其温度和压力不断升高。压缩行程一直持续到活塞到达上止点时为止，此时，可燃混合气被压缩到活塞上方的很小空间，即燃烧室中。压缩终了时，可燃混合气的温度约为 327 ~ 427℃，可燃混合气压力约为 600 ~ 1500kPa。

压缩终了时可燃混合气的压力和温度取决于压缩比，压缩比越大，燃烧速度越快，因而

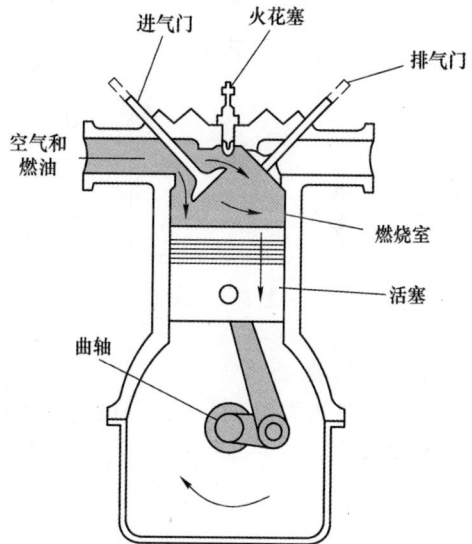

发动机发出的功率便越大，经济性越好。但压缩比过大时，不仅不能进一步改善燃烧，反而会出现爆燃和表面点火等不正常燃烧现象。

3. 做功行程

做功行程如图 2-6 所示。在这个行程中，进、排气门仍关闭。当活塞接近上止点时，装在气缸盖上的火花塞在高压电作用下产生电火花，点燃被压缩的可燃混合气。可燃混合气燃烧后，释放出大量的热能，使燃气的压力和温度急剧升高。瞬时压力可达 3~5MPa，瞬时温度可达 1927~2527℃。由于燃气体积迅速膨胀，活塞被高压气体推动从上止点下行，带动曲轴从 360° 旋转到 540°，并输出机械能，能量除了维持发动机本身继续运转消耗一部分外，其余部分都用于对外做功，所以该行程称为做功行程。在做功行程终了时，压力降到 0.3~0.5MPa，温度则降为 1027~1327℃。

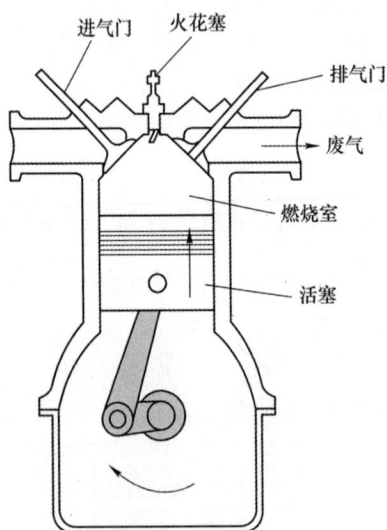

图 2-5　压缩行程　　　　图 2-6　做功行程

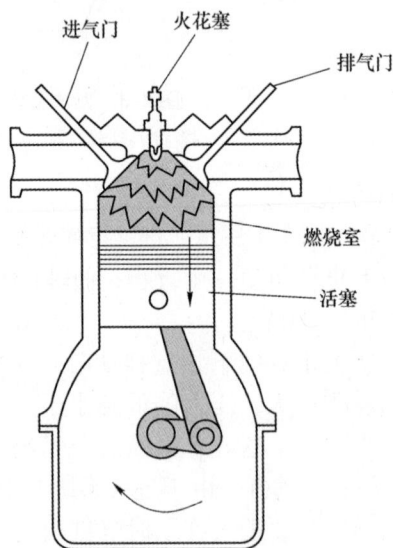

4. 排气行程

排气行程如图 2-7 所示。当做功行程接近终了时，进气门关闭，排气门开启，曲轴通过连杆推动活塞从下止点向上止点运动，曲轴由 540° 旋转到 720°。废气在自身残余压力和活塞的推力作用下从气缸中排出，进入大气之中。活塞到上止点附近时，排气行程结束。由于排气系统存在排气阻力，所以在排气终了时，气缸内压力稍高于大气压力，约为 105~125kPa，废气温度约为 627~927℃。

因燃烧室占有一定容积，故排气终了时，不可能将废气排尽，留下的这一部分废气称为残余废气。

2.2.2　四冲程柴油机的工作原理

四冲程柴油机（压燃式发动机）和四冲程汽油机一样，每个工作循环也经历进气、压缩、做功、排气四个行程。由于柴油机用的柴油其黏度比汽油大，不易蒸发，且自燃温度又较汽油低，因此可燃混合气的形成及着火方式不同于汽油机。

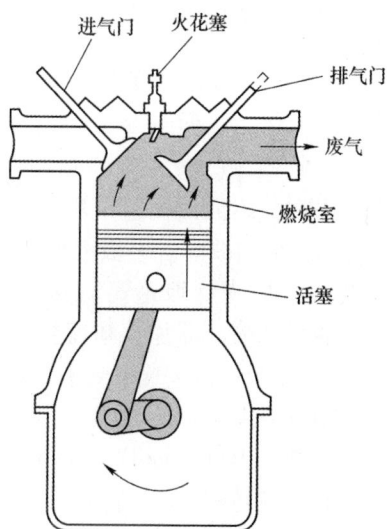

图 2-7　排气行程

扫一扫　　　　扫一扫

四冲程汽油机工作原理　　二冲程工作过程

图 2-8 所示为四冲程柴油机工作原理示意图。柴油机在进气行程吸入的是纯空气。在压缩行程接近终了时，柴油经喷油泵将油压提高到 10MPa 以上，通过喷油器的高压喷射，将柴油分散成数以百万计的细小油雾喷入气缸，在很短时间内与压缩后的高温空气相混合，形成可燃混合气。因此，柴油机混合气的形成不同于汽油机，它是在气缸内形成可燃混合气的。

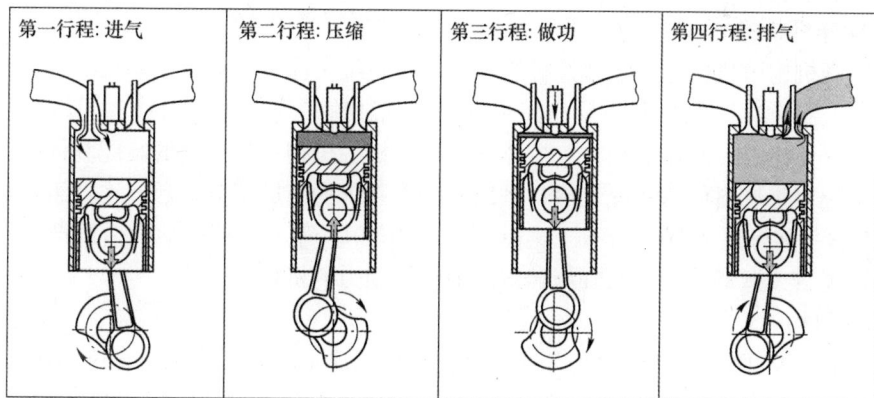

| 第一行程: 进气 | 第二行程: 压缩 | 第三行程: 做功 | 第四行程: 排气 |

图 2-8　四冲程柴油机的工作原理示意图

由于柴油机压缩终了时气缸内空气压力可达 3.5～4.5MPa，同时温度高达 477～727℃，大大超过柴油的自燃温度。故柴油喷入气缸后，在很短的时间内与高温高压空气混合后便立即自行发火燃烧。气缸内气压急剧上升到 6～9MPa，温度也升到 1727～2227℃。在高压气体推动下，活塞向下运动并带动曲轴旋转而做功，废气同样经排气管排入大气中。

从四冲程发动机的工作循环可知，四个行程中只有一个行程是做功的，其他三个行程是消耗动力的做功准备行程。因此，对于单缸发动机，使曲轴旋转的动力仅来自于做功行程，其余三个行程是靠贮存能量的飞轮惯性维持转动。显然，在做功行程时，曲轴的转速比其他三个行程转速要高，所以它的转速是不均匀的，因而发动机工作就不平稳，振动大。为了解决这个问题，将飞轮做成具有更大的转动惯量，但这样会使整个发动机质量和尺寸增加。采用多缸发动机便可弥补上述不足。现代汽车用得最多的是四缸、六缸和八缸发动机。

2.2.3 汽油机与柴油机的比较

柴油机与汽油机相比，各有其特点。柴油机因压缩比高，燃油消耗率平均比汽油机低30%左右，故燃油经济性较好，且柴油机没有电气和点火系统的故障。一般载质量在7t以上的载货汽车多用柴油机。但传统的柴油机转速较汽油机低（一般最高转速在2500～3000r/min左右）、质量大、制造和维修费用高（因为喷油泵和喷油器加工精度要求较高）。如今随着科技的进步，柴油机的这些弱点逐渐得到克服，它的应用范围普及到中、轻型载货汽车。目前轿车也部分采用柴油机，其最高转速可达5000r/min以上。

汽油机具有转速高（目前轿车用汽油机最高转速达5000～6000r/min）、质量小、工作噪声小、起动容易、工作稳定、操作省力、适应性好、制造和维修费用低等特点，故在轿车和中、小型载货汽车及军用越野车上得到广泛的应用。但汽油机燃油消耗率较高，因而其燃料经济性较差。

2.3 发动机的总体构造

发动机是一部复杂的机器，不同类型或即使是同类型的发动机，其具体结构也各不相同，但基本构造相似。通常，汽油机由两大机构五大系统组成，柴油机由两大机构四大系统组成（无点火系统）。常见轿车四缸发动机结构如图2-9所示。

1. 曲柄连杆机构

曲柄连杆机构由机体组、活塞连杆组和曲轴飞轮组三部分组成。发动机的机体组包括气缸盖2、气缸盖罩盖、气缸体31及油底壳7等。气缸盖和气缸体的内壁共同组成燃烧室的一部分，是承受高温、高压的机件。机体作为发动机各机构、各系统的装配基体，其本身的许多部分又分别是燃料供给系统、冷却系统和润滑系统的组成部分。活塞连杆组和曲轴飞轮组包括活塞8、连杆总成10、带有飞轮齿圈6的曲轴15等。这是发动机借以产生动力，并将活塞的往复直线运动转变为曲轴旋转运动而输出动力的机构。

2. 配气机构

配气机构包括进气门41、排气门39、液压挺杆总成42、凸轮轴43、凸轮轴正时齿轮33（由曲轴正时齿轮18通过正时带29驱动）、气门弹簧40等。其作用是使可燃混合气及时充入气缸并及时将废气从气缸中排出。

3. 燃料供给系统

燃料供给系统的作用是根据发动机各种工况要求，配制具有一定数量和浓度的可燃混合气供入气缸，并将燃烧后生成的废气排出发动机。

4. 点火系统

点火系统的功用是保证按规定时刻及时点燃气缸中被压缩的可燃混合气。包括电源（蓄电池和发电机）、分电器、点火开关、点火线圈、火花塞等。

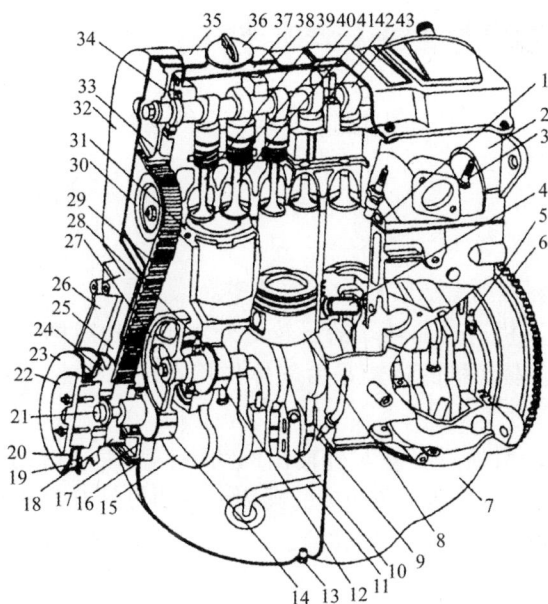

扫一扫

发动机外观

图 2-9　常见轿车四缸发动机

1—气缸垫　2—气缸盖　3—火花塞　4—活塞销　5—曲轴后端封油挡板　6—飞轮齿圈　7—油底壳　8—活塞
9—油标尺　10—连杆总成　11—机油集滤器　12—中间轴轴承　13—放油螺塞　14—曲轴主轴承　15—曲轴
16—曲轴轴承盖　17—曲轴前端封油挡板　18—曲轴正时齿轮　19—空调压缩机带　20—调整垫片　21—正时
齿轮拧紧螺栓　22—压紧盖　23—空调压缩机带轮　24—水泵、发电机曲轴带轮　25—正时齿轮下罩盖
26—空调压缩机支架　27—中间正时齿轮　28—中间轴　29—正时带　30—偏心轮张紧机构　31—气缸体
32—正时齿轮上罩盖　33—凸轮轴正时齿轮　34—凸轮轴前端油封　35—凸轮轴罩盖　36—机油加油口盖
37—凸轮轴机油挡油板　38—凸轮轴轴承盖　39—排气门　40—气门弹簧　41—进气门
42—液压挺杆总成　43—凸轮轴

5. 冷却系统

冷却系统主要包括冷却液泵、散热器、风扇、节温器、冷却液温度表以及气缸体 31 和气缸盖 2 里铸出的水套等。其功用是散发受热机件的热于大气之中，以使发动机在最适宜的温度下工作。

6. 润滑系统

润滑系统包括油底壳 7、机油集滤器 11、机油泵、限压阀、润滑油道及油管、油温和油压传感器、油温和油压表、油标尺 9 等。润滑系统的功用是将润滑油不断地供给做相对运动的零件以减少它们之间的摩擦阻力，减轻机件的磨损，并部分地冷却摩擦零件，清洗摩擦表面。

扫一扫

发动机的运转

7. 起动系统

起动系统包括起动机、冷起动加热器及其附属装置，用以使静止的发动机起动并转入自行运转。

2.4 发动机的主要性能指标与特性

发动机的主要性能指标包括动力性指标和经济性指标；特性主要有速度特性和负荷特性。

2.4.1 动力性指标

发动机的动力性指标包括有效转矩、有效功率等。

（1）有效转矩　发动机通过曲轴端的飞轮对外输出的转矩称为发动机的有效转矩，用 M_e 表示，单位为 N·m。发动机的转矩是由气体作用在活塞上的力通过连杆推动曲轴而产生的。

（2）有效功率　发动机通过飞轮对外输出的功率称为发动机的有效功率，用 P_e 表示，单位为 kW。它等于有效转矩与曲轴角速度的乘积。发动机的有效功率可以用台架试验方法测定。在测功器上测定有效转矩和曲轴转速，然后运用以下公式算出发动机有效功率（单位为 kW）：

$$P_e = M_e \frac{2\pi n}{60} \times 10^{-3} = \frac{M_e n}{9550}$$

式中　M_e——有效转矩，单位为 N·m；

n——曲轴转速，单位为 r/min。

发动机产品铭牌上标明的功率及相应的转速称为标定功率和标定转速。按内燃机台架试验国家标准规定，发动机的标定功率分为 15min 功率、1h 功率、12h 功率和持续功率四种。鉴于汽车发动机经常在部分负荷下，即在较小的功率下工作，仅在克服上坡阻力和加速等情况下才短时间地使用最大功率，为了保证发动机有较小的结构尺寸和重量，汽车发动机经常用 15min 功率作为标定功率。

2.4.2 经济性指标

一般用燃油消耗率表示发动机的经济性指标。燃油消耗率指发动机每发出 1kW 有效功率，在 1h 内所消耗的燃油量（以 g 为单位），用 g_e 表示。很明显，燃油消耗率越低，发动机的燃油经济性越好。

燃油消耗率［单位为 g/(kW·h)］按下式计算：

$$g_e = \frac{G_f}{P_e} \times 10^3$$

式中　G_f——发动机每单位时间的耗油量，单位为 kg/h，可由试验测定；

P_e——发动机的有效功率，单位为 kW。

2.4.3 速度特性

发动机的速度特性指发动机的功率、转矩和燃油消耗率三者随曲轴转速变化的规律。该特性可在发动机试验台（例如测功器试验台）上通过试验来测得。试验时，当节气门开度达到最大时，所得到的速度特性称为发动机外特性。图 2-10 所示为汽油发动机外特性曲线。

相应地把在节气门其他开度情况下得到的速度特性称为部分特性。

发动机外特性代表了发动机所具有的最高动力性能。

外特性曲线上标出的发动机最大功率和最大转矩及其相应的转速是表示发动机特性的重要指标。当分析发动机外特性是否符合使用要求时，要联系汽车使用条件，诸如道路情况、所要求克服的阻力数值、最高车速等。

2.4.4　发动机的工况与负荷

发动机工作状况（简称发动机工况）一般用它的功率与曲轴转速来表征，有时也用负荷与曲轴转速来表征。

发动机在某一转速下的负荷就是当时发动机发出的功率与同一转速下所可能发出的最大功率之比，以百分数表示。

图 2-11 所示为某汽油发动机的一组特性曲线。Ⅰ 表示相应于节气门全开时的外特性曲线，Ⅱ、Ⅲ 分别表示节气门开度依次减小时所得到的部分特性曲线。

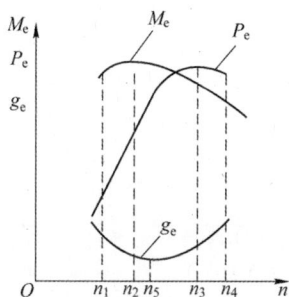

图 2-10　汽油发动机外特性曲线　　　图 2-11　某汽油发动机的一组特性曲线

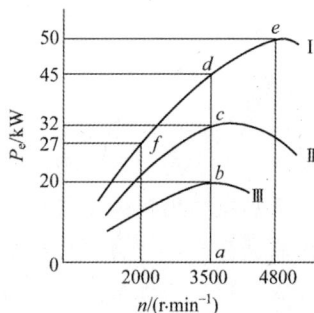

由图可知，当 $n = 3500 r/min$ 时，由于节气门开度不同，在该转速下该汽油发动机可能发出的最大功率为 45kW。在该转速下 Ⅱ、Ⅲ 位置所对应的功率分别为 32kW、20kW。根据对负荷的定义，可求出 a、b、c、d 四个工况下的负荷值。

工况 a：负荷为零（称为发动机空转工况）；

工况 b：负荷 = $(20/45) \times 100\% = 44.4\%$；

工况 c：负荷 = $(32/45) \times 100\% = 71.7\%$；

工况 d：负荷 = $(45/45) \times 100\% = 100\%$（发动机全负荷）。

因此，外特性曲线上各点都表示在各转速下的全负荷工况，但在同一条部分特性曲线上各点的负荷值却不相同。在同一转速下，节气门开度越大表示负荷越大，但是二者并不成正比。

应当注意，负荷和功率的概念不要混淆。如某一转速时的全负荷（如 d 点），并不意味着是发动机发出的最大功率。发动机的最大功率应当是工况 e 下的功率。又如在工况 f 下，虽然其功率比工况 c 下小，但却是全负荷。这就是说，功率大小并不代表负荷的大小。

【小　结】

1. 活塞从上止点到下止点所扫过的容积称为气缸工作容积或气缸排量。多缸发动机各气缸工作容积的总和，称为发动机工作容积或发动机排量。

2. 四冲程汽油发动机每完成一个工作循环需要经过进气、压缩、膨胀（做功）和排气四个过程，对应活塞上、下四个行程，相应地，曲轴旋转720°（两圈）。

3. 柴油机比汽油机的燃油经济性好，且柴油机没有电气和点火系统故障。但柴油机转速较汽油机低、质量大、制造和维修费用高。汽油机具有转速高、质量小、工作噪声小、起动容易、工作稳定、操作省力、适应性好、制造和维修费用低等特点，故在轿车和中、小型载货汽车及军用越野车上得到广泛的应用。

4. 汽油机由两大机构五大系统组成，柴油机由两大机构四大系统组成（无点火系统）。

5. 发动机的动力性指标有有效转矩、有效功率等。一般用燃油消耗率表示发动机的经济性指标。

【课后练习题】

1. 名词解释：上止点、发动机排量、压缩比、发动机外特性、发动机负荷。

2. 简述四冲程汽油发动机的工作过程。

3. 汽油机与柴油机在总体构造上有何异同？在性能方面有何区别？

4. 发动机由哪些机构、系统组成？各部分功用是什么？

第3章

CHAPTER 3

曲柄连杆机构

【学习目标】

1. 能够叙述曲柄连杆机构的功用及组成。
2. 掌握机体组的作用、组成和结构形式。
3. 掌握活塞连杆组的组成、作用和结构特点。
4. 能够叙述曲轴飞轮组的作用、组成和结构特点。

【学习导入】

该同学学习后，了解了发动机是如何进行工作、产生动力的，对于发动机的组成部件及发动机的种类也有了认识，但是对于发动机具体系统部件的结构、功用并不了解，所以为加强对发动机的认识，该同学还需要认识发动机的几大机构，首当其冲的就是发动机中产生动力的机构——曲柄连杆机构。

3.1 概述

3.1.1 曲柄连杆机构的功用

曲柄连杆机构是往复活塞式内燃机将热能转变为机械能的主要机构。其功用是把燃气作用在活塞顶面上的压力转变为曲轴的转矩，向工作机构输出机械能，如图3-1所示。

3.1.2 曲柄连杆机构的组成

曲柄连杆机构的组成如图3-2所示。曲柄连杆机构由机体组、活塞连杆组和曲轴飞轮组三部分组成，如图3-3和图3-4所示。

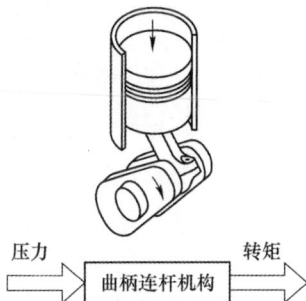

图3-1 曲柄连杆机构的功用

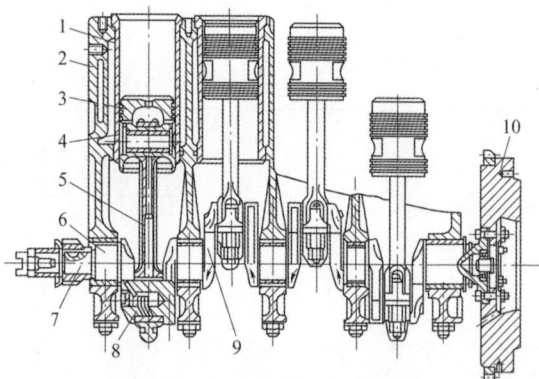

图 3-2　曲柄连杆机构的组成

1—气缸套　2—气缸体　3—活塞　4—活塞销　5—连杆　6—曲轴主轴径
7—曲轴　8—连杆轴径　9—曲柄　10—飞轮

扫一扫

曲柄连杆机构

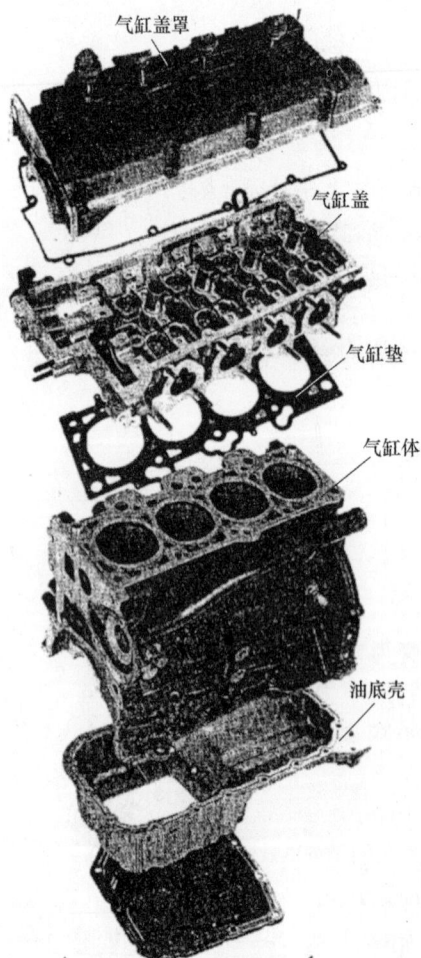

图 3-3　机体组

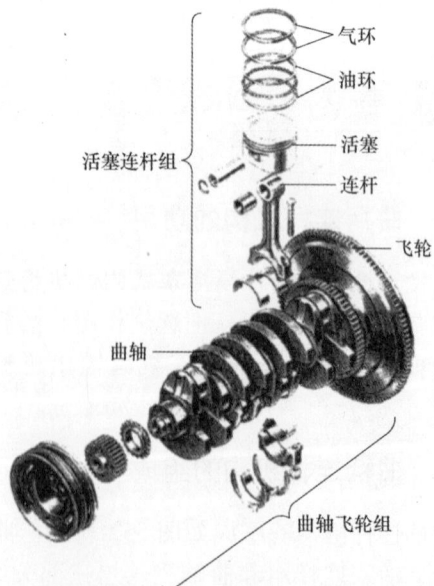

图 3-4　活塞连杆组和曲轴飞轮组

3.2　机体组

机体组是发动机的支架，是曲柄连杆机构、配气机构和发动机各系统主要零部件的装配基体。气缸盖用来封闭气缸顶部，并与活塞顶和气缸壁一起形成燃烧室。另外，气缸盖和机体内的水套、油道以及油底壳又分别是冷却系统和润滑系统的组成部分。

发动机机体组主要由气缸盖、气缸盖罩盖、气缸垫、气缸体及油底壳等组成。镶气缸套的发动机还包括干式或湿式气缸套。

3.2.1　气缸体

1. 气缸体的结构特点

绝大多数水冷发动机的气缸体与曲轴箱连铸在一起，而且多缸发动机的各个气缸也合铸成一个整体，如图 3-5 所示。

在发动机工作时，气缸体承受拉、压、弯、扭等不同形式的机械负荷，同时还承受很大的热负荷。因此，气缸体应具有足够的强度和刚度，且耐磨损和耐腐蚀。为减轻整机的重量和尺寸，应力求结构紧凑。

2. 气缸体材料

气缸体一般用高强度灰铸铁或铝合金铸造。最近，在轿车发动机上采用铝合金气缸体的越来越普遍，如奥迪 A8 发动机。与铸铁气缸体相比，铝合金气缸体有下列优点。

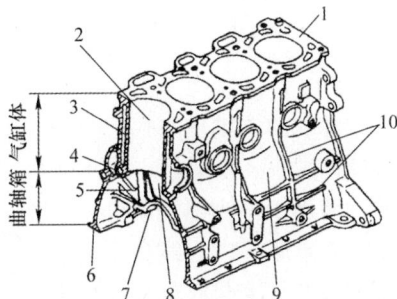

图 3-5　水冷发动机的气缸体

1—气缸体顶面　2—气缸　3—水套
4—主油道　5—横隔板上的加强筋
6—气缸体底部　7—主轴承座
8—缸间间隔板　9—气缸体
侧壁　10—侧壁上的加强筋

1）全铝气缸体与铝活塞的热膨胀系数相同，因此，活塞与气缸的间隙可以控制到最小，从而可以降低噪声和机油消耗量。

2）铝合金的导热性好，因此采用全铝气缸体可以提高压缩比，有利于提高发动机的功率。

3）铝合金气缸体质量轻，有利于前置发动机前轮驱动的轿车前后轮载荷的合理分配。

4）由于铝合金气缸体散热性好，可以减少冷却液容量，减小散热器尺寸，使整个发动机轻量化。

铝合金气缸体的缺点是成本高。

3. 气缸体构造

气缸体是结构极为复杂的箱形零件，其大部分壁厚均为铸造工艺许用的最小壁厚。在气缸体侧壁和前、后壁的内外表面以及缸间的横隔板上均有加强筋，旨在减小气缸体质量的同时，保证气缸体有足够的强度和刚度。在气缸体的前、后壁和缸间横隔板上铸有支撑曲轴的主轴承座或主轴承座孔以及满足润滑需要的纵、横油道。在水冷发动机气缸的外壁铸有冷却水套和布水室，以增强散热。

缸体的构造与曲轴箱结构形式、气缸排列形式和气缸结构形式有关。

1）根据气缸体的曲轴箱结构形式的不同，可将其分为一般式（平底式）、龙门式和隧道式三种，如图3-6所示。

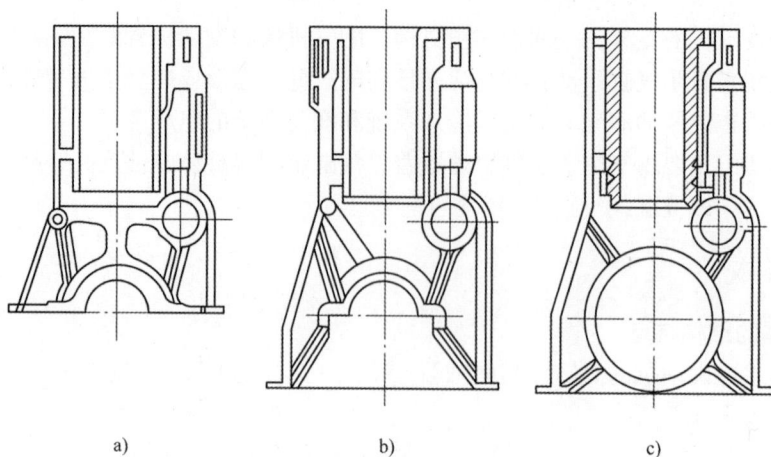

图3-6 气缸体结构示意图

a）一般式 b）龙门式 c）隧道式

发动机的主轴承座孔中心线位于曲轴箱分开面上的为一般式气缸体（图3-6a），其特点是机体高度小、质量轻、便于机械加工，但刚度较差，且前、后端与油底壳接合处的密封性较差，多用于中小型发动机，如BJ492Q汽油机及夏利、富康等轿车发动机。

主轴承座孔中心线高于气缸体下表面的机体称为龙门式气缸体（图3-6b），其特点是结构刚度较好，密封简单可靠，维修方便，但工艺性差。

隧道式气缸体的主轴承座孔不分开（图3-6c），其特点是结构刚度大，主轴承的同轴度易保证，但拆装不便，多用于主轴承采用滚动轴承的负荷较大的柴油机，如黄河JN1181C13型汽车装用的6135Q型发动机。

气缸体内引导活塞做往复运动的圆柱形空腔称为气缸。其工作表面除承受燃气的高温高压外，还有活塞在其中做高速往复运动，故必须耐高温、耐高压、耐磨损和耐化学腐蚀。通常从气缸的材料、加工精度和结构形式等方面予以保证。

2）气缸排列形式有直列式、V形、对置式等，如图3-7所示。

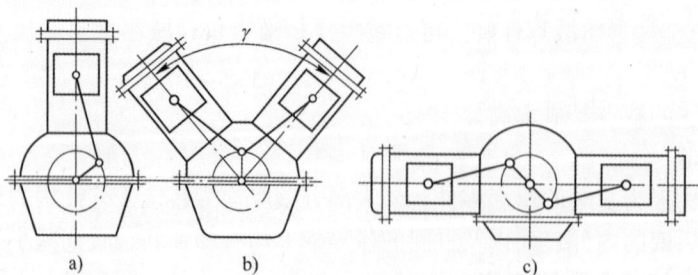

图3-7 气缸的排列形式

a）单列式（直列式） b）V形 c）对置式

各气缸排成一直列的称为直列式气缸排列。其特点是机体的宽度小而高度和长度大，一般只用于六缸以下的发动机。通常把采用直列式气缸排列的发动机称为直列式发动机。六缸直列式发动机的平衡性最好，发动机工作时不产生振动。

两列气缸排成 V 形的称为 V 形气缸排列。此发动机称为 V 形发动机。V 形发动机机体宽度大，而长度和高度小，形状比较复杂。但机体的刚度大，重量和外形尺寸较小。图 3-8 所示为奥迪 A6L2. 5 V6 FSI 发动机。

对置式发动机是指两列气缸水平相对排列，其优点是重心低，而且水平对置式发动机的平衡性好。

3）根据气缸结构形式的不同，可分为无气缸套、干式气缸套和湿式气缸套三种，如图 3-9所示。

图 3-8　奥迪 A6L2. 5 V6 FSI 发动机

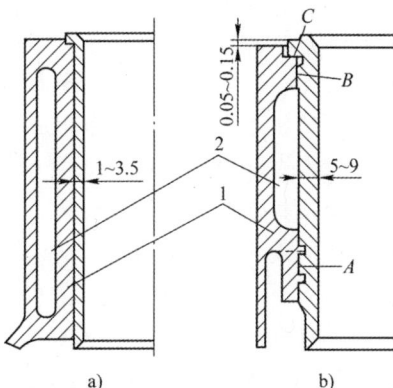

图 3-9　气缸结构形式
a）干式气缸套　b）湿式气缸套
1—缸体　2—水套

无气缸套式机体即不镶嵌任何气缸套的机体，在机体上直接加工出气缸。其优点是缩短气缸中心距，从而使机体的尺寸和重量减少，机体的刚度大，工艺性好。其缺点是为了保证气缸的耐磨性，整个机体必须采用耐磨的合金铸铁制造。国产轿车红旗 CA488-3、捷达、桑塔纳发动机都是采用合金铸铁无气缸套式的机体，图 3-10所示为装配奥迪 A3 EA211 1.4TFSI 发动机的无气缸套式缸体。

气缸套的外表面不直接与冷却液接触的称为干式气缸套。为保证散热效果和缸套的定位，缸套的外表面与气缸体的缸套座孔内表面必须精确加工，且一般采用过盈配合，壁厚仅为 1～3.5mm 的干式气缸套是被压装到气缸中去的。

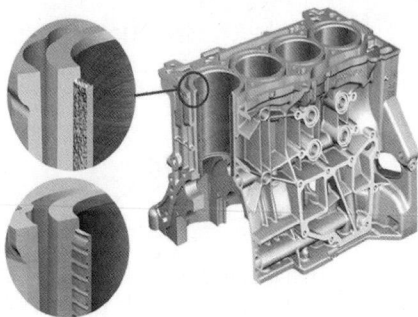

图 3-10　EA211 1.4TFSI 发动机
的无气缸套式缸体

气缸套的外表面直接与冷却液接触的称为湿式气缸套。其壁厚达 5~9mm，以微小的装配间隙放入气缸中。大多数湿式气缸套装入后，其顶面一般高出气缸体 0.05~0.15mm，这样在紧固气缸盖螺栓时，可将气缸垫压得更紧，以保证气缸的密封性，防止漏水、漏气。相对而言，湿式气缸套具有散热性好、缸体铸造方便、易拆卸等优点。

扫一扫

气缸体

拓展知识：先进技术

（1）铝镁合金复合式曲轴箱　宝马公司使用的 N52 发动机采用世界首创的铝镁合金复合式曲轴箱，如图 3-11 所示。

使用铝镁合金复合式曲轴箱可以在很大程度上减轻汽车重量。减轻重量就意味着降低了耗油量，并可改善车辆的行驶动力性与灵活性。由于某些镁合金具有很好的铸造特性，因此可以制造出面积较大、较复杂且具有较高表面质量的压铸件。由于熔化温度较低、熔化能量和热容量较小，压铸镁合金时的压射率比压铸铝合金时最多可提高 50%。

（2）两件式曲轴箱　宝马 N52 四缸发动机上采用了两件式曲轴箱，如图 3-12 所示。曲轴箱上部件采用的是铝镁合金复合式结构。为了提高部件的刚度，下部件采用了底板结构。底板也是由镁合金制成的。

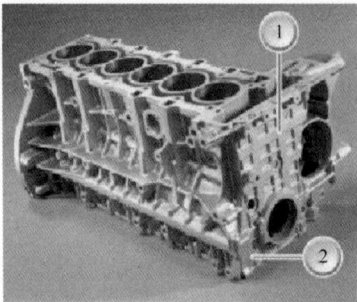

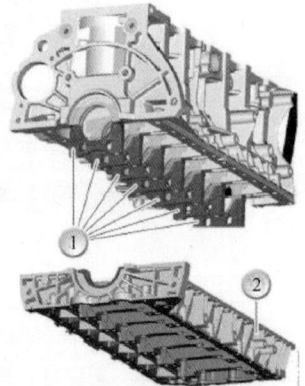

图 3-11　宝马气缸体
1—曲轴箱上部件　2—底板　3—铝镁合金复合式曲轴箱　4—硅铝合金嵌入件

图 3-12　两件式曲轴箱
1—底板嵌入件　2—底板

3.2.2　气缸盖和气缸垫

1. 气缸盖

气缸盖用来封闭气缸的上部，并与活塞顶、气缸壁共同构成燃烧室。

气缸盖内有与气缸体相通的冷却液套、燃烧室、火花塞座孔（汽油机）或喷油器座孔（柴油发动机）、进排气道等。为制造和维修方便、减小变形对密封的影响，功率较大的柴油发动机多采用分开式气缸盖，即一缸、二缸或三缸一盖。而汽油发动机因缸径较小、缸盖负荷较轻，多采用整体式气缸盖。风冷发动机均为单体式气缸盖。如图 3-13 所示为各种形式的气缸盖。

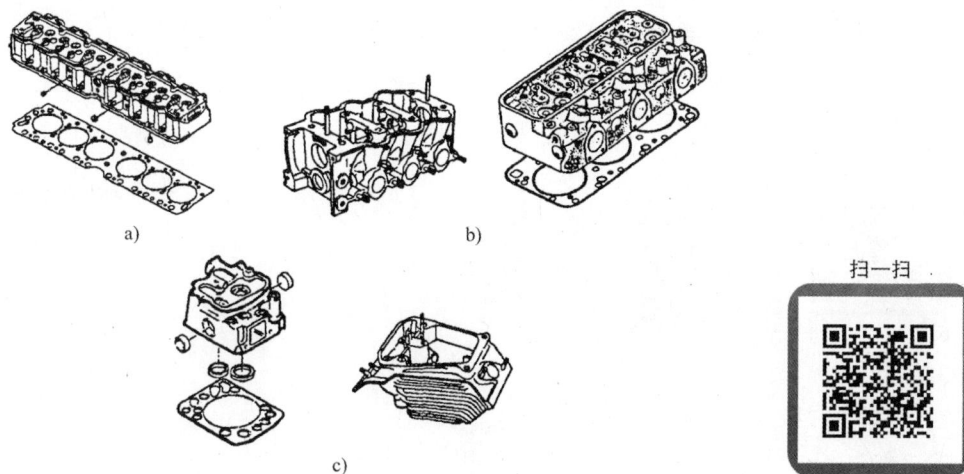

图 3-13　各种形式的气缸盖

a）整体式气缸盖　b）分块式气缸盖　c）单体式气缸盖

扫一扫

气缸盖

气缸盖的材料常为灰铸铁或合金铸铁。目前铝合金缸盖正在推广，且有取代铸铁的趋势，以适应高速高负荷强化汽油机散热及提高压缩比的需要。图 3-14 所示为上海桑塔纳轿车发动机的气缸盖分解图。气缸盖的下平面与普通气缸盖一样，用于密封气缸和构成燃烧室，气缸盖的上部空间用于安装配气机构的凸轮轴。为防止凸轮溅起机油，在凸轮轴上面设机油反射罩3。整个气缸盖上面装有气缸盖罩4。

汽油机的燃烧室是当活塞位于上止点时，由活塞顶部及气缸盖上相应的凹部组成的空间。汽油机燃烧室通常有以下几种（图 3-15）。

（1）楔形燃烧室（图 3-15a）　楔形燃烧室的结构较简单、紧凑，进气道较平直，进气阻力小。在压缩终了时能形成挤气涡流。用于每缸两气门发动机上，如解放 CA6102 发动机。

（2）盆形燃烧室（图 3-15b）　盆形燃烧室结构也较紧凑、简单，气门与气缸轴线平行，进气弯道较大。燃烧速度快，热效率高，在压缩终了时能形成挤气涡流。用于每缸两气门发动机上。

（3）半球形燃烧室（图 3-15c）　这种燃烧室结构最为紧凑，散热面积小，有利于促进燃料的完全燃烧及排气净化，但配气机构较复杂。目前国外轿车发动机多采用这种形式的燃烧室。

（4）多球形燃烧室（图 3-15d）　多球形燃烧室是由两个以上半球形凹坑组成的，其结构紧凑，面容比小，火焰传播距离较短，气门直径较大，且能产生挤气涡流。

（5）篷形燃烧室（图 3-15e）　篷形燃烧室是近年来高性能多气门轿车发动机上广泛应

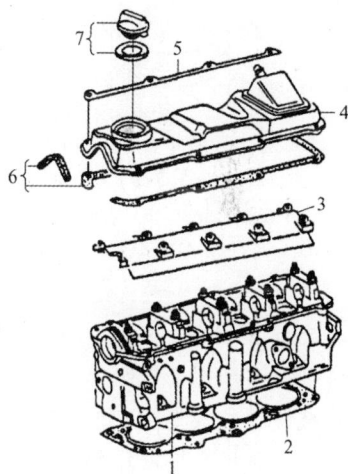

图 3-14　上海桑塔纳轿车发动机气缸盖分解图

1—气缸盖　2—气缸垫　3—机油反射罩
4—气缸盖罩　5—压条　6—气门罩垫
7—加油盖

23

用的燃烧室。特别是小气门夹角的浅篷形燃烧室得到了较大的发展。

上海大众桑塔纳轿车发动机燃烧室由气缸盖和活塞顶两部分组成，其形状为扁球形（图 3-16）。活塞顶上呈凹坑，从而增大了燃烧室的挤气面积，加强了挤气涡流，使可燃混合气燃烧更加充分，且凹坑的深度可用以调节压缩比。

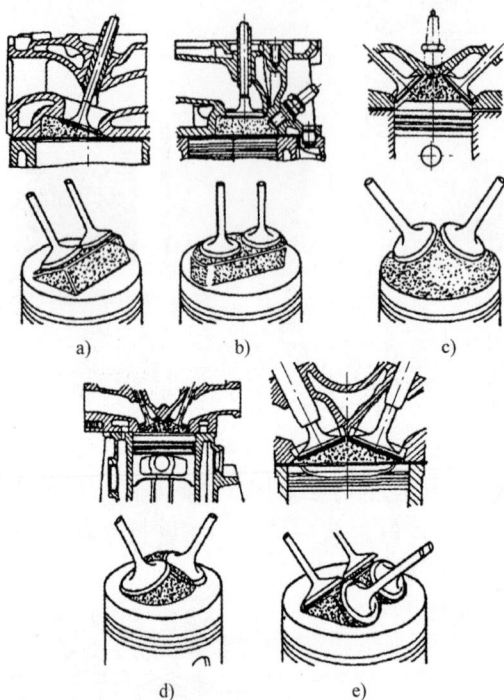

图 3-15　汽油机燃烧室

a）楔形燃烧室　b）盆形燃烧室　c）半球形燃烧室
d）多球形燃烧室　e）篷形燃烧室

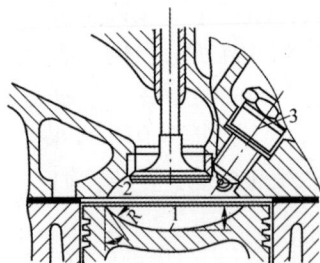

图 3-16　上海大众桑塔纳发动机燃烧室

1—活塞顶部的球体部分　2—缸盖的扁球状
3—火花塞伸入气缸中心并对着进气道

2. 气缸垫

气缸垫用来保证气缸体与气缸盖结合面间的密封。气缸垫因接触高温、高压燃气，在使用中易被烧蚀，故要求它能耐热、耐腐蚀，有足够的强度和一定的弹性，且拆装方便，能重复使用，寿命长。按所用材料的不同，气缸垫可分为金属—石棉气缸垫、金属—复合材料气缸垫和全金属气缸垫（图 3-17）。

金属—石棉气缸垫通常由夹有金属丝或金属屑的石棉外覆铜皮组成。为防烧蚀，在水孔及燃烧室孔周围用镶边增强。中间的石棉耐热性很高，且具有一定的弹性，可提高气缸的密封性，如图 3-17a～d 所示。

全金属气缸垫，由单层或多层金属片（低碳钢或铜）制成。为加强密封，在缸口、水孔和油孔周围冲有弹性凸纹，全金属气缸垫强度高，抗腐蚀能力强，多用于强化程度较高的发动机上。近年来，国外一些发动机开始使用耐热密封胶以取代传统的气缸垫，这就要求气缸盖和气缸体的接合面有较高的加工精度。

气缸垫的种类与结构如图 3-17 所示。

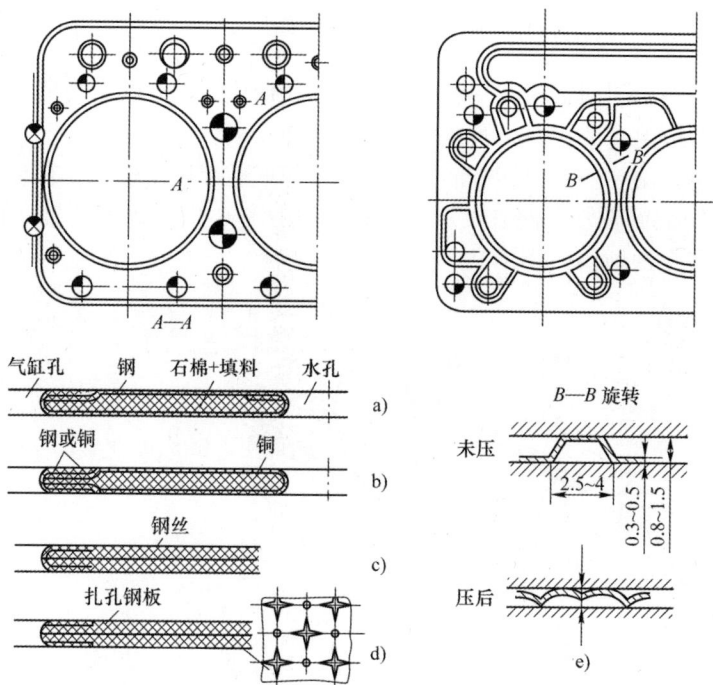

图 3-17 气缸垫的种类与结构

扫一扫

气缸垫

![拓展知识图标] **拓展知识：先进技术**

宝马 N62 发动机的两个气缸盖是宝马公司的最新研究成果，如图 3-18 所示，为进行气门控制，气缸盖装备有可调式气门控制系统，即电子气门控制系统。用于废气后处理的二次空气道集成在气缸盖中。气缸盖按横流原理进行冷却。凸轮轴和电子气门控制系统的偏心轴借助于一个轴承支座一起控制。气缸盖由铝合金制成。

图 3-18 宝马 N62 发动机气缸盖

1—气缸列 1—4 的气缸盖 2—气缸列 5—8 的气缸盖 3—带喷油嘴的上正时链导向件
4—进气 VANOS 电磁阀安装孔 5—排气 VANOS 电磁阀安装孔 6—链条张紧器托架
7—进气 VANOS 电磁阀安装孔 8—排气 VANOS 电磁阀安装孔 9—油压开关
10—链条张紧器托架 11—带喷油嘴的上正时链导向件

3.2.3　油底壳

油底壳的作用是储存机油并封闭曲轴箱。一般为薄钢板冲压而成，也有的发动机为达到良好的散热效果，而采用带有散热片的铝合金铸造而成的油底壳。

为保证发动机纵向倾斜时机油泵仍能吸到机油，油底壳中部或后部做得较深。有时在油底壳中还设有挡油板，以减轻油面波动。底部装有磁性的放油螺栓，以吸附润滑油中的铁屑，减少发动机的磨损。油底壳的结构如图 3-19 所示。

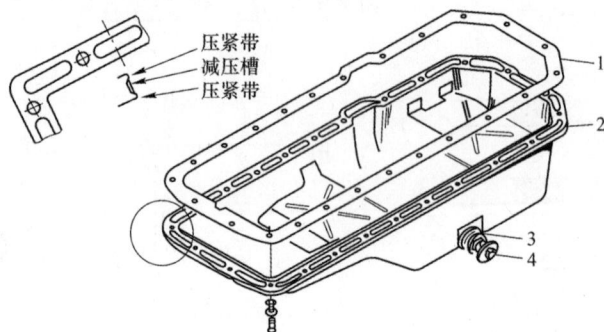

图 3-19　油底壳

1—密封垫　2—油底壳体　3—密封圈　4—磁性放油螺塞

3.3　活塞连杆组

活塞连杆组主要由活塞 5、活塞环 1 和 2、活塞销 6 和连杆 10 等机件组成，如图 3-20 所示。

3.3.1　活塞

1. 活塞的工作条件及要求

活塞的主要作用是承受气缸中的燃烧压力，并将此压力通过活塞销和连杆传给曲轴；此外，活塞还与气缸盖、气缸壁共同组成燃烧室。

由于活塞顶部直接与高温燃气接触，受周期性变化的气体压力和惯性力的作用，且散热及润滑条件差，因此对活塞提出如下要求。

1）具有足够的强度和刚度，特别是活塞环槽区域要求有较高的强度，以免活塞环被击碎。

2）具有较小的质量，以保持较小的惯性力。

3）具有耐热的活塞顶及弹性的活塞裙。

4）具有良好的导热性和极小的热膨胀性，以便有较小的安装间隙。

5）活塞与气缸壁间有较小的摩擦因数。

2. 活塞的材料

发动机活塞最常用的材料是铝硅合金。除母体金属铝外，其合金成分的质量分数是：硅 11%～14%，铜、镍、镁各 1%，以及少量的（低于 1%）铁、钛和锌。其中硅的成分越多，则热膨胀系数越小，磨损也越小，但制造工艺性较差。车用柴油机因其活塞需承受高热、高机械负荷，也有采用合金铸铁和耐热钢作为活塞材料的。

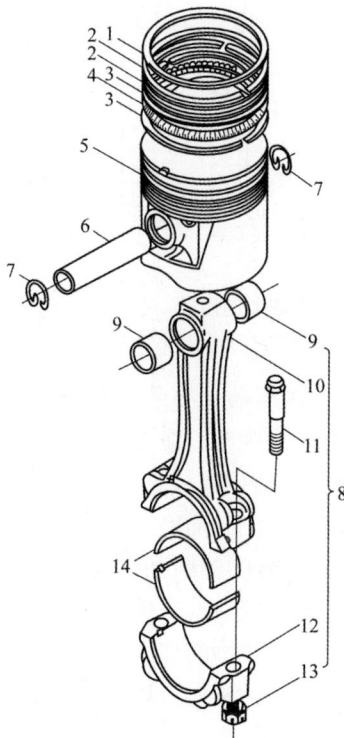

图 3-20 活塞连杆组

1、2—活塞环 3—油环刮片 4—油环衬簧 5—活塞 6—活塞销 7—活塞销卡簧 8—连杆组
9—连杆衬套 10—连杆 11—连杆螺栓 12—连杆盖 13—连杆螺母 14—连杆轴承

3. 活塞的构造

整个活塞可分为活塞顶、活塞头和活塞裙三部分，如图 3-21 所示。

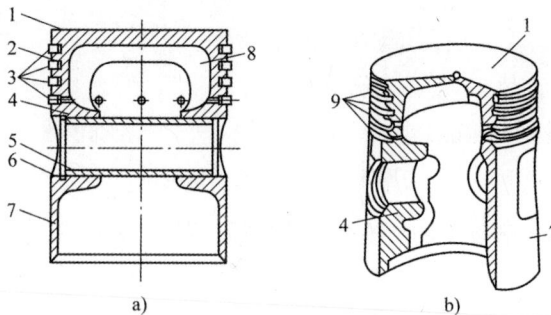

a) b)

图 3-21 活塞的基本结构

a）全剖 b）部分剖

1—活塞顶 2—活塞头 3—活塞环 4—活塞销座 5—活塞销
6—活塞销锁环 7—活塞裙 8—加强肋 9—环槽

（1）活塞顶 活塞顶是燃烧室的组成部分，因而常制成不同的形状。汽油发动机活塞顶多采用平顶或凹顶（图 3-22a、b），以使燃烧室结构紧凑，散热面积小，制造工艺简单。凸顶活塞常用于二冲程汽油发动机（图 3-22c）。柴油发动机活塞顶常制成各种凹坑。

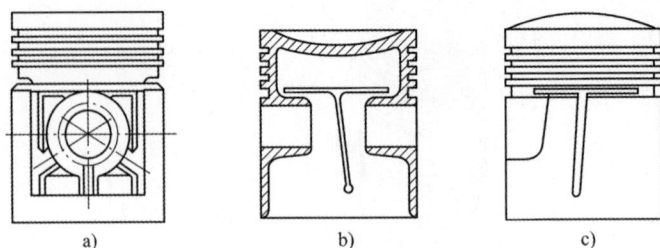

图 3-22　活塞顶的形状

a）平顶　b）凹顶　c）凸顶

（2）活塞头　由活塞顶至最下面一道活塞环槽之间的部分称为活塞头。其作用是承受气体压力，防止漏气，将热量通过活塞环传给气缸壁。活塞头切有若干环槽，用以安装活塞环。上面的 2~3 道槽用来安装气环，下面的一道用来安装油环。油环槽的底部钻有若干小孔，以使油环从气缸壁上刮下的多余润滑油经此流回油底壳。

活塞头部应有足够的厚度，从活塞顶到环槽区的断面变化要尽可能圆滑，过渡圆角 R 应足够大，以减小热流阻力，便于热量从活塞顶经活塞环传给气缸壁，使活塞顶部的温度不致过高。在第一道气环槽上方设置一道较窄的隔热槽的作用是隔断由活塞顶传向第一道活塞环的热流，使部分热量由第二、三道活塞环传出，从而可以减轻第一道活塞环的热负荷，改善其工作条件，防止活塞环粘结，如图 3-23 所示。

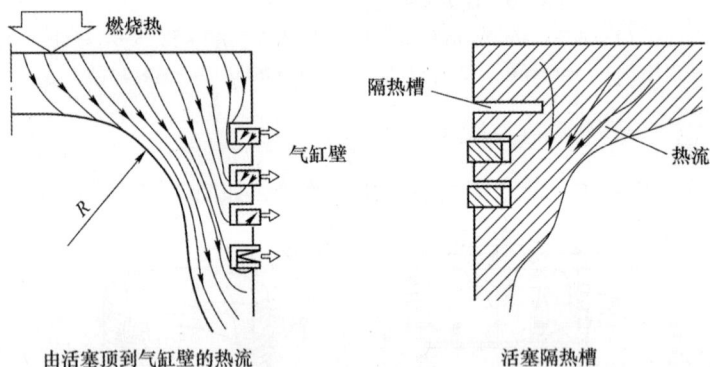

由活塞顶到气缸壁的热流　　　　　　活塞隔热槽

图 3-23　活塞头的结构

（3）活塞裙　活塞环槽以下的所有部分称为活塞裙。其作用是引导活塞在气缸中做往复运动，并承受侧压力。

发动机工作时，因缸内气体压力的作用，活塞会产生弯曲变形（图 3-24a）；活塞受热后，由于活塞销座处的金属多，其膨胀量大于其他各处（图 3-24b）；此外，活塞在侧压力的作用下还会产生挤压变形（图 3-24c）。上述变形的综合结果，使得活塞裙部断面变成长轴在活塞销方向上的椭圆（图 3-24d）。此外，活塞沿轴线方向温度和质量的分布都不均匀，导致了各断面的热膨胀量上大下小。

为使活塞在各种工况下均能与气缸壁间保持均匀的间隙，活塞通常采取下列结构措施。

1）沿裙部高度方向上制成圆锥形，国产 135 系列柴油机活塞裙部的锥度为 0.12mm（图 3-25a）。

2）将裙部制成椭圆形（图 3-25b），椭圆的长轴在垂直于销座孔轴线的方向。将销座外端面在铸造时凹陷 0.5～1mm，或截去一小部分。

3）裙部开绝热槽和膨胀槽（图 3-25c），前者可减少活塞头部热量向裙部扩散；后者可使裙部具有一定的弹性，并可使冷态下的装配间隙尽量减小，而热态时活塞又因膨胀槽的补偿作用而不致在气缸中"卡死"。绝热槽若开在油环槽中，还可兼作油孔。

4）用双金属活塞，在活塞裙部或销座内嵌入钢片，减少活塞裙部的膨胀量。恒范钢片式活塞（图 2-25d）即为其中的一种，恒范钢是含镍 33%～36% 的低碳合金钢，其膨胀系数仅为铝合金的 10% 左右，活塞销座通过恒范钢片与裙部相连，故销座的膨胀对裙部无直接影响。而另一类双金属活塞为自动调节式活塞（图 3-24e），将低碳钢片贴在销座铝层内侧，不仅起到抑制作用，且利用双金属效应可减少裙部侧压力方向上的膨胀量。因双金属效应对膨胀的控制作用与温度有关，故称之为热膨胀自动调节式活塞。

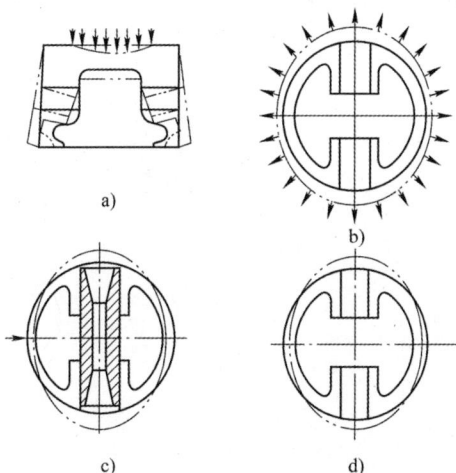

图 3-24　活塞裙的变形
a）弯曲变形　b）销座热膨胀变形
c）挤压变形　d）裙部综合变形

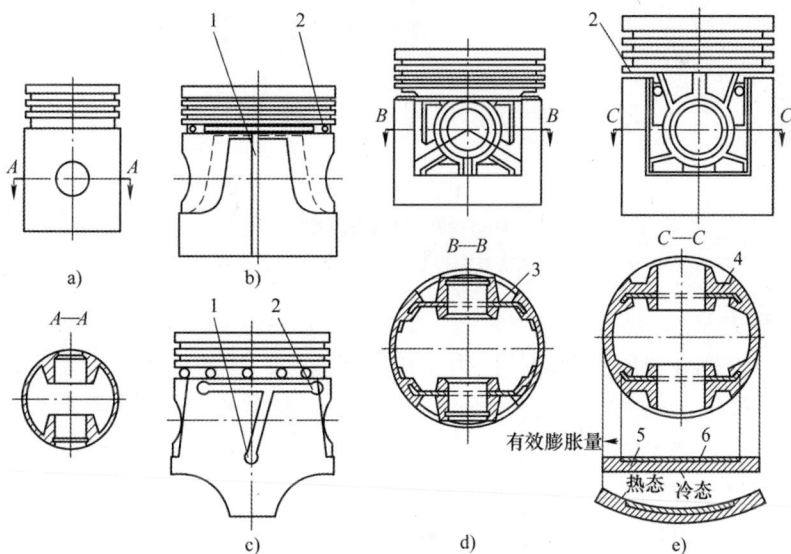

图 3-25　活塞裙部的不同形状和结构
a）锥形裙部活塞　b）椭圆形裙部活塞　c）活塞的膨胀槽和绝热槽　d）恒范钢片式活塞　e）自动调节式活塞
1—膨胀槽　2—裙部绝热槽　3—恒范钢片　4—低碳钢片　5—钢片　6—铝

现代汽车发动机上广泛采用半拖鞋式或拖鞋式裙部的活塞。在保证裙部有足够承压面积的条件下，将不承受侧向力一侧的裙部部分地去掉，即为半拖鞋式裙部；若全部去掉，则为拖鞋式裙部。其优点是：质量轻、裙部弹性好，且能避免与曲轴平衡重发生运动干涉，适应高速发动机的需要，如图3-26所示。

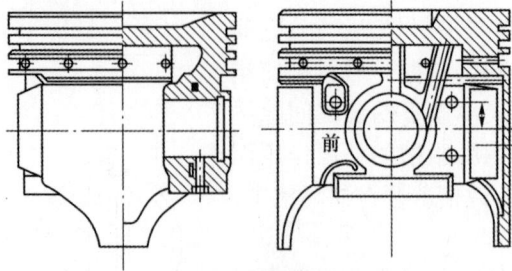

图 3-26　拖鞋式活塞

为改善铝合金活塞的磨合性，可对活塞裙表面涂以保护层，如铅保护层、锡保护层、石墨保护层或塑料覆盖层等。

活塞销座孔的中心线一般位于活塞中心线的平面内。但有些高速发动机，将活塞销座向承受做功行程侧压力的一面偏移 1 ~ 2mm，如图3-27所示，目的是为了减轻活塞在越过上止点时因侧压力瞬时换向而产生的"敲缸"现象，减小噪声，改善发动机工作的平顺性。

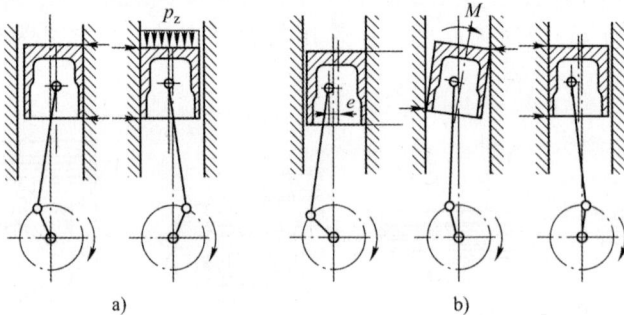

图 3-27　活塞销偏置
a）活塞销对中布置　b）活塞销偏置布置

4. 活塞的受力

（1）推力　在燃烧或压缩期间，压力作用在活塞上，它的分力作用在活塞裙部，把活塞推向气缸壁，称作"推力"。推力分成两种：主推力和次推力。前者在燃烧行程产生，后者在压缩行程产生（图3-28）。

（2）活塞敲缸（横向撞击）　活塞敲缸是活塞撞击气缸壁发出的噪声，也叫横向撞击，如图3-29所示。从压缩行程至燃烧行程，推力方向也随之改变，这时就会产生活塞敲缸。活塞敲缸受活塞间隙的影响，当活塞间隙太大时，最易产生。在一些发动机里，采用了活塞销中心线稍微偏离活塞中心的方式。

采用活塞销偏置设计，使得活塞可以在上止点前提早换向，尤其是当压缩行程终了时，活塞换向时刻可以预先"爆发"，改善了发动机的工作平顺性。由于活塞在压缩行程和做功行程，活塞受力都是向下的，也就是被气缸内的气压往下顶。但是在这两个行程当中，连杆顶活塞的方向是刚好相反的。也就是说，活塞受到连杆的水平分力方向相反。假如活塞的销

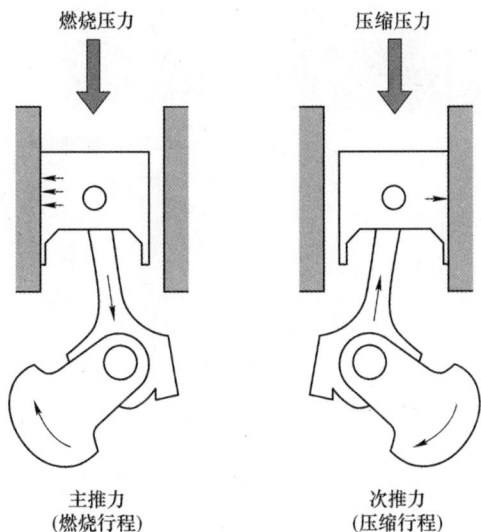

图 3-28　活塞受力分析——推力

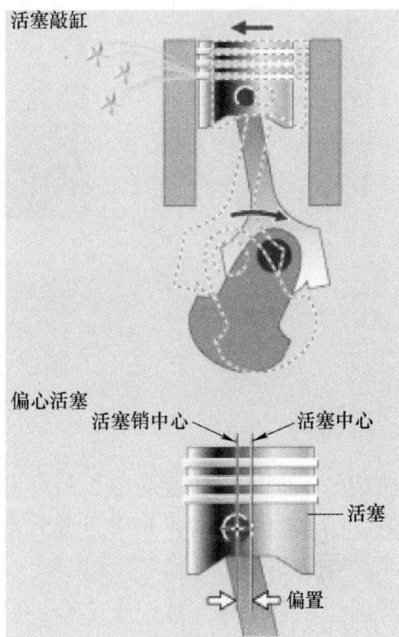

图 3-29　活塞受力分析——横向

孔是在几何中心，那么活塞将会因为受到连杆不同方向的水平分力而左右摇晃，产生敲缸。但改为使用偏置销孔，由于活塞顶受气缸内气体压力作用于活塞顶的几何中心，与连杆的作用力（因为活塞销偏移）形成一对力矩，使活塞自动地靠在气缸壁的一边，而不会两边晃，也就消除了敲缸的机会。

在高速发动机上，多将活塞销座朝向做功侧压力大的面偏移 1~2mm。这样，活塞接近上止点时，作用在活塞销座轴线以右的气体压力大于左边时，使活塞向外倾斜，裙部下端首先换向与缸壁接触，头部再与缸壁接触，实现两步换向。两步换向可减小对气缸的敲击，如图 3-30 所示。

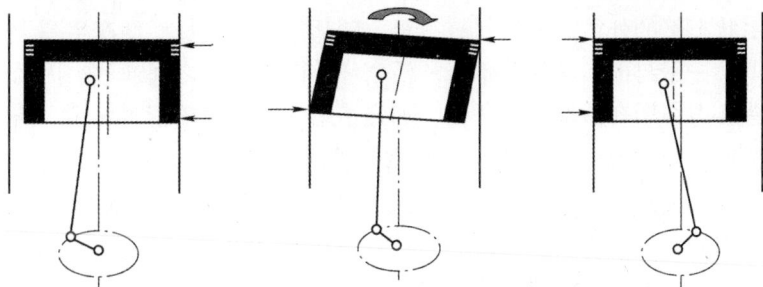

图 3-30　活塞销偏置式活塞换向瞬间

拓展知识：先进技术

图 3-31a 所示是宝马公司 TDI 发动机中使用的活塞，这种箱式活塞没有用于气门的凹槽，但活塞的中央有一个凹坑，活塞通过环形沟槽经机油喷嘴得到冷却。图 3-31b 所示宝马公司 N20 发动机应用了类金钢石涂层的活塞。

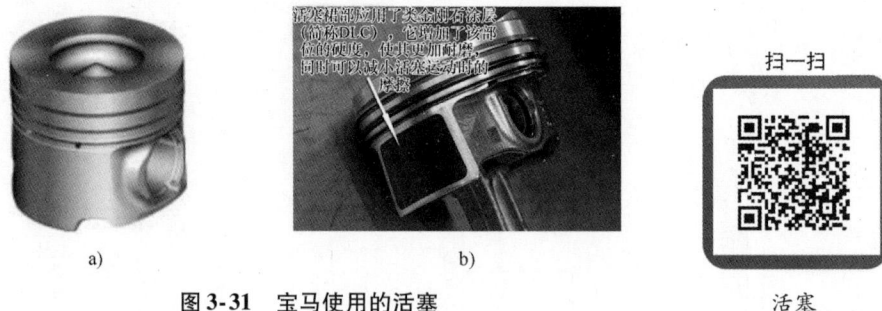

图 3-31　宝马使用的活塞

a）宝马 TDI 活塞　b）宝马 N20 发动机活塞

扫一扫

活塞

3.3.2　活塞环

按功用的不同可将活塞环分为气环和油环两种（图 3-32）。气环的主要作用是密封气缸中的高温、高压燃气，防止其大量漏入曲轴箱，同时它还将活塞头 70%～80% 的热量传导给气缸壁。

油环的作用是刮除气缸壁上多余的机油，并在气缸壁上布上一层均匀的油膜，既可防止机油窜入燃烧室，又可减小活塞及活塞环与气缸壁的磨损。活塞环在高温、高压、高速及润滑条件极差的条件下工作，因而是发动机所有零件中工作寿命最短的（特别是第一道气环）。

活塞环的材料多采用合金铸铁或球墨铸铁。为改善活塞环的滑动性能和磨合性能，其表面应涂以保护层，如经磷酸盐处理或镀锌、镀钼。对于承受压力最大的第一道气环的工作表面常镀上多孔性铬。多孔性铬层硬度高，并能储存少量的润滑油，从而延长活塞环的使用寿命。其他各道活塞环大都采用镀锡或磷化处理，以改善其磨合性。

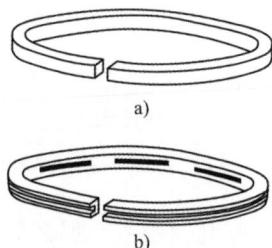

图 3-32　活塞环

a）气环　b）油环

1. 气环

气环在自由状态下的外径略大于气缸直径，随活塞装入气缸后便产生弹力而紧贴在气缸壁上，形成所谓第一密封面，使气体不能从活塞环外圆与缸壁之间通过。因而少量气体窜入环槽内，形成背压力作用在活塞环的背面，加强了第一密封面的密封作用。同时，将活塞环向下压紧环槽侧面，形成第二密封面，使其密封性能显著提高（图 3-33）。如此，从最后一道气环漏出来的燃气量很少，其压力和流速很小。因此，只要将 2～3 道气环的切口相互错开而形成所谓"迷宫式"封气装置，就能对气缸中的高压燃气进行有效的密封。

活塞装入气缸后，活塞环开口处两端的距离称为活塞环的开口间隙。若该间隙过大，则漏气量大，使发动机的功率减小；该间隙若过小，则可能因环端部间的互相撞击而造成活塞环断裂。该间隙一般为 0.20～0.90mm。气环常见的断面形状有以下几种。

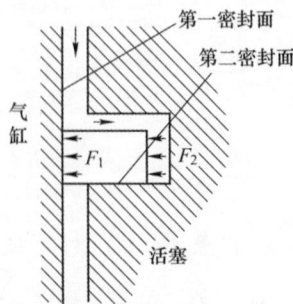

图 3-33　气环的密封原理

F_1—环的自身弹力　F_2—背压力

1）矩形环如图 3-34a 所示，结构简单、制造方便、散热性好；但有泵油作用（泵油作用如图 3-35 所示）。

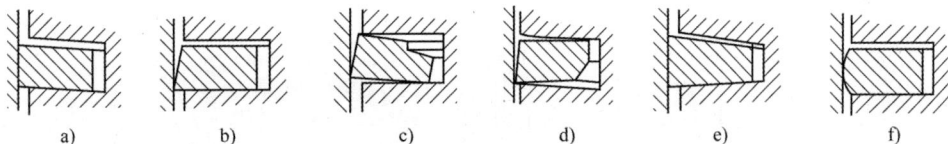

图 3-34　气环的断面形状

a）矩形环　b）锥面环　c）正扭曲内切环　d）反扭曲锥面环　e）梯形环　f）桶面环

2）锥面环如图 3-34b 所示，与缸壁为线接触，有利于密封和磨合，该环在活塞下行时有刮油作用，上行时有布油作用，并可形成楔形油膜以改善润滑；但其传热性差，不宜用于第一道气环。

3）扭曲环如图 3-34c、d 所示，除具有锥面环的优点外，还能减小泵油作用、减轻磨损、提高散热能力，目前在发动机上得到广泛的应用。

4）梯形环如图 3-34e 所示，主要优点是能使沉积在环槽中的结焦被挤出，避免活塞环被粘结在环槽中而折断，同时其密封作用强，使用寿命长；但上、下两面的精磨工艺较复杂。

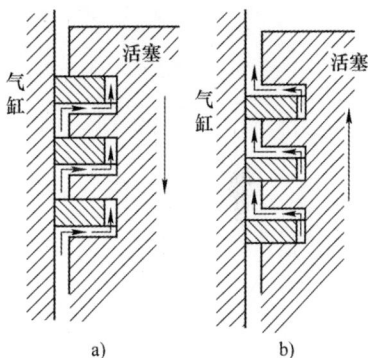

图 3-35　矩形环的泵油作用

a）活塞下行　b）活塞上行

5）桶面环如图 3-34f 所示，上、下行都可形成楔形油膜而改善润滑，对活塞在气缸内摆动的适应性好，接触面积小，有利于密封，但凸圆弧表面的加工较困难。

2. 油环

无论活塞上行或下行，油环都能将气缸壁上多余的润滑油刮下来，经活塞上的回油孔流回油底壳。目前，汽车发动机常用的油环有以下两种。

1）普通油环如图 3-36 所示，其断面与矩形气环相似。为增强刮油效果，提高对缸壁的压力，在其外圆上切有环形槽，槽底开有若干回油用的小孔或狭缝。

2）组合油环如图 3-37 所示，由上、下刮片 1、3 和产生径向、轴向弹力作用的衬簧 2 组成。主要优点是：刮油能力强，对缸套变形的适应性好，回油通路大。因此，组合油环的应用日益增多。

3.3.3　活塞销

活塞销的功用是连接活塞和连杆小头，将活塞所承受的气体压力传给连杆。

活塞销在高温下，承受极大的周期性冲击载荷，润滑条件差。因此要求活塞销具有足够的强度、刚度和耐磨性，且质量要小。活塞销的造型为管状，如图 3-38 所示。

活塞销的材料一般为低合金渗碳钢（15Cr3 或 16MnCr5）。对高负荷发动机则采用渗氮钢（34CrAl6 或 32AlCrMo4）。先经表面渗碳或渗氮以提高其表面硬度，并使心部具有一定的冲击韧性，然后进行精磨和研磨。

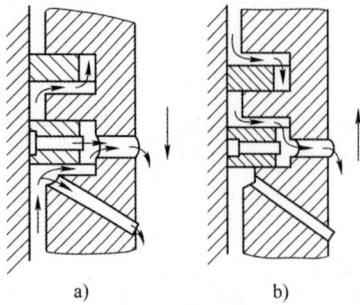

图 3-36　油环的刮油作用

a）活塞下行　b）活塞上行

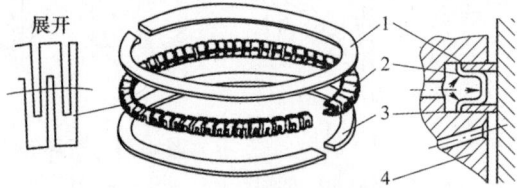

图 3-37　组合油环

1—上刮片　2—衬簧　3—下刮片　4—活塞

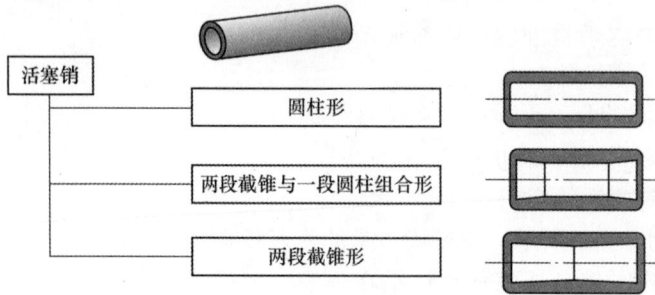

图 3-38　活塞销

活塞销的结构形状很简单，基本是一个厚壁空心圆柱。其内孔形状有圆柱形、两段截锥形和组合型。圆柱形孔的活塞销加工容易但质量较大；两段截锥形的活塞销质量较小，且因为活塞销所受到的弯矩在其中部最大，所以接近于等强度梁，但锥孔加工较难；组合型的活塞销的特点介于上述两者之间。

活塞销与活塞销座孔和连杆小头衬套孔的连接配合方式有两种，即全浮式和半浮式。全浮式活塞销能在连杆小头衬套孔和活塞销座孔内自由转动，可以保证活塞销沿圆周磨损均匀，减少磨损。为防止活塞销轴向窜动而损坏气缸壁，在活塞销座两端装有弹性卡环来限位，如图 3-39 所示。半浮式活塞销是用螺栓将活塞销夹紧在连杆小头孔内，这时活塞销只在活塞销孔内转动，在拉杆小头孔内不转动。小头孔不装衬套，销孔中也不装活塞销挡圈。

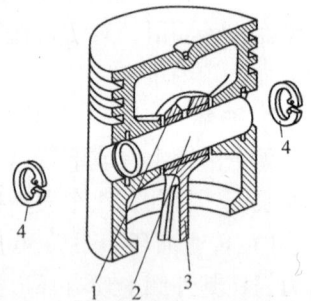

图 3-39　活塞销的连接方式

1—连杆小头衬套　2—活塞销

3—连杆　4—卡环

3.3.4　连杆

1. 概述

连杆的功用是将活塞承受的力传给曲轴，推动曲轴转动，变活塞的往复运动为曲轴的旋转运动。

连杆一般采用 45、40Cr 等中碳钢或中碳合金钢经模锻或辊锻制成，也有少数用球墨铸铁制成。为提高疲劳强度，连杆常进行表面喷丸处理。对于小型发动机的连杆则常用高强度铝合金。

连杆可分为连杆小头、杆身和连杆大头三部分，如图 3-40 所示。连杆小头用来安装活塞销以连接活塞，在全浮式连接的连杆小头孔内压有减磨的青铜衬套或铁基粉末冶金衬套。为润滑衬套，在连杆小头和衬套上一般铣有积存飞溅润滑油的油槽或油孔。有时，在连杆杆身内钻有纵向的压力油通道，以对小头进行压力润滑。

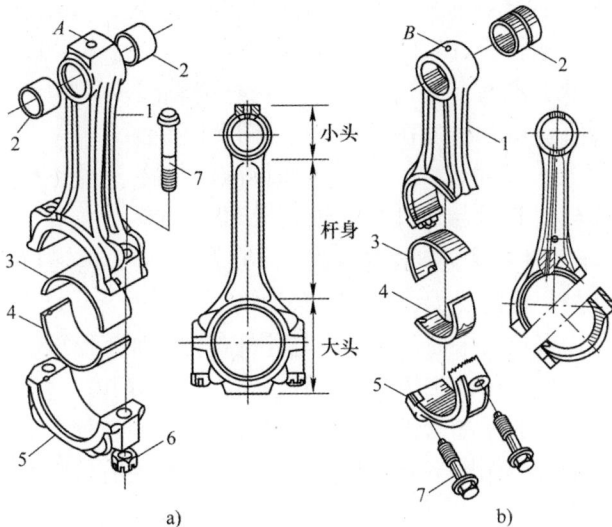

图 3-40 连杆组件

a) 直切口连杆 b) 斜切口连杆

1—连杆体 2—连杆衬套 3—连杆轴承上轴瓦 4—连杆轴承下轴瓦
5—连杆盖 6—螺母 7—拉杆螺栓 A—集油孔 B—喷油孔

2. 连杆小头

连杆小头的结构形状取决于活塞销的尺寸及其与连杆小头的连接方式，如图 3-41 所示。

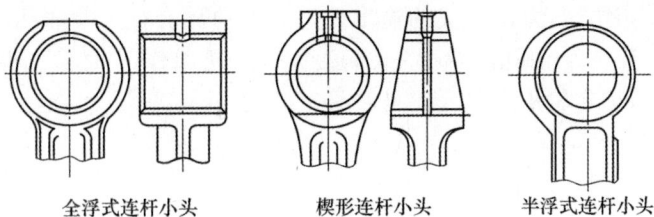

全浮式连杆小头　　　楔形连杆小头　　　半浮式连杆小头

图 3-41 连杆小头的结构形状

在汽车发动机中连杆小头与活塞销的连接方式有两种，即全浮式和半浮式。

全浮式活塞销工作时，在连杆小头孔和活塞销孔中转动，可以保证活塞销沿圆周磨损均匀。为防止活塞销两端刮伤气缸壁，在活塞销孔外侧装置活塞销挡圈。

半浮式活塞销是用螺栓将活塞销夹紧在连杆小头孔内，这时活塞销只在活塞销孔内转动，在小头孔内不转动。小头孔不装衬套，销孔中也不装活塞销挡圈。

3. 连杆杆身

连杆杆身断面为工字形，如图 3-42 所示，刚度大，质量轻，适于模锻。工字形断面的

y-y 轴在连杆运动平面内。有的连杆在杆身内加工有油道，用来润滑小头衬套或冷却活塞。如果是后者，须在小头顶部加工出喷油孔。

4. 连杆大头

连杆大头与曲轴的连杆轴颈相连。为便于安装，通常将连杆大头做成剖分式的，上半部与杆身为一体，下半部即连杆盖，二者通过连杆螺栓装合。连杆大头孔表面的粗糙度值要求较小，以便于连杆轴承装入后能很好地贴合传热。

图 3-42　杆身的工字形断面

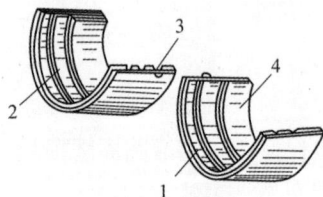

连杆大头的切口形式有两种。连杆大头沿着与杆身轴线垂直的方向切开，称为直切口连杆（图 3-40a），多用于汽油机。有些发动机的连杆大头尺寸较大，为了维修拆装时仍将其从气缸中抽出，将连杆大头沿与连杆杆身轴线成 30°～60°（常用 45°）的方向切开，即为斜切口连杆（图 3-40b）。此外，斜切口连杆若配以较理想的切口定位，还能减轻连杆螺栓的受力，多用于柴油机。

直切口连杆的切口面多数为平面，由杆身与连杆盖分别加工而成。由于现代技术与工艺的进步，连杆锻成整体毛坯，用冷胀的方法将杆身与连杆盖分开。这样的切口面将不再是平面，而是不规则的像山峦式的犬牙交错的表面，可提高杆身与连杆盖的定位精度。

斜切口连杆在往复惯性力作用下受拉时，在切口方向作用有较大的横向力，因此要有定位装置以使螺栓免受附加的剪切应力。

连杆大头的两部分用连杆螺栓紧固在一起，连杆螺栓不但受拉伸力作用，而且承受交变的冲击性载荷。通常采用挠性螺栓，用优质合金钢（40Cr、35CrMo 等）锻制。为保证工作可靠，常采用锁止装置，如开口销、双螺母、自锁螺母等。

5. 连杆轴承

连杆轴承装在连杆大头孔内，用以保护连杆轴颈（曲柄销）及连杆大头孔。现代汽车发动机采用的连杆轴承是由钢背和减磨层组成的、分成两半的薄壁轴承，如图 3-43 所示。当轴承表面存在适宜的油膜时，油膜可吸收燃烧行程中转动零件所产生的重荷和振动。油膜还可防止抱死和降低因摩擦力而造成的输出损失。上轴瓦上有一个油孔可向连杆的油嘴输油。在下轴瓦上也有一个油孔，这是因为这个部件既用作下轴瓦，也用作上轴瓦，如图 3-44 所示，轴瓦背面有轴承尺码，代码如图 3-45 所示。

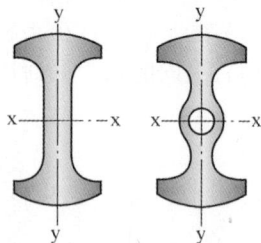

图 3-43　连杆轴承
1—钢背　2—油槽　3—定位凸键
4—减磨合金层

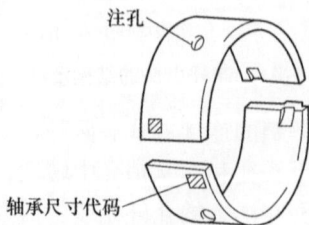

图 3-44　轴瓦油孔

图 3-45　轴承尺寸

钢背由厚 1～3mm 的低碳钢带制成，既有足够的强度以承受近乎冲击性的载荷，又有一定的刚度以便与轴承孔贴合良好。减磨层由厚 0.3～0.7mm 的薄层减磨合金制成，减磨合金具有保持油膜、减少摩擦阻力和易于磨合的作用。目前汽车发动机的轴承减磨合金主要有如下几种。

1）巴氏合金：减磨性好，但机械强度较低、耐热性较差，常用于负荷不大的汽油发动机。

2）铜铅合金：机械强度高、承载能力大、耐热性较好，但减磨性能差。为此，常在其表面镀一层厚度为 0.02～0.03mm 的铟或锡。用于高强化的柴油机。

3）高锡铝合金：具有较好的力学性能和减磨性，广泛用于各类汽油机和柴油机上。

连杆轴承的背面应有很高的粗糙度。在自由状态下，轴承的曲率半径和周长都略大于连杆大头孔的曲率半径和周长，装入后，能使其紧贴在大头孔壁上，以利散热和防止润滑油从轴承背面流失。

在两个轴承的剖分面上，均制有定位凸键，以防止连杆轴承在工作中发生转动或轴向移动；在其内表面加工有油槽用以贮油，保证可靠的润滑。

6. 连杆螺栓

连杆螺栓工作时，承受交变载荷，因此在结构上应尽量增大连杆螺栓的弹性，而在加工方面要精细加工过渡圆角，消除应力集中，以提高其抗疲劳强度。连杆螺栓用优质合金钢制造，如 40Cr、35CrMo 等。经调质后滚压螺纹，表面进行防锈处理，如图 3-46 所示。

7. 连杆的布置形式

V 形发动机连杆的布置形式通常有三种，如图 3-47 所示。

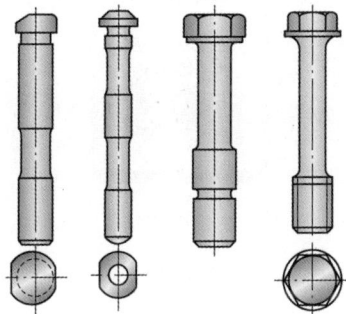

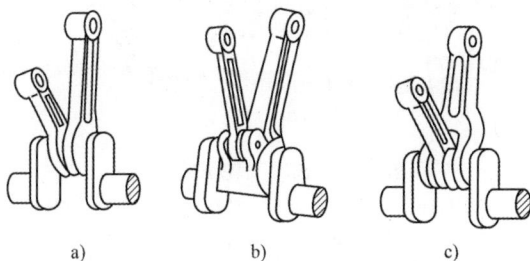

图 3-46　连杆螺栓　　　　图 3-47　V 形发动机连杆示意图
a）并列连杆式　b）主副连杆式　c）叉形连杆式

（1）并列连杆式　连杆可以通用，两列气缸中的活塞连杆组的运动规律相同；但曲轴的长度增加。

（2）主副连杆式　可不增加发动机的轴向长度；但主副连杆不能互换，两列气缸的活塞连杆组的运动规律不同。

（3）叉形连杆式　两列气缸中的活塞连杆组的运动规律相同；但叉形连杆的制造工艺复杂，且大头的刚度较低。

图 3-48a 所示为传统式连杆，分离面是平的。图 3-48b 所示为 RSH 发动机使用的分体式连杆，分离面不是平的，取消连杆瓦定位凸起。

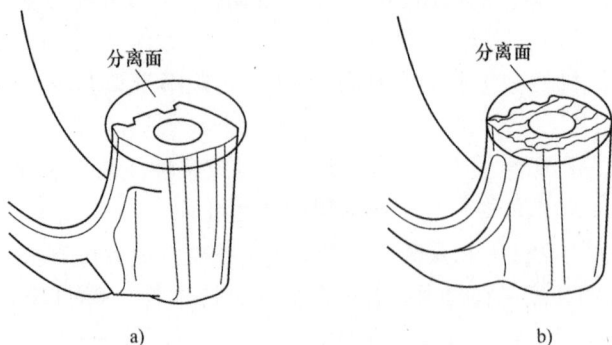

图 3-48　连杆的分离面
a）传统式连杆　b）分体式连杆

3.4　曲轴飞轮组

曲轴飞轮组主要由曲轴、飞轮、正时齿轮、带轮及曲轴扭转减振器等组成，如图 3-49 所示。

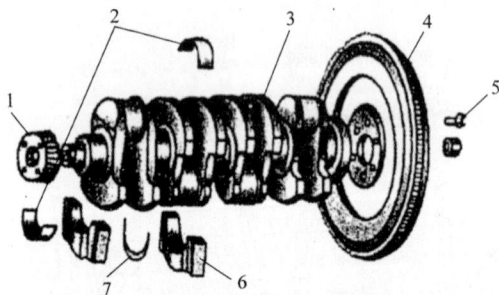

图 3-49　曲轴飞轮组结构
1—带轮　2—主轴承　3—曲轴　4—飞轮　5—飞轮螺栓
6—主轴承盖　7—止推垫片

3.4.1　曲轴

1. 曲轴的作用与材料

曲轴的主要作用是将活塞连杆组传来的气体压力转变为转矩，用以驱动汽车的传动系统和发动机的配气机构以及其他辅助装置。

曲轴在工作中，要承受周期性变化的气体压力、往复惯性力、离心力及由此而产生的转矩和弯矩的共同作用。因此要求曲轴要有足够的刚度、强度，各工作表面润滑良好、耐磨，并需要很好的平衡性。

2. 曲轴的构造

曲轴一般由主轴颈 1、连杆轴颈 2、曲柄 5、平衡块
4、前端轴 3 和后端凸缘 6（功率输出端）等组成，如
图 3-50 所示。一个连杆轴颈和它两端的曲柄及相邻两个
主轴颈构成一个曲拐。曲拐的数目取决于发动机的气缸
数目及其排列方式，直列发动机的曲拐数等于气缸数；
而 V 形和对置式发动机的曲拐数为气缸数的一半。

1）按单元曲拐连接方法的不同，曲轴可分为整体式
（图 3-50）和组合式（图 3-51）两种。除连杆大头为整
体式的小型汽油机或采用滚动轴承作为曲轴主轴承的发
动机（隧道式气缸体）采用组合式曲轴外，通常发动机
多采用整体式曲轴。

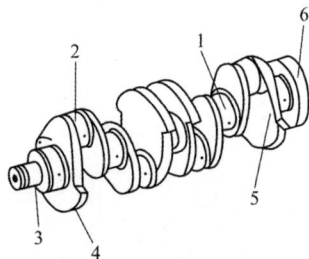

图 3-50　整体式曲轴

1—主轴径　2—连杆轴径　3—前端轴
4—平衡块　5—曲柄　6—后端凸缘

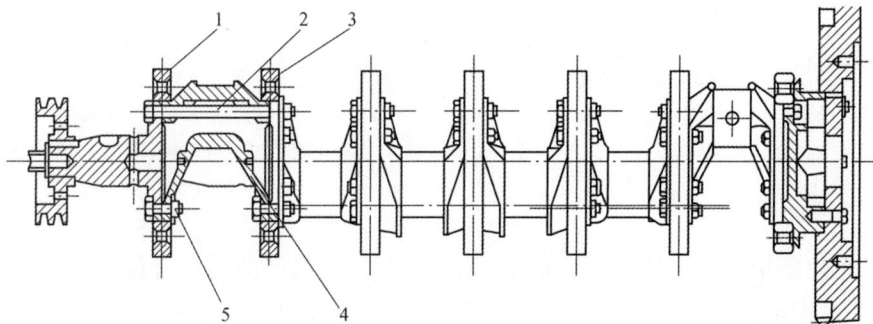

图 3-51　组合式曲轴

1、3—滚动轴承　2—连接螺栓　4—曲柄　5—定位螺栓

2）按照曲轴主轴颈的数目的多少，曲轴可分为全支承曲轴及非全支承曲轴。

在相邻两曲拐间都设置一个主轴颈的曲轴，称为全支承曲轴；否则称为非全支承曲轴。
全支承曲轴刚度较好且主轴颈的负荷相对较小，多用于柴油发动机和负荷较大的汽油发动
机。非全支承曲轴结构和制造工艺简单，多用于中小负荷的汽油发动机。

曲轴平衡重用来平衡旋转惯性力及其力矩，以使发动机运转平稳，并可减少曲轴主轴承
的负荷。

曲轴前端如图 3-52 所示，它是第一道主轴颈之前的部分，装有驱动其他装置的机件
（正时齿轮 4、带轮 7）及起动爪 8、止推垫片 3 及扭转减振器等。曲轴后端如图 3-53 所示，
它是最后一道主轴颈之后的部分，在其后端为安装飞轮的凸缘盘 6。

3. 曲拐的布置与多缸发动机的工作顺序

曲轴的形状及各曲拐的相对位置取决于气缸数、气缸排列形式和发动机的工作顺序。在
选择各缸的工作顺序时，应注意以下几点。

1）应使各缸的做功间隔尽量均衡，即发动机每完成一个工作循环，各缸都应发火做功
一次，对于缸数为 i 的四冲程发动机，其发火间隔角为 $720°/i$。

2）连续做功的两缸相距尽可能远些，以减轻主轴承载荷和避免进气行程中发生抢气
现象。

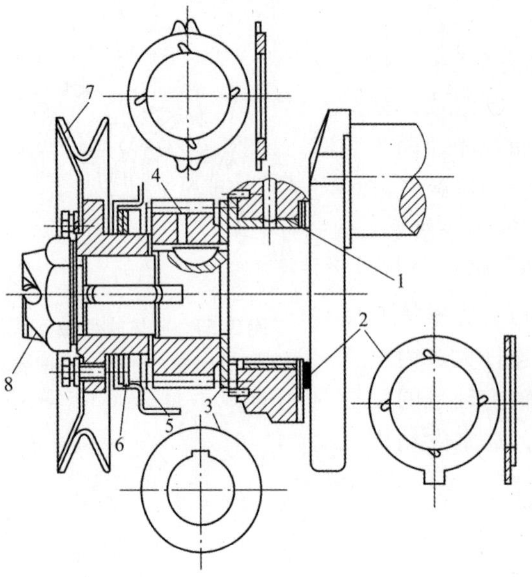

图 3-52 曲轴前端

1、2—滑动推力轴承 3—止推垫片 4—正时齿轮
5—甩油盘 6—油封 7—带轮 8—起动爪

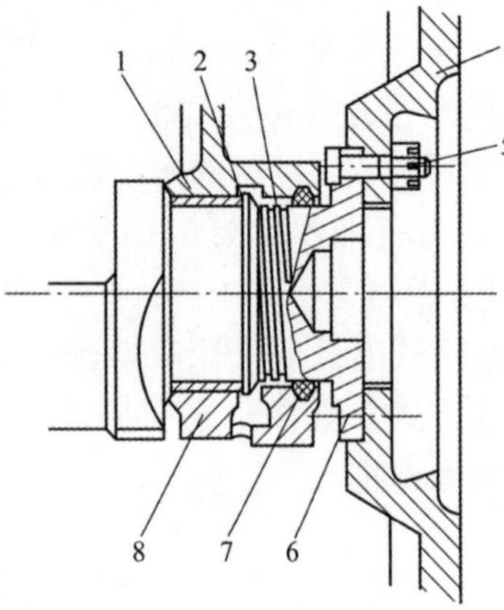

图 3-53 曲轴后端

1—轴承座（曲轴箱体） 2—甩油盘 3—回油螺纹
4—飞轮 5—飞轮螺栓、螺母 6—曲轴凸缘盘
7—填料油封 8—轴承盖

3）V 形发动机左右两列应交替发火。常见多缸发动机的曲拐布置和发火顺序如下：四冲程直列四缸发动机的发火间隔角为 720°/4 = 180°。四个曲拐在同一个平面内，如图 3-54 所示。发动机的工作顺序为 1—3—4—2 或 1—2—4—3。其工作循环见表 3-1。

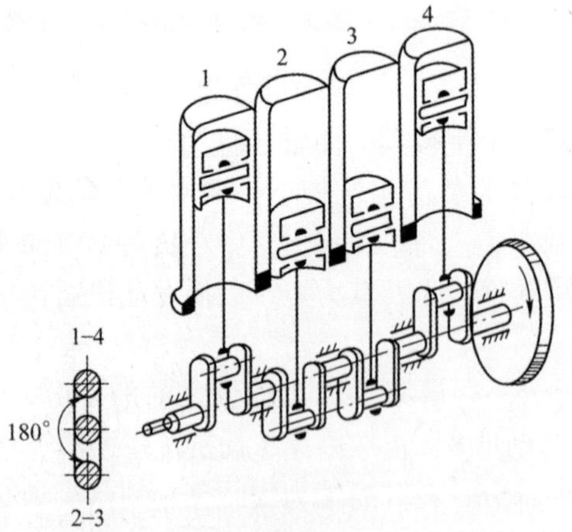

图 3-54 直列四缸发动机的曲拐布置

表 3-1 直列四缸机工作循环表（工作顺序 1—3—4—2）

曲轴转角（°）	第一缸	第二缸	第三缸	第四缸
0 ~ 180	做功	排气	压缩	进气
180 ~ 360	排气	进气	做功	压缩
360 ~ 540	进气	压缩	排气	做功
540 ~ 720	压缩	做功	进气	排气

四冲程直列六缸发动机的发火间隔角为 720°/6 = 120°。六个曲拐互成 120°，如图 3-55 所示。发动机的工作顺序为 1—5—3—6—2—4 或 1—4—2—6—3—5。其工作循环见表 3-2。

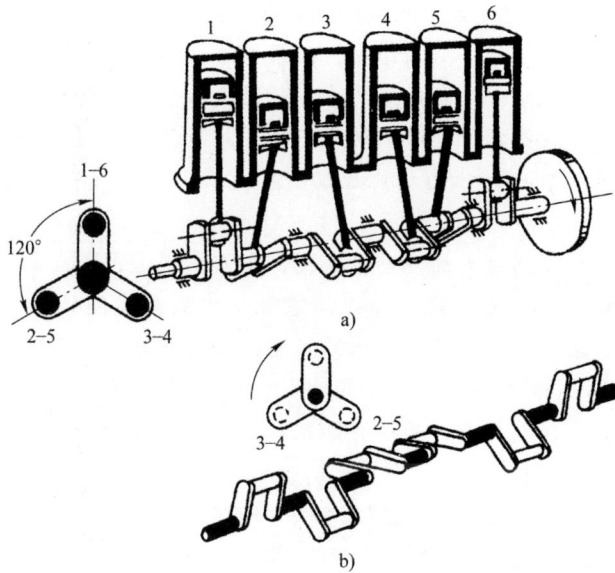

图 3-55　直列六缸发动机的曲拐布置
a) 1—5—3—6—2—4　b) 1—4—2—6—3—5

表 3-2　直列六缸机工作循环表（工作顺序 1—5—3—6—2—4）

曲轴转角（°）		第一缸	第二缸	第三缸	第四缸	第五缸	第六缸
0~180	0~60	做功	排气	进气	做功	压缩	进气
	60~120	做功	排气	压缩	排气	压缩	进气
	120~180	做功	进气	压缩	排气	做功	进气
180~360	180~240	排气	进气	压缩	排气	做功	压缩
	240~300	排气	进气	做功	进气	做功	压缩
	300~360	排气	压缩	做功	进气	排气	压缩
360~540	360~420	进气	压缩	做功	进气	排气	做功
	420~480	进气	压缩	排气	压缩	排气	做功
	480~540	进气	做功	排气	压缩	进气	做功
540~720	540~600	压缩	做功	排气	压缩	进气	排气
	600~660	压缩	做功	进气	做功	进气	排气
	660~720	压缩	排气	进气	做功	压缩	排气

扫一扫

曲轴

拓展知识：先进技术

宝马 N20 发动机采用先进的活塞销偏置和曲轴偏置技术。

活塞销用来连接活塞与连杆，从表面看，活塞销恰好处在活塞的中心位置。在压缩行程时，活塞在连杆的推动下上移，此时活塞的右侧紧贴气缸壁且受到的压力最大，我们也将活塞的这一侧称为次推面。在做功行程时，活塞下移，此时活塞左侧紧贴气缸壁且受到的压力最大。由于做功行程时气缸内的压力相比压缩行程更大，所以我们也将活塞的左侧称为主推面。

对于曲轴处在气缸中心线位置的发动机来说，当活塞到达上止点的位置并开始向下移动时，由于活塞与气缸壁之间存在间隙，所以活塞会从右侧向左侧移动，并产生一定的冲击声，此种现象也被称为敲缸。为了防止敲缸的产生，通常在设计活塞销的位置时将其向活塞的主推面一侧偏离最大 2mm 左右，当活塞换向时，活塞在缸筒内则会发生倾斜，从而起到提前换向的作用，以此减轻敲缸声，而这种活塞销的偏置肉眼几乎看不出来（图 3-56）。

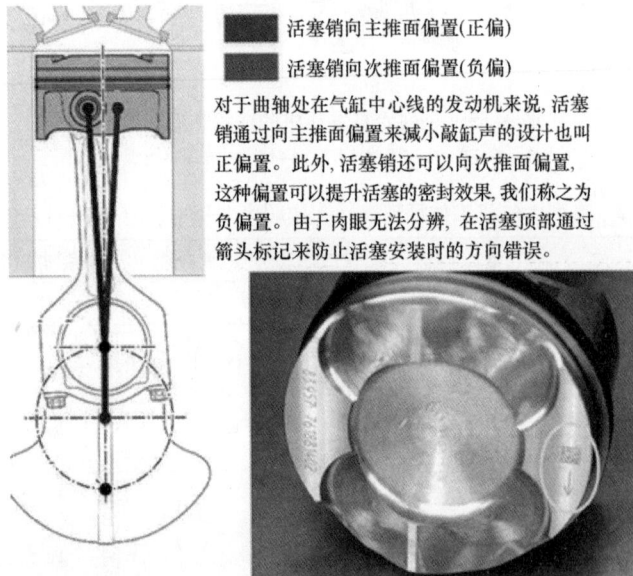

■ 活塞销向主推面偏置(正偏)

■ 活塞销向次推面偏置(负偏)

对于曲轴处在气缸中心线的发动机来说，活塞销通过向主推面偏置来减小敲缸声的设计也叫正偏置。此外，活塞销还可以向次推面偏置，这种偏置可以提升活塞的密封效果，我们称之为负偏置。由于肉眼无法分辨，在活塞顶部通过箭头标记来防止活塞安装时的方向错误。

图3-56　宝马 N20 发动机采用的活塞销偏置技术

宝马的很多发动机都采用了活塞销正偏置的设计来减小敲缸声，但 N20 发动机的活塞销却是负偏置的设计（负偏置 0.3mm），这是为了配合宝马首次在发动机上所应用的曲轴正偏置的设计（图 3-57）。

所谓的曲轴偏置就是指曲轴的轴线向气缸中心面的一侧偏置，曲轴偏置可分为向活塞主推面偏置的曲轴正偏和向活塞次推面偏置的曲轴负偏。如图 3-57 所示，可以清楚地看到 N20 发动机的曲轴轴线偏离气缸的中心面（正偏置 14mm）。

通常来说，如果活塞销与曲轴都采用正偏置的设计，会对减小敲缸声起到相反的作用，所以 N20 发动机采用了活塞销负偏置和曲轴正偏置相结合的方式（图 3-58），这样可以最大化地减小敲缸声，而这样做的缺点就是会增加活塞主推面的摩擦。

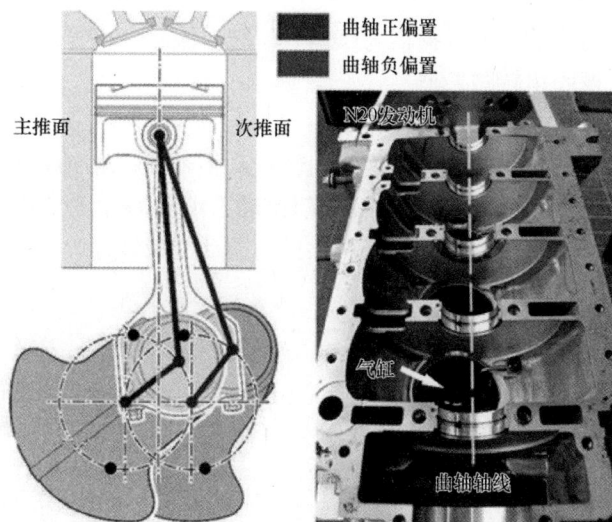

图 3-57　宝马 N20 发动机采用的曲轴偏置技术

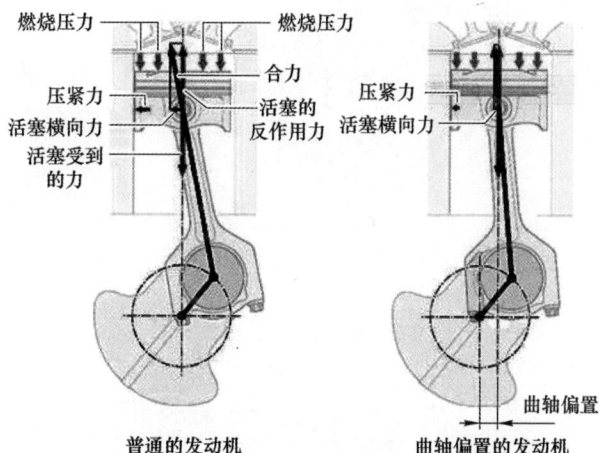

图 3-58　宝马 N20 发动机采用的活塞销负偏置和曲轴正偏置技术

　　曲轴偏置的设计还有一个好处就是在做功行程时，连杆更接近于垂直状态，这样可以更多地将燃烧产生的压力作用于曲轴，同时也减小了活塞在气缸壁上的压紧力和摩擦，从而提高活塞运动时的效率。总的来说，N20 发动机通过活塞销负偏置和曲轴正偏置的设计，最终减小了敲缸声，并且提高了发动机的工作效率。

3.4.2　曲轴扭转减振器

　　在发动机工作过程中，连杆作用于曲轴上的力呈周期性变化，从而使质量较小的曲拐的转速相对于质量较大的飞轮的转速忽快忽慢，造成曲轴的扭转振动。当曲轴自振频率与连杆传来的呈周期性变化的激振力频率成整倍数关系时，曲轴就会发生共振，从而引起功率损失，曲轴扭转变形甚至断裂，正时齿轮磨损严重，产生冲击噪声等后果。为此，在有些发动机（特别是那些曲轴刚度较小、旋转质量大、缸数多及转数高的发动机）的曲轴前端都装有曲轴扭转减振器。

汽车发动机常用的曲轴扭转减振器为摩擦式扭转减振器，可分为橡胶扭转减振器、硅油扭转减振器及硅油—橡胶扭转减振器。

1. 橡胶减振器

减振器壳体与曲轴连接，减振器壳体与扭转振动惯性质量粘结在硫化层上（图3-59中的2）。发动机工作时，减振器壳体与曲轴一起振动，由于惯性质量滞后于减振器壳体，因而在两者之间产生相对运动，使橡胶层来回揉搓，振动能量被橡胶的内摩擦阻尼吸收，从而使曲轴的扭转振动得以消减。

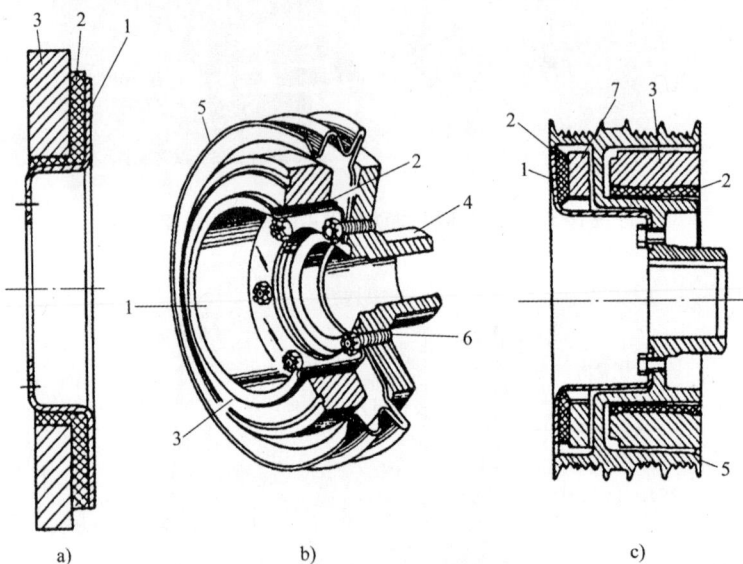

图3-59　橡胶扭转减振器

a）橡胶扭转减振器（CA8VI00）　b）带轮—橡胶扭转减振器　c）复合惯性质量减振器（日产VH45DE）

1—减振器壳体　2—硫化橡胶层　3—扭转振动惯性质量块　4—带轮毂
5—带轮　6—紧固螺栓　7—弯曲振动惯性质量块

橡胶扭转减振器结构简单，工作可靠，制造容易，在汽车上广为应用。但其阻尼作用小，橡胶容易老化，故在大功率发动机上较少应用。

2. 硅油扭转减振器

由钢板冲压而成的减振器壳体与曲轴连接。侧盖与减振器壳体组成封闭腔，其中滑套着扭转振动惯性质量块。惯性质量块与封闭腔之间留有一定的间隙，里面充满高黏度硅油（图3-60a）。当发动机工作时，减振器壳体与曲轴一起旋转、一起振动，惯性质量块则被硅油的黏性摩擦阻尼和衬套的摩擦力所带动。由于惯性质量块相当大，因此它近似做匀速转动，于是在惯性质量块与减振器壳体间产生相对运动。曲轴的振动能量被硅油的内摩擦阻尼吸收，使扭振消除或减轻。

硅油扭转减振器减振效果好，性能稳定，工作可靠，结构简单，维修方便，所以在汽车发动机上的应用日益普遍。但它需要良好的密封和较大的惯性质量块，致使减振器尺寸较大。

3. 硅油—橡胶扭转减振器

硅油—橡胶扭转减振器中的橡胶环 6（图 3-60b）主要作为弹性体，并用来密封硅油和支撑惯性质量块 1。在封闭腔内注满高黏度硅油。硅油—橡胶扭转减振器集中了硅油扭转减振器和橡胶扭转减振器二者的优点，即体积小、质量轻和减振性能稳定等。

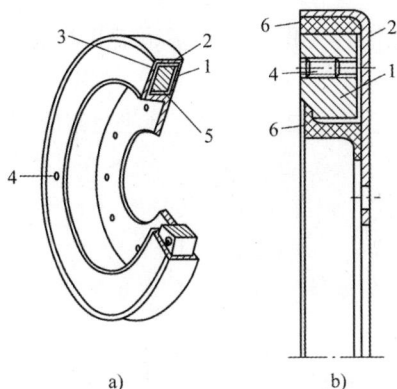

图 3-60　硅油扭转减振器及硅油—橡胶扭转减振器
a）硅油扭转减振器　b）硅油—橡胶扭转减振器
1—扭转振动惯性质量块　2—减振器壳体　3—侧盖　4—注油螺塞　5—衬套　6—橡胶环

3.4.3　飞轮

飞轮是一个转动惯量很大的圆盘，如图 3-61 所示。其主要作用是贮存做功行程的一部分能量，以克服各辅助行程的阻力，使曲轴均匀旋转，使发动机具有克服短时超载的能力。此外，飞轮又常作为汽车传动系统中摩擦离合器的主动盘。飞轮的外缘上镶有齿圈，起动机上的齿轮工作时，供发动机起动用。在飞轮上还刻有上止点记号，用来校准点火正时或喷油正时，以及调整气门间隙。

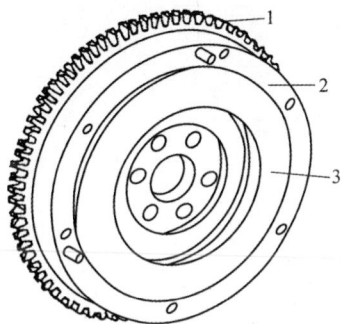

图 3-61　飞轮的结构
1—齿圈　2—离合器安装面　3—离合器圆盘摩擦面

扫一扫

飞轮

拓展知识：双质量飞轮

双质量飞轮是把传统的飞轮分为两个圆盘，通过弹簧阻尼系统相互连接，并分别与发动机曲轴和变速器输入轴相连接，可以降低发动机和变速器振动系统的固有频率，避免在怠速时发生共振，提高了整体舒适性。

【小　结】

1. 曲柄连杆机构的功用是把燃气作用在活塞顶面上的压力转变为曲轴的转矩，向工作机构输出机械能。

2. 曲柄连杆机构由机体组、活塞连杆组和曲轴飞轮组三部分组成。

3. 机体组主要包括气缸盖、气缸盖罩盖、气缸垫、机体、气缸套及油底壳等。气缸体可分为一般式、龙门式和隧道式气缸体；或无气缸套式、干气缸套式和湿气缸套式气缸体；气缸排列形式有直列式、对置式、V形等。

4. 缸盖燃烧室的结构形式有楔形燃烧室、盆形燃烧室、半球形燃烧室、多球形燃烧室、篷形燃烧室。

5. 活塞连杆组主要包括活塞、活塞环、活塞销、连杆等；活塞可分为活塞顶、活塞头和活塞裙；活塞环分为气环和油环；活塞销与活塞销座孔和连杆小头衬套孔的连接配合方式有全浮式和半浮式；连杆可分为连杆小头、杆身和连杆大头。

6. 曲轴飞轮组主要由曲轴、飞轮等组成。曲轴可分为整体式和组合式，还可分为全支承曲轴及非全支承曲轴。四冲程直列四缸发动机的发火间隔角为720°/4＝180°，发动机的工作顺序为1—3—4—2 或 1—2—4—3。四冲程直列六缸发动机的发火间隔角为720°/6＝120°，六个曲拐互成120°，发动机的工作顺序为1—5—3—6—2—4 或 1—4—2—6—3—5。

7. 曲轴扭转减振器为摩擦式扭转减振器。曲轴扭转减振器可分为橡胶扭转减振器、硅油扭转减振器及硅油—橡胶扭转减振器。

8. 飞轮常作为摩擦离合器的主动盘，飞轮的外缘上镶有供发动机起动用的齿圈，在飞轮上还刻有上止点记号，用来校准点火正时或喷油正时，以及调整气门间隙。

【课后练习题】

1. 曲柄连杆机构有何功用？由哪几部分组成？
2. 发动机缸体的结构形式有哪些？各有何优缺点？
3. 燃烧室的结构形式有哪些？
4. 活塞的结构有何特点？
5. 活塞环的种类有哪些？各有何作用？
6. 曲拐布置形式与发动机工作顺序有何关系？
7. 飞轮有何作用？

第4章

配 气 机 构

【学习目标】

1. 掌握发动机配气机构的功用,能够用配气相位图表述发动机的进、排气过程。
2. 能够识别配气机构的各部件并能说明其功用。
3. 能够用可变配气相位原理来解释配气机构对发动机性能的影响。
4. 能够叙述可变配气相位的工作原理。

【学习导入】

了解了转变动力的曲柄连杆机构后,该同学发现发动机燃烧产生动力,需要发动机组件在合适的时间供给合适的混合气,并且随着发动机工作状态的变化,供给混合气的时间及浓度也在变化,为此发动机的部件中既要有供给混合气的部件,也要有形成混合气的部件。首先来看一下供给混合气的部件及混合气是如何进入发动机的。

4.1 配气机构的功用与配气相位

4.1.1 功用

四冲程汽车发动机都采用气门式配气机构。其功用是按照发动机的工作顺序和工作循环的要求,定时开启和关闭各缸的进、排气门,使新气进入气缸,废气从气缸排出。所谓新气,对于汽油机就是汽油与空气的混合物,对于柴油机则为纯净的空气。

进入气缸内的新气数量或称进气量对发动机性能的影响很大。进气量越多,发动机的有效功率和转矩越大。因此,配气机构首先要保证进气充分,进气量尽可能多;同时,废气要排除干净,因为气缸内残留的废气越多,进气量将会越少。其次,配气机构的运动件应该具有较小的质量和较大的刚度,以使配气机构具有良好的动力特性。

扫一扫

配气机构

4.1.2 配气相位

进入气缸内的新气量越多，发动机的动力性越好。影响进气量的因素很多，而进、排气门开启和关闭的时刻便是其中之一。

用曲轴转角表示的进、排气门实际开闭时刻和开启持续时间，称为配气相位。通常用相对于上、下止点曲拐位置的曲轴转角的环形图来表示，这种图形称为配气相位图，如图 4-1 所示。

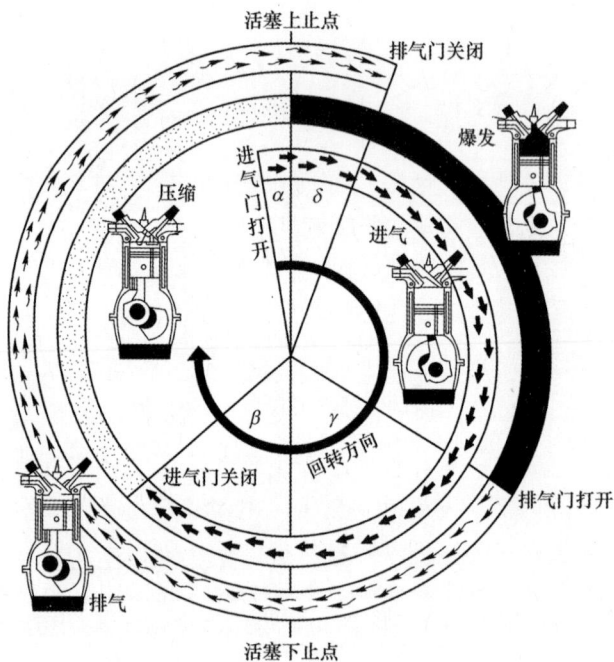

图 4-1　配气相位图

理论上，四冲程发动机的进气门当曲拐处在上止点时开启，下止点时关闭；排气门则当曲拐在下止点时开启，上止点时关闭。进气时间和排气时间各占 180°曲轴转角。但实际上发动机转速很高，活塞每一行程历时相当短，势必会造成进气不足和排气不净，从而使发动机功率下降。因此，现代发动机都采取延长进、排气时间的方法，即实际开闭时刻不是恰好在上、下止点，而是提前开、迟后关一定的曲轴转角，以改善进、排气状况，从而提高发动机的动力性。

1. 进气门的配气相位

（1）进气提前角　在排气行程接近终了，活塞到达上止点之前，进气门便开始开启，从进气门开始开启到活塞移到上止点所对应的曲轴转角 α 称为进气提前角。进气门提前开启的目的是：为了保证进气行程开始时进气门已开大，减小了进气阻力，新鲜气体能顺利地充入气缸。

（2）进气迟后角　在进气行程下止点过后，活塞重又上行一段，进气门才关闭。从下止点到进气门关闭所对应的曲轴转角 β 称为进气迟后角。进气门迟后关闭的目的是：由于活塞到达下止点时，气缸内压力仍低于大气压力，且气流还有相当大的惯性，可以利用气流惯性和压力差继续进气。

由此可见，进气门开启持续时间内的曲轴转角，即进气持续角为 $\alpha + 180° + \beta$。α 角一般为 $10° \sim 30°$，β 角一般为 $40° \sim 80°$。

2. 排气门的配气相位

（1）排气提前角　在做功行程接近终了，活塞到达下止点之前，排气门便开始开启。从排气门开始开启到下止点所对应的曲轴转角 γ 称为排气提前角。排气门提前开启的目的是：当做功行程活塞接近下止点时，气缸内的气体大约还有 $0.30 \sim 0.50MPa$ 的压力，此压力对做功的作用已经不大，但仍比大气压力高，可利用此压力使气缸内的废气迅速地自由排出，待活塞到达下止点时，气缸内只剩约 $0.11 \sim 0.12MPa$ 的压力，使排气行程所消耗的功率大为减小；此外，高温废气迅速地排出，还可以防止发动机过热。

（2）排气迟后角　活塞越过上止点后，排气门才关闭。从上止点到排气门关闭所对应的曲轴转角 δ 称为排气迟后角。排气门迟后关闭的目的是：由于活塞到达上止点时，气缸内的残余废气压力高于大气压力，加之排气时气流有一定的惯性，仍可以利用气流惯性和压力差把废气排放得更干净。

由此可见，排气门开启持续时间内的曲轴转角，即排气持续角为 $\gamma + 180° + \delta$。γ 角一般为 $40° \sim 80°$，δ 角一般为 $10° \sim 30°$。

3. 气门叠开

由于进气门在上止点前即开启，而排气门在上止点后才关闭，这就出现了在一段时间内，进、排气门同时开启的现象，这种现象称为气门叠开。同时开启的曲轴转角 $\alpha + \delta$ 称为气门叠开角。由于新鲜气流和废气流的流动惯性都比较大，在短时间内是不会改变流向的，因此只要气门叠开角选择适当，就不会有废气倒流入进气管和新鲜气体随同废气排出的可能性。相反，由于废气气流周围有一定的真空度，对排气速度有一定影响，从进气门进入的少量新鲜气体可对此真空度加以填补，还有助于废气的排出。

不同发动机，由于其结构形式、转速各不相同，因而配气相位也不相同。同一台发动机转速不同也应有不同的配气相位，转速越高，提前角和迟后角也应越大，但这种结构较为复杂，仅在少数发动机上采用。通常采用不变的配气相位发动机，它只适应于发动机某一常用的转速。最有利的配气相位需通过反复试验确定。

换气过程进行得是否完善，决定着每一循环留在缸内的新鲜充量的多少，直接影响发动机的动力性、经济性、排放等。但换气质量不用新鲜充量的绝对值评价，因它与气缸尺寸及进气管内状态有关，而以相对量——充气效率 η_v 来评价。

1）充气效率是实际进入气缸的新鲜工质质量（m_1）与进气状态下充满气缸工作容积的新鲜工质质量（m_s）的比值。充气效率越大，进入气缸内的新鲜充量越多，气缸的做功能力越强，发动机发出的功率或转矩就越大。

充气效率计算公式：

$$\eta_v = \frac{m_1}{m_s} = \frac{V_1}{V_s}$$

m_1、V_1：进气状态下，实际进入气缸的新鲜工质质量、体积；m_s、V_s：进气状态下，充满工作容积的新鲜工质质量、气缸工作容积。由于进气行程终了时气缸内压力总是小于进气管内压力，且新鲜充量进入气缸时受到高温零件的加热而膨胀，加之进气持续期又短，发动机不会达到"完满"充气。这就是所谓的"呼吸"困难，发动机转速越快，其呼吸越困难。

2）影响充气效率的因素如下。

进气终了的压力 P_a 和温度 T_a

$$\eta_v = \xi \frac{1}{1+r} \frac{\varepsilon}{\varepsilon - 1} \frac{T_s}{P_s} \frac{P_a}{T_a}$$

$$P_a \uparrow \rightarrow \eta_v \uparrow \qquad P_a = P_s - \Delta P_a$$

残余废气系数 r

$$r \uparrow \rightarrow \eta_v \downarrow$$

气门正时引起的有效进气体积系数 ξ

压缩比 ε

$$\varepsilon \uparrow \rightarrow V_c \downarrow \rightarrow 残余废气量 \downarrow \rightarrow \eta_v \uparrow$$

环境的压力 P_s 和温度 T_s：环境温度增加，进气密度降低，环境温度与气缸壁的温差降低，T_s / T_a 升高，ΔT_a 降低 η_v 升高，充气效率有所增加。

转速对充气效率的影响：

$$转速 \uparrow \rightarrow (\lambda + \nu) \uparrow \rightarrow \Delta P_a \uparrow \rightarrow P_a \downarrow \rightarrow \eta_v \downarrow$$

负荷对充气效率的影响（汽油机）：

$$负荷 \downarrow \rightarrow 节气门开度 \downarrow \rightarrow \Delta P_a \uparrow \rightarrow P_a \downarrow \rightarrow \eta_v \downarrow$$

$$负荷 \uparrow \rightarrow P_a \uparrow, T_a 略大 \rightarrow \eta_v \uparrow$$

负荷对充气效率的影响（柴油机）：

$$柴油机负荷 \uparrow \rightarrow P_a 不变 \rightarrow T_a 略大$$
$$\rightarrow \eta_v 基本不变或者略有下降$$

进气终了温度对充气效率的影响：

$$T_a = T_s + \Delta T_a' \qquad T_a > T_s$$

高温零件要给进气加热；残余废气给进气加热；改善冷起动性进气加热。

影响进气终了温度：负荷越大，温度越大；转速增加，温度降低。

近些年，配气机构和进、排气系统中的发展变化及出现的新结构、新技术均是以提高充气效率或净化尾气为目的的，如多气门机构、变气门正时、变气门升程、变进气系统等。

讨论：为什么 $\beta + \gamma$ 不是气门叠开角？

4.2 配气机构的种类

现代汽车发动机均采用顶置气门，即进、排气门置于气缸盖内，倒挂在气缸顶上。按凸轮轴的位置形式可分为下置式、中置式和上置式三种；按凸轮轴的传动方式可分为齿轮传动式、链条传动式和齿形带传动式；按每个气缸气门数及其排列方式可分为二气门式、四气门式、五气门式等形式。配气机构种类见表4-1。

表4-1 配气机构种类

分类	类型	说明	图示
按气门安装位置	气门顶置式	气门位于气缸盖上，称为气门顶置式配气机构。国产车发动机大都采用气门顶置式配气机构	
	气门侧置式	气门位于气缸体侧面，称为气门侧置式配气机构。这种配气机构已经被淘汰	
按凸轮轴布置位置	凸轮轴下置式	主要缺点是气门和凸轮相距较远，因而气门传动零件较多，结构较复杂，发动机高度也有所增加	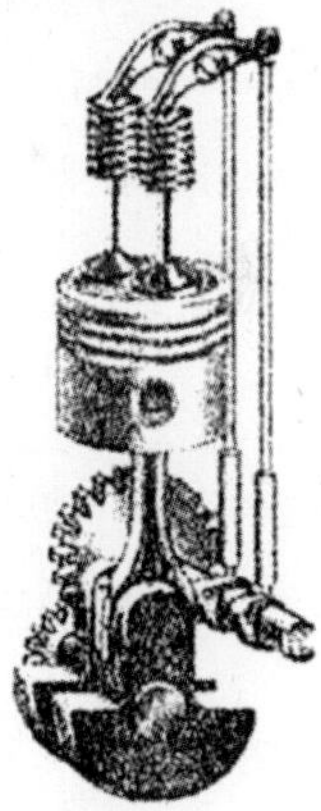
	凸轮轴中置式	凸轮轴位于气缸体的中部，由凸轮轴经过挺柱直接驱动摇臂	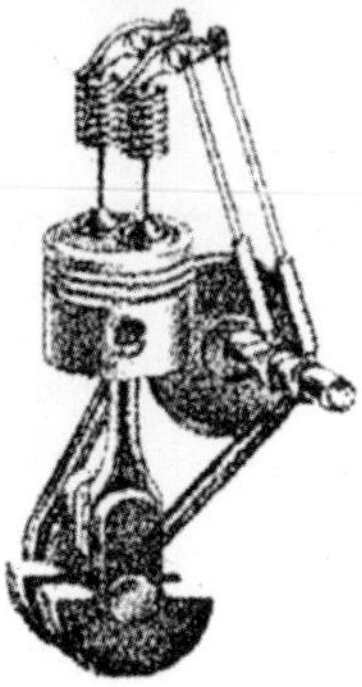

(续)

分类	类型	说明	图示
按凸轮轴布置位置	凸轮轴上置式	凸轮轴布置在气缸盖上。凸轮轴上置式有两种结构，一种是凸轮轴直接通过摇臂来驱动气门；另一种是凸轮轴直接驱动气门或带液力挺柱的气门	
按凸轮轴与曲轴的传动方式	齿轮传动式	凸轮轴下置、中置的配气机构大多采用正时齿轮传动	
	链条传动式	链条与链轮的传动适用于凸轮轴上置的配气机构	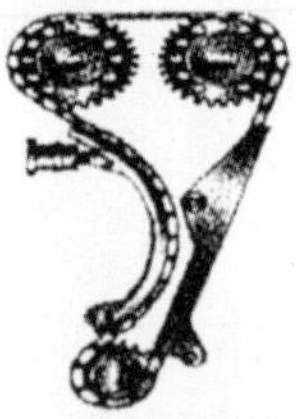
	齿形带传动式	近年来高速汽车发动机上广泛采用齿形带来代替传动链	
按每缸气门数及其排列方式	二气门式	一般发动机都采用每缸两个气门，即一个进气门和一个排气门的结构	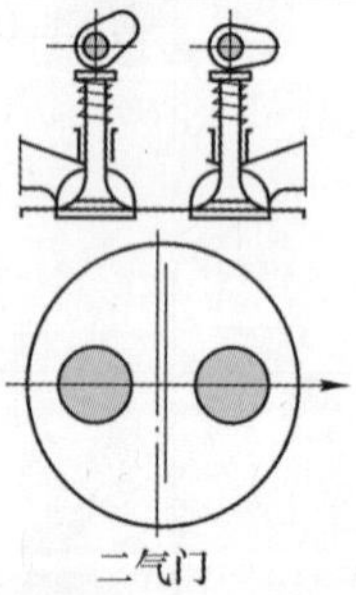 二气门
	多气门式	在新型汽车发动机上多采用每缸四个气门的结构，即两个进气门和两个排气门。也有采用三个或三个气门甚至更多气门的形式	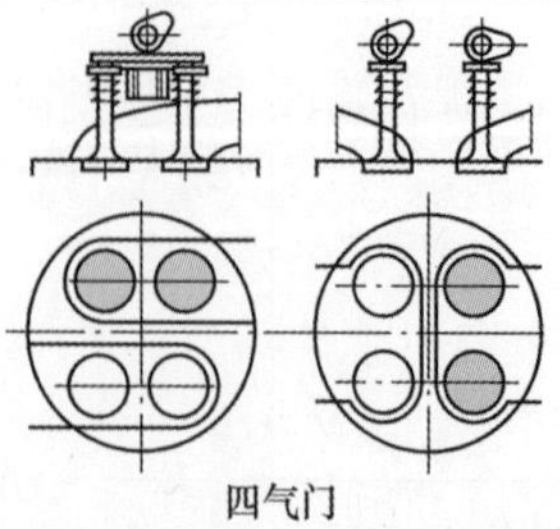 四气门

4.3 配气机构的组成

配气机构由气门组和气门传动组组成。中重型货车发动机配气机构组成如图 4-2 所示，轿车发动机配气机构组成如图 4-3 所示。

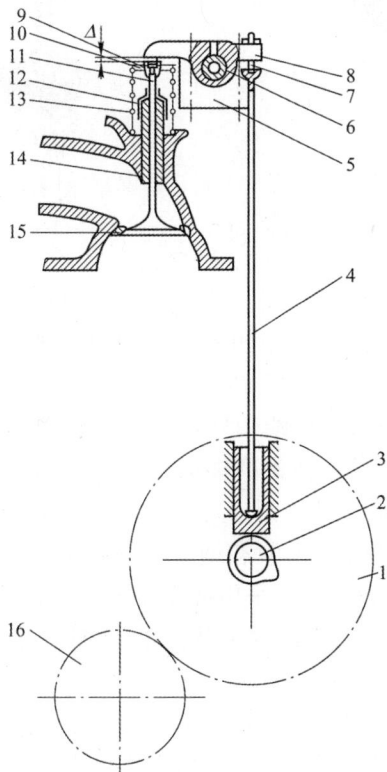

图 4-2 中重型货车发动机配气机构
（凸轮轴下置式）的组成示意图
1—凸轮轴正时齿轮 2—凸轮轴 3—挺柱 4—推杆
5—摇臂轴支架 6—摇臂轴 7—调整螺钉及锁紧螺母
8—摇臂 9—气门锁片 10—气门弹簧座 11—气门
12—防油罩 13—气门弹簧 14—气门导管
15—气门座 16—曲轴正时齿轮
Δ—气门间隙

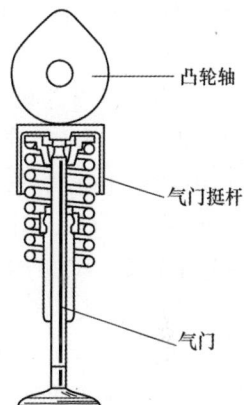

图 4-3 轿车发动机配气机构
（凸轮轴上置式）组成示意图

凸轮轴

气门挺杆

气门

4.3.1 气门组

气门组包括气门、气门导管、气门座和气门弹簧等主要零部件，气门组的作用是实现气缸的密封。气门组的组成如图 4-4 所示。

1. 气门

气门由头部和杆部两部分组成，头部用来封闭气缸的进、排气通道，杆部则主要为气门的运动导向，如图 4-5 所示。

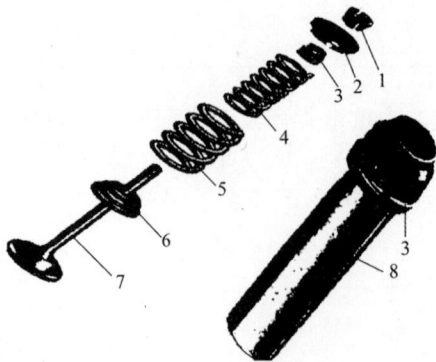

图 4-4　气门组

1—气门锁片　2—气门弹簧座（上）　3—气门油封　4—气门弹簧（内）
5—气门弹簧（外）　6—气门弹簧座（下）　7—气门　8—气门导管

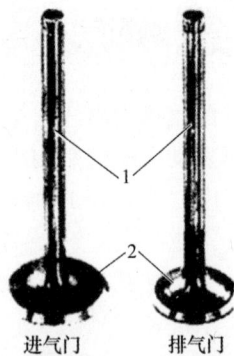

图 4-5　气门的结构

1—杆部　2—头部

气门的作用是与气门座相配合，对气缸进行密封，并按工作循环的要求定时开启和关闭，使新鲜气体进入气缸，使废气排出气缸。气门头部受高温作用，承受高压及气门弹簧和传动组惯性力的作用，气门杆在气门导管中做高速直线往复运动，其冷却和润滑条件差，因此，要求气门必须具有足够的强度、刚度、耐热和耐磨能力。进气门材料常采用合金钢（铬钢或镍铬钢等），排气门则采用耐热合金钢（硅铬钢等）。另外，为了改善气门的导热性能，在气门内部充注金属钠，钠在970℃时为液态，液态钠可将气门头部的热量传给气门杆，冷却效果十分明显。奥迪 A6 轿车发动机排气门即采用钠冷却气门，如图4-6所示。

（1）气门头部　气门头部的形状有平顶、喇叭形顶和球面顶，如图 4-7 所示。目前使用最多的是平顶气门头。平顶气门头结构简单，制造容易，吸热面积较小，质量小，进、排气门均可采用。喇叭形顶头部与杆部的过渡部分具有一定的流线型，气流流通较便利，可减小进气阻力，但其顶部受热面积较大，故多用于进气门，而不宜用于排气门。球面顶气门头部强度高，排气阻力小，废气清除效果好，适用于排气门，但球形气门顶部的受热面积大，质量和惯性力也大，加工较困难。

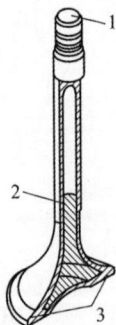

图 4-6　充钠排气门

1、3—镶装硬合金　2—钠

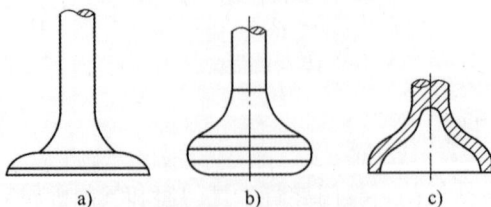

图 4-7　气门头部的结构形式

a）平顶　b）球面顶　c）喇叭形顶

气门头部与气门座圈接触的工作面，是与杆部同心的锥面，通常将这一锥面与气门顶部平面的夹角称为气门锥角，如图 4-8 所示，一般做成 30°或 45°。采用锥形工作面的目的：
①就像锥形塞子可以塞紧瓶口一样，能获得较大的气门座合压力，以提高密封性和导热性；
②气门落座时有定位作用；③避免使气流拐弯过大而降低流速。

为保证密合良好，装配前应将气门头与气门座二者的密封锥面互相研磨，研磨好的零件不能互换。

气门头部直径越大，气门口通道截面就越大，进、排气阻力就越小。由于最大尺寸受燃烧室结构的限制，考虑到进气阻力比排气阻力对发动机性能的影响大得多，为尽量减小进气阻力，进气门直径往往大于排气门。另外，排气门稍小些，还不易变形。

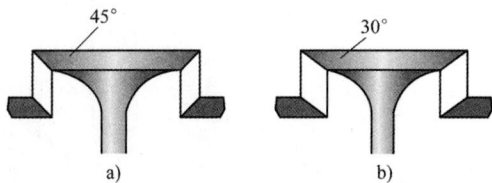

图 4-8 气门锥角
a）气门锥角 45° b）气门锥角 30°

（2）气门杆部 气门杆是圆柱形，在气门导管中不断进行上、下往复运动。气门杆部应具有较高的加工精度和较小的表面粗糙度，与气门导管保持正确的配合间隙，以减小磨损和起到良好的导向、散热作用。气门杆尾部结构取决于气门弹簧座的固定方式，如图 4-9 所示。常用的结构是用剖分或两半的锥形锁片 4 来固定气门弹簧座（图 4-9a），这时气门杆 1 的尾部可切出环形槽来安装锁片。也可以用锁销 5 来固定气门弹簧座 3（图 4-9b），对应的气门杆尾部应有一个用来安装锁销的径向孔。

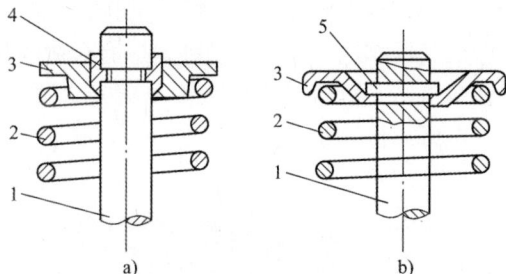

图 4-9 气门弹簧座的固定方式
a）锥形锁片固定式 b）锁销固定式
1—气门杆 2—气门弹簧 3—气门
弹簧座 4—锥形锁片 5—锁销

扫一扫

气门

2. 气门导管

气门导管的功用是给气门的运动导向，并为气门杆散热。其结构如图 4-10 所示。为便于调换或修理，气门导管内、外圆柱面经加工后压入气缸盖或气缸体的气门导管孔中，然后再精铰内孔。为了防止气门导管在使用过程中松落，有的发动机对气门导管用卡环定位，使气门弹簧下座将卡环压住，导管就有了可靠的轴向定位。气门杆与气门导管之间一般留有 0.05~0.12mm 的间隙，使气门杆能在导管中自由运动。气门导管的工作温度较高，润滑比较困难，一般用含石墨较多的铸铁或铁基粉末冶金制成，以提高自润滑性能。

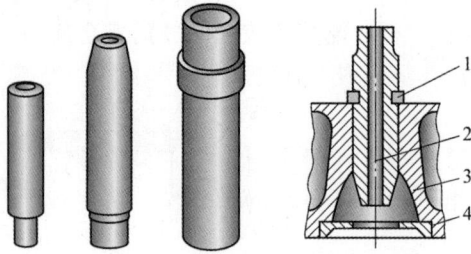

图4-10 气门导管与气门座

1—卡环 2—气门导管 3—气缸盖 4—气门座

3. 气门座

气缸盖或气缸体的进、排气道与气门锥面相结合的部位称为气门座，它也有相应的锥面。气门座的作用是靠其内锥面与气门锥面的紧密贴合密封气缸，并接受气门传来的热量。气门座可在气缸盖上（气门顶置时）或气缸体上（气门倒置时）。因为气门座在高温下工作，磨损严重，故有不少发动机的气门座是用耐热钢材或合金铸铁单独制成气门座圈，然后镶嵌入气缸盖或气缸体上的气门座圈孔中，以便提高其使用寿命，同时便于更换。

4. 气门弹簧

气门弹簧借其张力克服气门关闭过程中气门及传动件因惯性力而产生的间隙，保证气门及时落座并紧密贴合，同时也可防止气门在发动机振动时因跳动而破坏密封。因此要求气门弹簧具有足够的刚度和安装预紧力。

气门弹簧多用中碳铬钒钢丝或硅铬钢丝制成圆柱形螺旋弹簧，如图4-11所示。气门弹簧在工作时承受频繁的交变载荷，为保证其可靠地工作，气门弹簧应有合适的弹力、足够的刚度和抗疲劳强度。加工后应对气门弹簧进行热处理，钢丝表面要磨光、抛光或喷丸处理，借以提高疲劳强度，增强气门弹簧的工作可靠性。

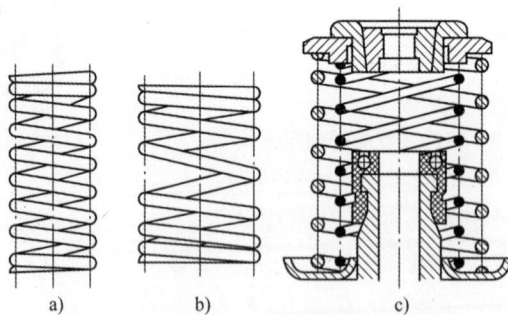

图4-11 气门弹簧

a）等螺距圆柱弹簧 b）变螺距圆柱弹簧 c）内外等螺距圆柱弹簧

安装时，气门弹簧的一端支承在气缸盖或气缸体上，而另一端则压靠在气门杆尾端的弹簧座上，弹簧座用锁片固定在气门杆的末端。为了防止弹簧发生共振，可采用变螺距的圆柱形弹簧（图4-11b）。大多数高速发动机是一个气门装有同心安装的内、外两根气门弹簧（图4-11c），这样不但可以防止共振，而且当一根弹簧折断时，另一根仍可维持工作。此外，还能减小气门弹簧的高度。当装用两根气门弹簧时，气门弹簧的螺旋方向和螺距应各不相同，这样可以防止折断的弹簧圈卡入另一个弹簧圈内。

如果气门在工作中能相对于气门座缓慢地旋转，则二者之间的密合和使用寿命可大为提高。这是因为气门旋转时，一方面可使气门头沿圆周温度均匀，减少气门头部受热变形的可能性；另一方面还有助于清除密封锥面上的沉积物，使气门与气门座保持良好的接触，实现散热和密封；此外，气门的旋转还可减少沉积物对气门杆的黏滞，从而使气门及时落座。为此，有些发动机加装有气门旋转装置，如图4-12所示。

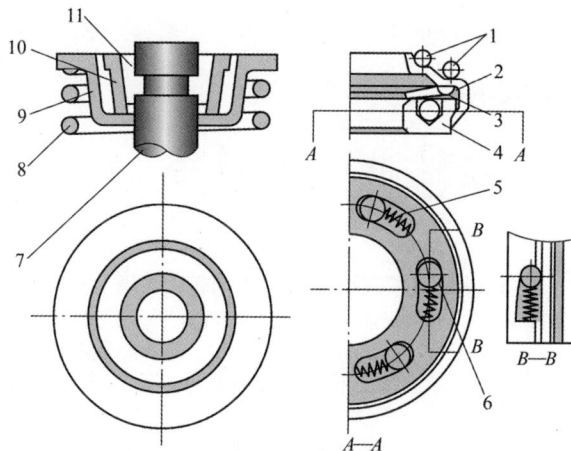

图4-12 气门旋转装置
1—气门弹簧 2—支撑板 3—碟形弹簧 4—壳体 5—回位弹簧 6—钢球 7—气门
8—气门弹簧 9—气门弹簧座 10—锥形套筒 11—锁片

4.3.2 气门传动组

气门传动组主要包括凸轮轴、凸轮轴正时齿轮、挺柱、推杆、摇臂和摇臂轴。气门传动组的作用是使气门按发动机配气相位规定的时刻及时开、闭，并保证规定的开启时间和开启高度。

1. 凸轮轴

凸轮轴主要由凸轮1、凸轮轴轴颈2等组成，如图4-13所示。对于下置凸轮轴的汽油发动机还具有驱动机油泵、分电器的螺旋齿轮4和驱动汽油泵的偏心轮3的作用。凸轮受到气门间歇性开启的周期性冲击载荷，因此要求凸轮表面要耐磨，凸轮轴要有足够的韧性和刚度。凸轮轴一般用优质锻钢或特种铸铁制成，凸轮和轴颈的工作表面经热处理后精磨和抛光，以提高其硬度及耐磨性。

由图4-13可以看出，同一气缸的进、排气凸轮的相对角位置是与既定的配气相位相适应的。发动机各个气缸的进、排气凸轮的相对角位置应符合发动机各缸的点火次序和点火间隔时间的要求。因此，根据凸轮轴的旋转方向以及各缸进、排气凸轮的工作顺序，就可以判定发动机的点火次序。如图4-13所示的四缸四冲程发动机，每完成一个工作循环，曲轴须旋转两周而凸轮轴只旋转一周，在这期间内，每个气缸都要进行一次进气或排气，且各缸进

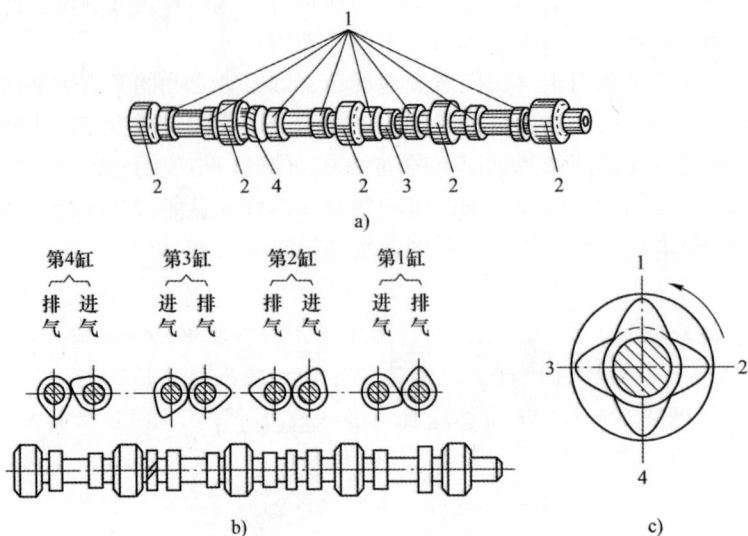

图 4-13　四缸四冲程汽油机凸轮轴

a）发动机凸轮轴　b）各凸轮的相对角位置图　c）进（排）气凸轮投影

1—凸轮　2—凸轮轴轴颈　3—驱动汽油泵的偏心轮

4—驱动分电器等的螺旋齿轮

气或排气的时间间隔相等，即各缸进或排气凸轮彼此间的夹角均为 360°/4 = 90°。如图 4-13c 所示，汽车发动机的点火次序为 1—2—4—3（凸轮轴旋转方向，从前端向后看）。

凸轮轮廓形状如图 4-14 所示。O 点为凸轮轴的轴心，EA 为凸轮的基圆。当凸轮按图示方向转过 EA 弧段时，挺柱处于最低位置不动，气门处于关闭状态。凸轮转过 A 点后，挺柱开始上移。至 B 点，气门间隙消除，气门开启，凸轮转到 C 点，气门开度达到最大，而后逐渐关小，至 D 点，气门闭合终了。此后，挺柱继续下落，出现气门间隙，至 E 点挺柱又处于最低位置。ϕ 对应着气门开启持续角，ρ_1 和 ρ_2 则分别对应着消除和恢复气门间隙所需的转角。凸轮轮廓 BCD 弧段为凸轮的工作段，其形状决定了气门的升程及其升降过程的运动规律。

凸轮轴由曲轴通过传动装置驱动，常见的有齿轮传动、链条传动、带传动。中重型货车发动机采用一对正时齿轮传动，如图 4-15 所示。小齿轮和大齿轮分别用键安装在曲轴和凸轮轴的前端，其传动比为 2:1。在装配曲轴和凸轮轴时，必须将齿轮正时标记对准，以保证正确的配气相位和点火时刻。轿车发动机普遍采用链条传动和齿形带传动，如图 4-16 和图 4-17 所示。

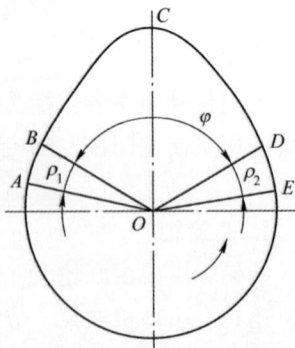

图 4-14　凸轮轮廓形状图

讨论：发动机配气正时不正确将导致怎样的后果？

为了防止凸轮轴在工作中产生轴向窜动和承受正时斜齿轮产生的轴向力，凸轮轴必须有轴向限位装置。常见的轴向限位装置如图 4-18 所示。在凸轮轴正时齿轮和凸轮轴第一个轴颈端面之间有一块止推凸缘与止推座。止推凸缘用螺栓固定在缸体或缸盖上，以防止凸轮轴产生轴向移动。

凸轮轴链轮

正时链条

链条张紧器

链条导板

链条张紧臂

机油喷嘴

曲轴链轮

标记

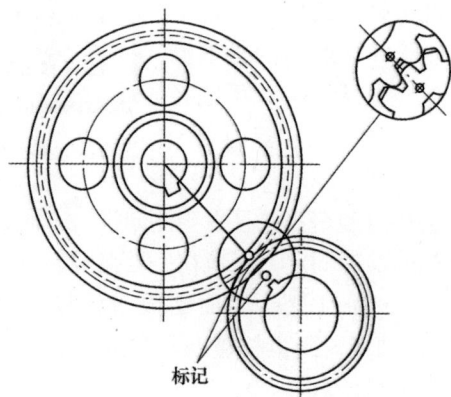

图4-15 正时齿轮及正时标记

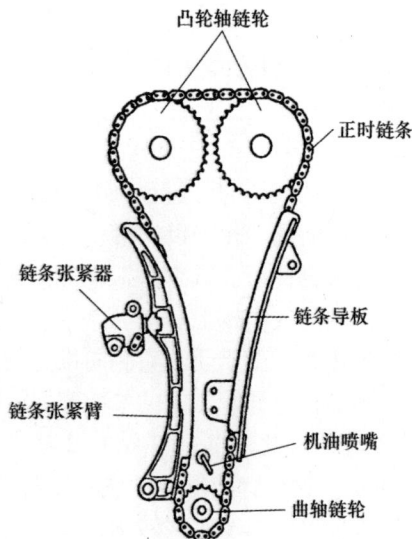

图4-16 发动机链条传动

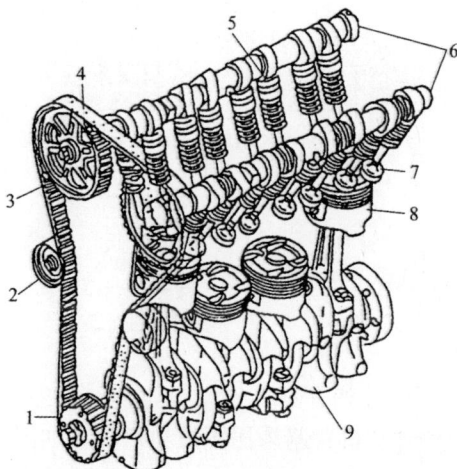

图4-17 发动机带传动

1—曲轴齿形带轮 2—张紧轮 3—凸轮轴齿形带轮 4—齿形带 5—液力挺杆
6—凸轮轴 7—气门 8—活塞 9—曲轴

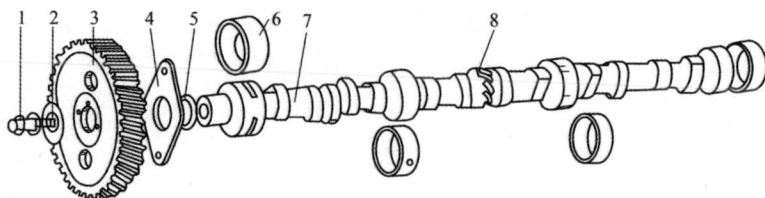

图4-18 凸轮轴轴向限位装置

1—螺栓 2—垫圈 3—正时齿轮 4—止推垫片 5—止推垫圈
6—第一道凸轮袖衬套 7—凸轮轴 8—驱动齿轮

2. 挺柱

挺柱的作用是将凸轮的推力传递给推杆或气门杆，并承受凸轮轴旋转时所施加的侧向力。挺柱可分为普通挺柱和液力挺柱两种。

扫一扫

凸轮轴和配气相位

（1）普通挺柱　配气机构采用的挺柱有筒式和滚轮式两种结构形式，如图4-19所示。筒式挺柱圆周钻有通孔，便于筒内收集的机油流出，对挺柱底面及凸轮加以润滑；另外，由于挺柱中间为空心，可减轻质量。滚轮式挺柱可以减少磨损，但结构较复杂，质量较大，多用于大缸径柴油机的配气机构上。

挺柱工作时，由于受凸轮侧向推力的作用，会稍有倾斜，并且由于侧向推力方向是一定的，将引起挺柱与导管之间的单面磨损，同时挺柱与凸轮固定不变地在一处接触，也会造成磨损不均匀。为此，挺柱在结构上有的制成球面，而且把凸轮面制成带锥度形状，如图4-20所示。这样，凸轮与挺柱的接触点偏离挺柱轴线，当挺柱被凸轮顶起上升时，接触点的摩擦力使其绕本身轴线转动，以达到磨损均匀的目的。

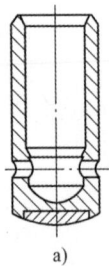  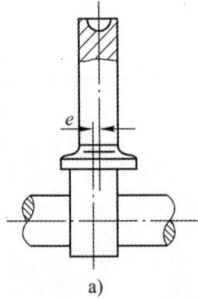 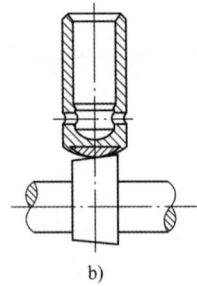

a)　　　　b)　　　　　　　　a)　　　　b)

图4-19　普通挺柱　　　　**图4-20　减轻底面磨损的结构措施**

a）筒式　b）滚轮式　　　a）挺柱轴线偏移　b）凸轮工作面呈锥状

（2）液力挺柱　由于气门间隙的存在，发动机工作时，配气机构中将发生撞击而产生噪声。为解决这一矛盾，现代发动机普遍采用了液力挺柱，如图4-21、图4-22所示。在挺柱体1中装有柱塞3，在柱塞上端压入支承座5。柱塞经常被柱塞弹簧8压向上方，其最上位置由卡环4来限制，柱塞下端的单向阀架2内装有单向阀碟形弹簧6和单向阀7。发动机工作时，发动机润滑系统中的机油从主油道经挺柱体侧面的油孔流入，并经常充满柱塞内腔及其下面的空腔。

当气门关闭时，柱塞弹簧8使柱塞3连同压合在柱塞中的支承座5紧靠着推杆，整个配气机构中不存在间隙。当挺柱被凸轮推举向上时，推杆作用于支承座5和柱塞3上的反力力图使柱塞克服柱塞弹簧8的弹力而相对于挺柱体1向下移动，于是柱塞下部空腔内的油压迅速增高，使单向阀7关闭。由于液体的不可压缩性，整个挺柱如同一个刚体一样上升，这样便保证了必要的气门升程。当气门开始关闭或冷却收缩时，柱塞所受压力减小，由于柱塞弹簧8的作用，柱塞向上运动，始终与推杆保持接触，同时柱塞下部的空腔中产生真空度，于是单向阀7再次被吸开，油液便流入挺柱体腔，并充满整个挺柱内腔。

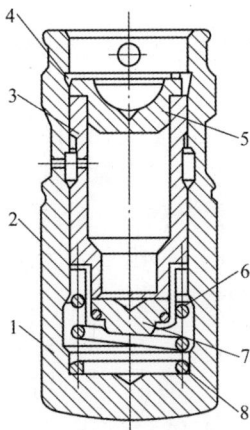

图 4-21　液力挺柱结构

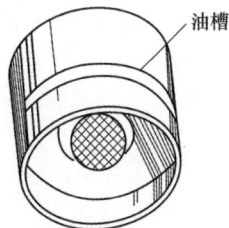

图 4-22　液力挺柱外观

1—挺柱体　2—单向阀架　3—柱塞　4—卡环　5—支承座
6—单向阀碟形弹簧　7—单向阀　8—柱塞弹簧

由上述工作过程可以看出，若气门受热膨胀，则挺柱回落后向挺柱体腔内的补油过程，便会减小补油量（工作过程中）或使挺柱体腔内的油液从柱塞与挺柱体间隙中泄漏一部分（停车时），从而使挺柱自动"缩短"，因此可不留气门间隙而仍能保证气门关闭。相反，若气门冷缩，则向挺柱体腔内的补油过程，便会增加补油量（工作过程中）或在柱塞弹簧作用下将柱塞上推，吸开单向阀挺柱体腔内补油（停车时），从而使挺柱自动"伸长"，因此仍能保持配气机构无间隙。

采用液压挺柱，消除了配气机构中的间隙，减小了各零件的冲击载荷和噪声，同时凸轮轮廓可设计得较陡一些，以便气门开启和关闭得更快，减小进、排气阻力，改善发动机的换气，提高发动机的性能，特别是高速性能。但液压挺柱结构复杂，加工精度要求较高，而且磨损后无法调整，只能更换。

3. 推杆

推杆的作用是将凸轮轴经过挺柱传来的推力传递给摇臂，它是配气机构中最易弯曲的细长零件。为了减小质量并保证有足够的刚度，推杆通常采用冷拔无缝钢管制成，对于缸体和缸盖都是铝合金制造的发动机，其推杆最好用硬铝制造。推杆可以是实心的，也可以是空心的。实心推杆（图 4-23a）一般是同球形支座锻成一个整体，然后进行热处理。图 4-23b 所示为硬铝棒制成的实心推杆，推杆两端配以钢制的支承，其上、下端头与杆身做成一体。空心推杆如图 4-23c 和 d 所示，前者的球头与杆身做成整体，后者的两端与杆身用焊接或压配的方法联成一体，且具有不同的形状，这不仅使摇臂上的气门间隙调整螺钉的球形头部相适应，而且还可以在凹球内积存少量的润滑油以减小磨损。

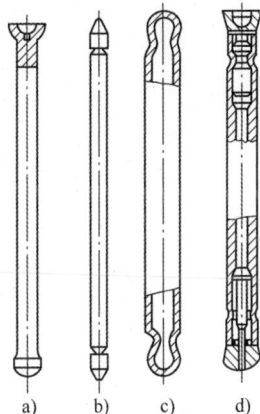

图 4-23　推杆

a)、b) 实心推杆　c)、d) 空心推杆

4. 摇臂

摇臂是一个中间带有圆孔的不等长双臂杠杆，它的作用是将推杆传来的力改变方向，作用到气门杆尾部使其推开气门。

摇臂（图4-24a）的长臂端部以圆弧形的工作面与气门尾端接触用以推动气门。短臂的端部有螺孔，用来安装调整螺钉及锁紧螺母，以调整气门间隙。螺钉的球头与推杆顶端的凹球座相连接。由于靠气门一端的臂长，在一定的气门升程下，可减小推杆、挺柱等运动件的运动距离和加速度，从而减少了工作中的惯性力。图4-24b所示为薄板冲压而成的摇臂，它与液力挺柱联用，所以摇臂上不安装气门间隙的调整螺钉。

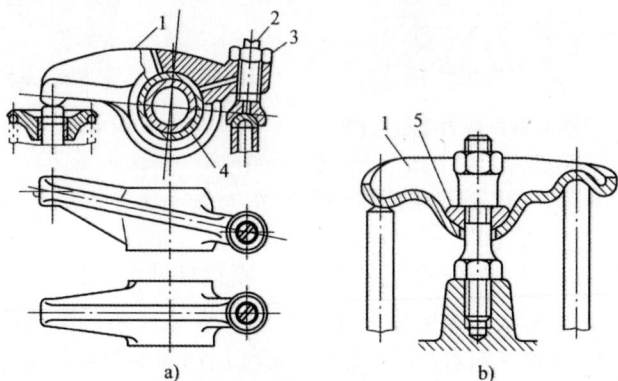

图4-24 摇臂

a) 摇臂结构　b) 薄板摇臂

1—摇臂　2—气门间隙调整螺钉　3—锁紧螺母　4—摇臂衬套　5—摇臂支点球座

摇臂由锻钢、可锻铸铁、球墨铸铁或铝合金制造。

为了防止摇臂窜动，在摇臂轴上每两摇臂之间都装有定位弹簧，如图4-25所示。有一些发动机取消了摇臂，由凸轮轴凸轮直接驱动气门。

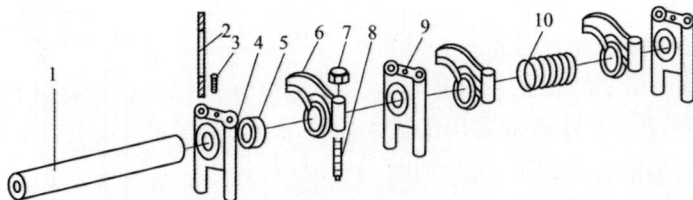

图4-25 摇臂支撑

1—摇臂轴　2—固定螺钉　3—锁紧螺钉　4—摇臂轴座　5—铜套　6—摇臂
7—锁紧螺母　8—调整螺母　9—螺钉孔　10—摇臂弹簧

4.3.3　气门间隙

发动机在冷态下，当气门处于关闭状态时，气门与传动件之间的间隙称为气门间隙。

发动机工作时，气门及其传动件，如挺柱、推杆等都将因温度升高而膨胀伸长。如果气门及其传动件之间，在冷态时无间隙或间隙过小，则在热态下，气门及其传动件的受热膨胀势必会引起气门关闭不严，造成发动机在压缩和做功行程中漏气，从而使功率下降，严重时甚至不易起动。为了消除这种现象，通常留有适当的气门间隙，以补偿气门受热后的膨胀量。气门间隙的大小由发动机制造厂根据试验确定，一般在冷态时，进气门的间隙为0.25~0.30mm，排气门的间隙为0.30~0.35mm。气门间隙过大，将影响气门的开启量，同时在气门开启时产生较大的冲击响声。为了能对气门间隙进行调整，在摇臂（或挺柱）上装有调整螺钉及其锁紧螺母。

在装用液力挺柱的配气机构中，不预留气门间隙。

拓展知识：先进技术

大众的 RSH 发动机，即自动间隙调整滚子摇臂发动机，是一汽-大众在德国大众全球最先进的 A 级轿车生产平台——PQ35 平台上开发并生产的全新主力发动机，RSH 发动机最大的亮点是在动力、经济、环保等方面的表现。它的结构和一般的发动机不同，其凸轮轴作用于摇臂上，摇臂再作用在气门上，这样的设计可以使气门的开、关更快、更迅速；可以有效地增加发动机的低速转矩，更加符合欧洲人的设计思路，满足用户载人拉货的用车需求。

这款发动机的最大技术亮点就是自动间隙调整滚子摇臂。自动间隙调整滚子摇臂的主要结构如图4-26所示。

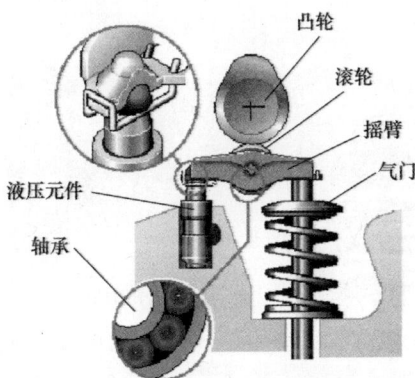

图4-26 自动间隙调整滚子摇臂的主要结构

滚子摇臂由作为摇臂的一个钢板成型件和一个带有滚子轴承的滚轮组成。一端卡在间隙调节器之上，另一端贴在气门之上。该机构有摩擦力小、运动质量小、后期使用噪声轻的优点。

RSH 缸盖要实现自动间隙调整最主要的部件就是间隙调节器（图4-27），该部件主要由一个柱塞、一个液压缸、一个柱塞弹簧组成。间隙调解器的油道与发动机的润滑油道相连通。弹簧构成一个单向阀。

当存在气门间隙时，柱塞由柱塞弹簧从液压缸中压出。直到滚轮贴到凸轮之上，在柱塞被压出时，下油室中的油压减小，单向阀打开，机油进入。当下油室和上油室之间的压力达到平衡时，单向阀被关闭（图4-28）。

当凸轮紧贴滚轮时，下油室中的压力上升，由于封闭的机油不可压缩，柱塞无法被继续压入液压缸。此时间隙调节器的作用如同一个刚性元件支撑滚轮摇臂，使相应的气门打开（图4-29）。

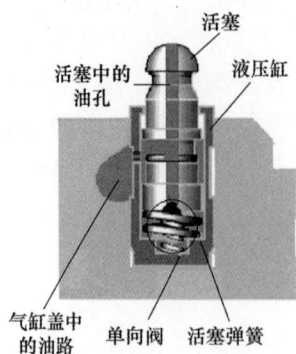

图 4-27　间隙调节器的主要结构

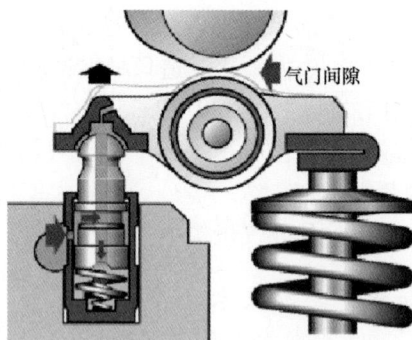

图 4-28　气门间隙的消除

间隙调节器的润滑由间隙调节器中的润滑油道来完成，润滑油是通过滚轮摇臂中的一个孔喷到滚轮表面的（图 4-30）。

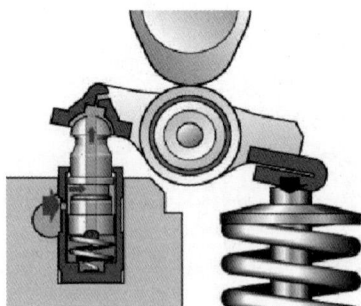

图 4-29　工作中的气门

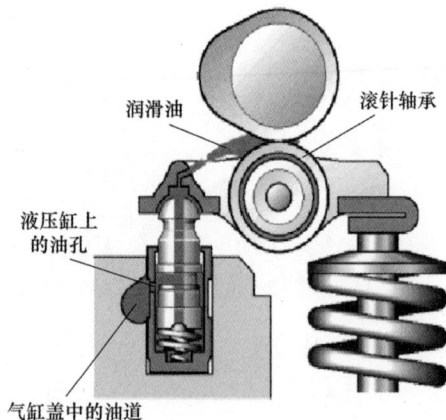

图 4-30　间隙调节器的润滑

4.4　可变配气相位

4.4.1　概述

在高速汽油发动机上，固定的配气相位很难满足发动机高、低速时的性能要求，因此，有些发动机采用可变配气相位电控装置（简称 VTEC），也常称作 VVT-i。VVT-i 是 Variable Valve Timing-intelligent 的缩写，它代表的含义就是智能正时可变气门控制系统。

如图 4-31 所示，在低速时，活塞运动得慢，使得可燃混合气能够跟随活塞的运动，进气门必须较早被关闭，使得可燃混合气不会被强行排回进气歧管；在高速时，进气歧管中的流量很大，以至于虽然活塞向上运动但是可燃混合气仍能够连续不断地流入气缸。当可燃混合气不能再进入气缸时，进气门关闭。

因此，在具有可变配气相位的发动机中，进气门的关闭时间被调节在速度范围之内。发

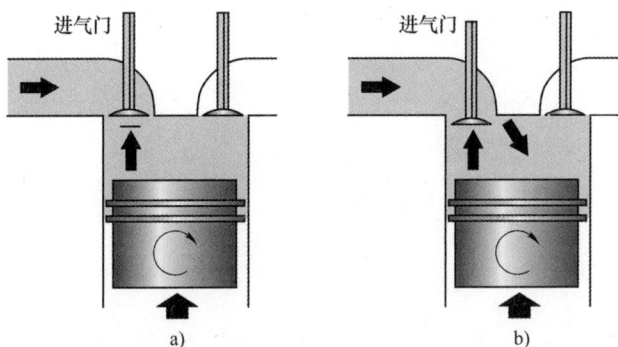

图 4-31 可变气门正时

a）低速进气门关闭较早　b）高速进气门关闭较迟

动机转速高时，增大进气门的升程，提前开启和延迟关闭进气门，以提高发动机的功率；发动机转速低时，减少进气门的升程，延迟开启和提前关闭，提高发动机的转矩，以满足发动机对经济性、稳定性和减少排放污染物的要求。

4.4.2 链张紧式可变进气相位

大众车系普遍采用链张紧式进气相位可变技术。图 4-32 所示为大众 V 形 6 缸发动机的可变进气系统的组成示意，图 4-33 所示为调整装置的结构。

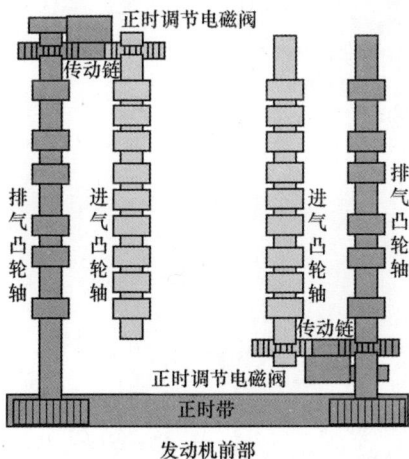

图 4-32 大众 V 形 6 缸发动机的可变进气系统组成

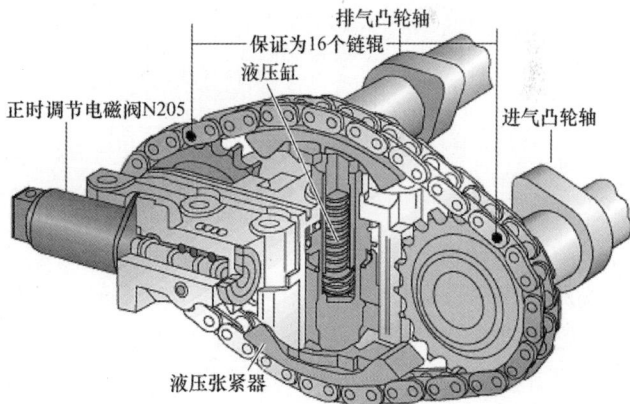

图 4-33 可变进气系统调整装置结构

1. 转矩调整

可变进气正时的转矩调整如图 4-34 所示。发动机在中、低转速，为获得大转矩输出，凸轮轴调整器向下拉长，于是链条上部变短，下部变长。因为排气凸轮轴被正时齿形带固定了，此时排气凸轮轴不能被转动，进气凸轮轴被朝前转一个角度，实现进气门提前开启和提前关闭。

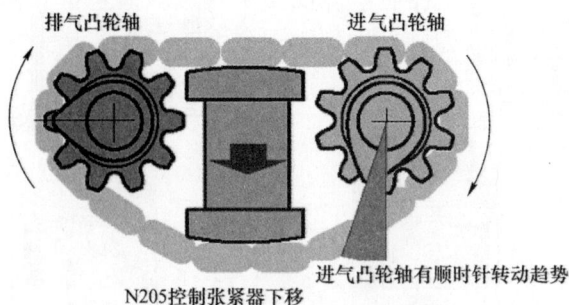

图4-34 可变进气正时的转矩调整

可变进气正时转矩调整的原理如图4-35所示。N205断电，活塞在弹簧作用下左移，油道1泄油，发动机机油泵的机油经油道3进入4位置，经油道2进入活塞5下部和活塞6上部之间的工作腔与4位置油压相平衡。活塞5上移完成调整。

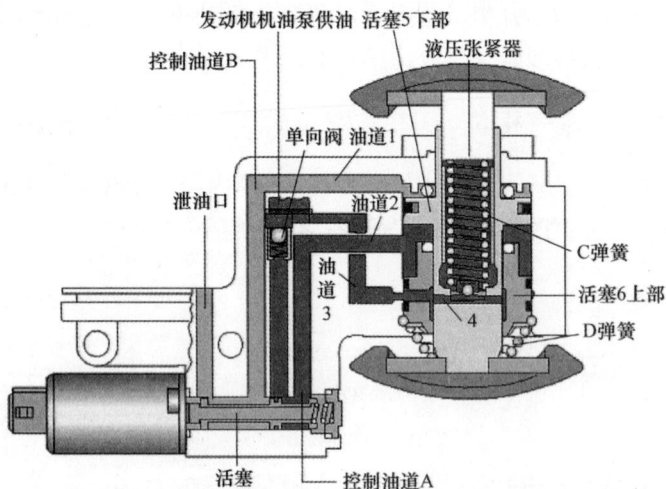

图4-35 可变进气正时的转矩调整原理

2. 功率调整

发动机高转速时，功率大，转速在3700r/min以上时，要求进气门延迟关闭。发动机怠速时，也要求相同的控制。可变进气正时的功率调整如图4-36所示。调整链条下部短，上部长，进气门延迟开启，进气管内气流速度高，气缸充气量足。

可变进气正时的功率调整原理如图4-37所示。N205通电，活塞克服弹簧力右移，油道2泄油，发动机机油泵的机油经油道3进入

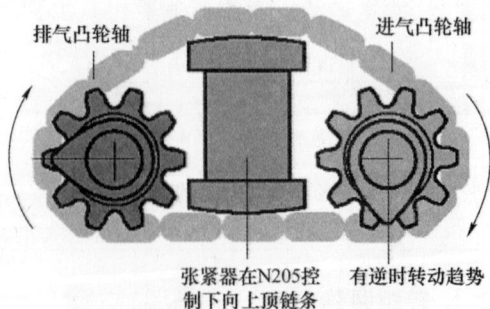

图4-36 可变进气正时功率调整示意

4位置，经油道1进入活塞5上部，活塞5下移压缩活塞6，活塞6下移完成调整。

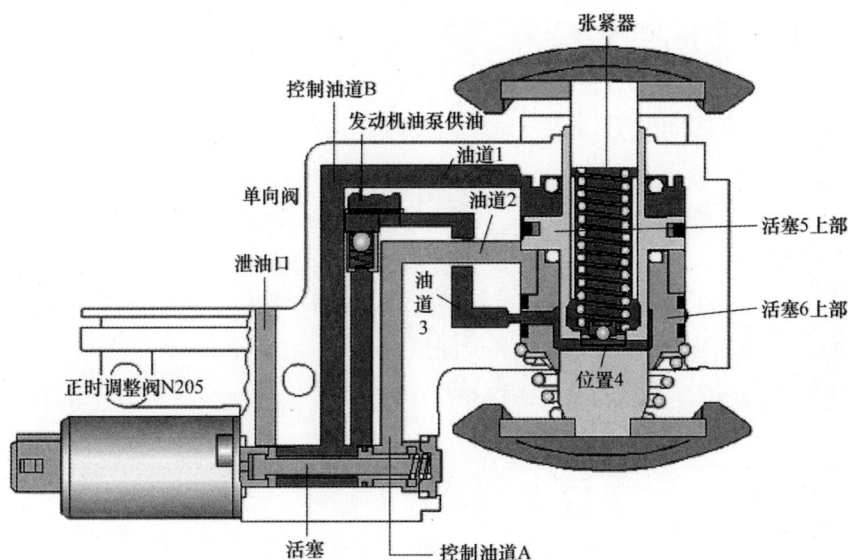

图 4-37　可变进气正时功率调整原理

扫一扫

可变配气

4.4.3　叶片驱动式可变进气相位

　　叶片驱动式可变进气相位是通过液压油推动与凸轮轴固定连接的叶片转动来实现的。丰田车系普遍采用叶片驱动式进气相位可变技术。VVT-i 系统用来控制进气凸轮轴在 40° 角范围内保持最佳的气门正时，以适应发动机状况，从而实现在所有速度范围提高转矩和燃油经济性，减少废气排放量。

　　VVT-i 系统结构如图 4-38 所示。叶片驱动式可变进气相位系统的核心部件是 VVT-i 控制器和凸轮轴正时机油控制阀。

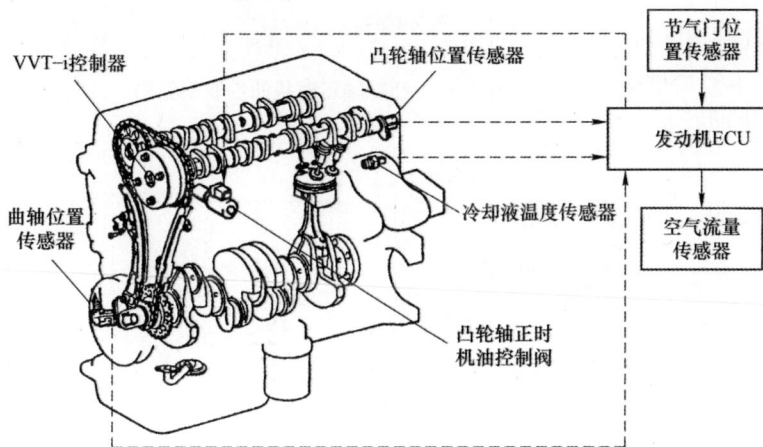

图 4-38　VVT-i 系统结构

扫一扫

丰田的连续可变气门升程技术

1. VVT-i 控制器

VVT-i 控制器结构如图 4-39 所示。VVT-i 控制器由叶片和壳体组成，叶片与进气凸轮轴耦合，壳体与从动正时链轮连成一体。在进气凸轮轴上的提前或滞后油路传送机油压力，使 VVT-i 控制器叶片沿圆周方向旋转，连续改变进气门正时。

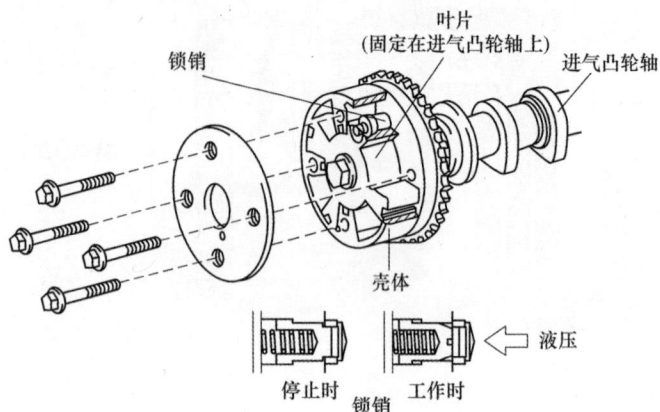

图 4-39　VVT-i 控制器结构

当发动机停机时，进气凸轮轴处在滞后状态，以确保起动性能。液压没有传递至 VVT-i 控制器紧接着就起动发动机，锁销会锁止 VVT-i 控制器，以防止产生爆燃声。

2. 凸轮轴正时机油控制阀

凸轮轴正时机油控制阀根据来自发动机 ECU（电子计算机控制单元）的提前、滞后或保持信号，选择接通 VVT-i 控制器的通路。凸轮轴正时机油控制阀结构如图 4-40 所示。

例如：接到发动机 ECU 的提前控制信号时，凸轮轴正时机油控制阀处在如图 4-41 所示位置，液压作用到正时提前侧叶片室，使凸轮轴向正时提前方向转动。

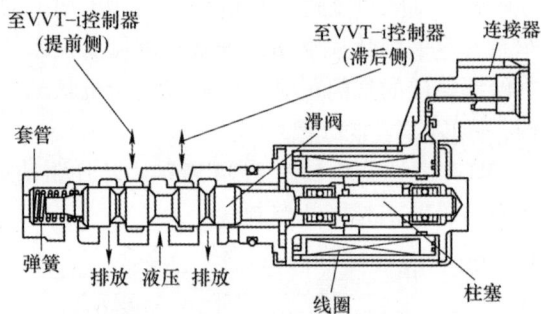

图 4-40　凸轮轴正时机油控制阀结构

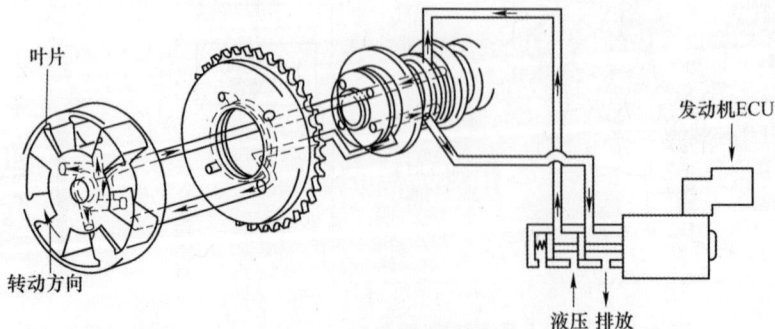

图 4-41　凸轮轴正时机油控制阀位置（提前状态）

4.5 可变气门升程

传统的汽油发动机的气门升程是固定不可变的，也就是凸轮轴的凸轮型线只有一种。这就造成了该升程不可能使发动机在高速区和低速区都得到良好响应。传统汽油发动机的气门升程——凸轮型线设计是对发动机在全工况下的平衡性选择。其结果是，发动机既得不到最佳的高速效率，也得不到最佳的低速转矩。但得到了全工况下最平衡的性能。VVL 可变配气相位的采用，使发动机在高速区和低速区都能得到满足需求的气门升程，从而改善发动机高速功率和低速转矩。

可变气门升程按照其控制效果大致可以分为两类：第一类为两段式的气门升程系统，其技术代表就是大名鼎鼎的本田 VTEC 技术和奥迪 AVS 系统；第二类为连续可变升程系统，其技术代表是宝马 Valvetronic 电子气门技术和日产的 VVEL。

以上说到的可变配气技术都是指汽油机，柴油机很少采用这种技术。因为这种技术主要是在发动机高转速时作用明显，柴油机的转速一般比较低，这种技术运用在柴油发动机上意义不大。

4.5.1 本田 VTEC 技术

1. 简介

VTEC 系统的全名为 Variable Valve Timing and Lift Electronic Control，翻译过来就是可变气门相位及升程控制系统。VTEC 机构最早出现是在 1989 年，发明者叫松泽健一，是世界上第一个能同时控制气门开闭时间及升程等两种不同情况的气门控制系统。与普通发动机相比，VTEC 发动机所不同的是凸轮与摇臂的数目及控制方法，它有中低速和高速两组不同的气门驱动凸轮（图 4-42），并可通过电子控制系统的调节进行自动转换。通过 VTEC 系统装置，发动机可以根据行驶工况自动改变气门的开启时间和提升程度，即改变进气量和排气量，从而达到增大功率、降低油耗及减少污染的目的。

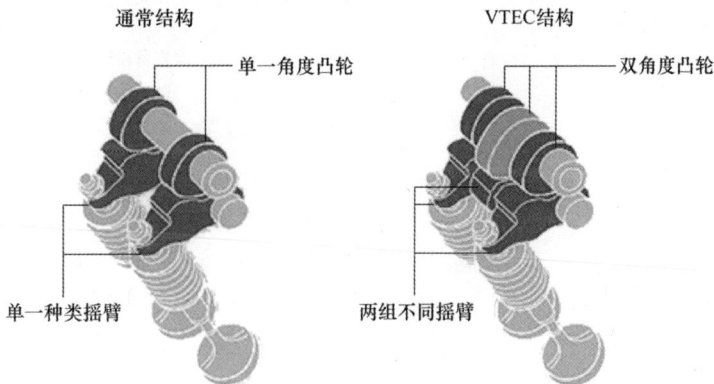

图 4-42　凸轮轴通常结构与 VTEC 结构的对比

2. 工作原理

本书以三段式 VTEC 为例做介绍，VTEC 结构如图 4-43 所示。

三段式 VTEC 机构中有三种不同正时及升程的凸轮，注意它们的尺寸也有所不同，中凸轮（快正时、高升程）尺寸最大；右侧凸轮（慢正时、中升程）为中尺寸；左侧凸轮（慢正时、低升程）尺寸最小。

第一段：低速，三件式的摇臂独立运作，因此左侧摇臂控制左侧的进气门，由左侧低升程凸轮所带动；右侧摇臂控制右侧进气门，由右侧中升程凸轮所带动，这两者凸轮的正时都比中凸轮（此时并没有动作）来得低。

第二段：中速，液压将右侧及左侧的摇臂连接在一起，这时中置摇臂仍独立运作，而右凸轮大于左凸轮，因此这两侧的摇臂皆由右凸轮所带动，结果将使得进气门得到慢正时、中升程。

第三段：高速，液压将三个摇臂全都接连在一起，又由于中置凸轮最大，两侧气门皆由中凸轮所连接的中摇臂所带动，所以得到快正时、高升程。

VTEC 机构三段式工作原理如图 4-44a 和图 4-44b 所示。

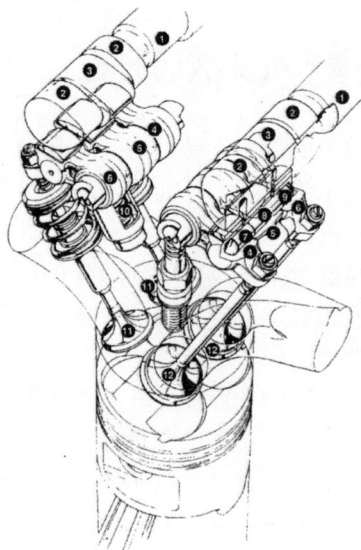

图 4-43　VTEC 结构示意图

1—凸轮轴　2—低速时凸轮部　3—高速时凸轮部　4—第一摇臂　5—中摇臂　6—第二摇臂　7—活塞 A　8—活塞 B　9—固定活塞　10—液压顶杆　11—排气阀　12—进气阀

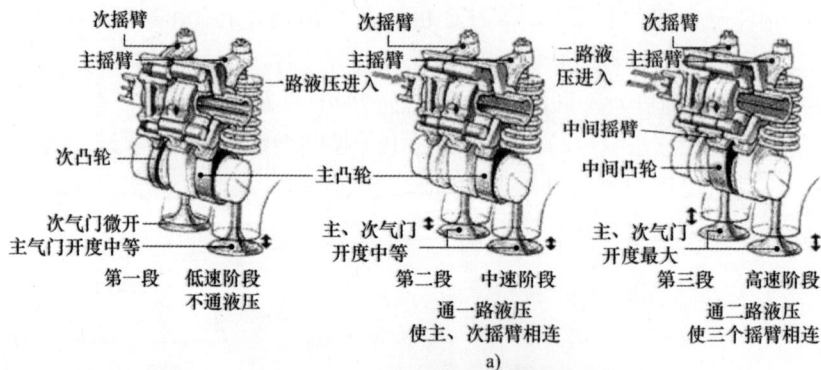

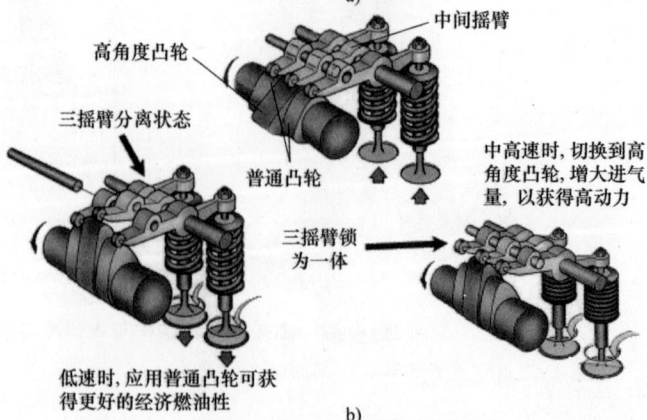

图 4-44　VTEC 机构三段式工作原理

本田 VTEC 技术

这项技术在本田车型上的普及度较高，但是分段式的气门调节方式还是令发动机的动力输出不够线性。

4.5.2　奥迪 AVS 技术

1. 简介

奥迪可变气门升程系统（Audi Valvelift System）用于 3.2L V6 FSI 缸内直喷汽油发动机，国产奥迪 A4L 采用的 3.2L V6 FSI 缸内直喷汽油发动机便是第一批应用奥迪 AVS 可变气门升程系统的新一代 FSI V6 发动机，这台发动机可以最大发出 197kW 的输出功率。奥迪 AVS 可变气门升程系统针对汽油发动机进气阀门正时和升程加以控制，而此技术率先导入奥迪 2.8L 和 3.2L FSI V6 发动机，并搭载于 A4、A5、A6 和 A8 等车款上。2008 年 6 月，奥迪正式推出采用 AVS 可变气门升程系统的直列四缸发动机版本。

奥迪 AVS 可变气门升程系统可以在 700～4000r/min 转速之间工作，AVS 系统的最大优点在于可降低 7% 的油耗。特别是以中转速域进行定速巡航时，AVS 系统的节油效果最为明显。在 AVS 系统的辅助下，气缸的进气流量控制程度较以往更为精准。一般发动机仅由节气门来控制进气流量，在低负载的情况下，节气门不完全开启所形成的空气阻力，往往会造成不必要的泵损。而应用 AVS 系统后，即便在低负载的情况下，节气门也能维持全开，由 AVS 系统精确控制进气流量。

2. 工作原理

奥迪 AVS 系统气门结构如图 4-45 所示。

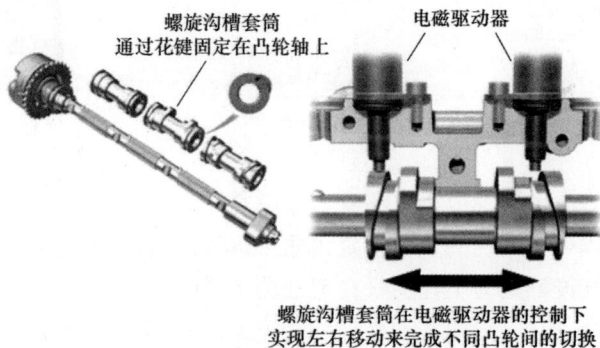

图 4-45　奥迪 AVS 系统气门结构

奥迪 AVS 系统如同本田 VTEC 系统一样可以进一步控制进气门的开启升程，两者区别在于负责改变升程的螺旋沟槽套筒的设计。AVS 系统在负责控制进气门的凸轮轴上具备两组不同角度的凸轮和负责改变升程的螺旋沟槽套筒。螺旋沟槽套筒由电磁驱动器加以控制，以切换使用两组不同凸轮，改变进气门的开启升程。在发动机高负载的情况下，AVS 系统将凸轮向右推动 7mm，使角度较大的凸轮得以推动气门顶杆；在此情况下，气门升程可达到 11mm，以提供燃烧室最佳的进气流量和进气流速，实现更加强劲的动力输出，如图 4-46 所示。而在发动机低负载的情况，为了追求发动机节油性能，此时 AVS 系统则将凸轮推至左侧，以较小的凸轮推动气门顶杆。此时气门升程可在 2～5.7mm 进行调整，由于采用不对称的进气升程设计，因此空气以螺旋方式进入燃烧室；搭配特殊外廓的燃烧室和活塞头设计，可让气缸内的油气混合状态进一步优化，如图 4-47 所示。

高负荷时,电磁驱动器使凸轮
轴向右移动,切换至高角度凸
轮轴,从而增大气门的升程

高负荷时,气门升程较
大,进气量也较大

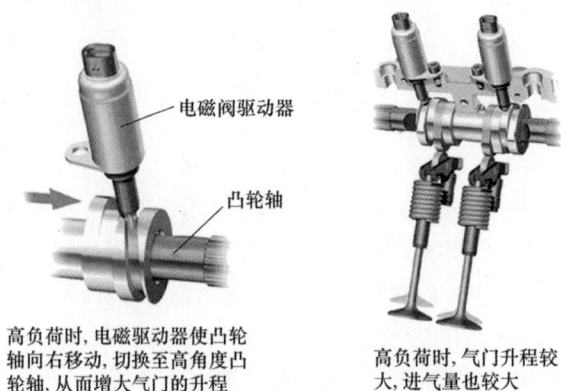

图 4-46　AVS 系统工作原理（气门升程增大）

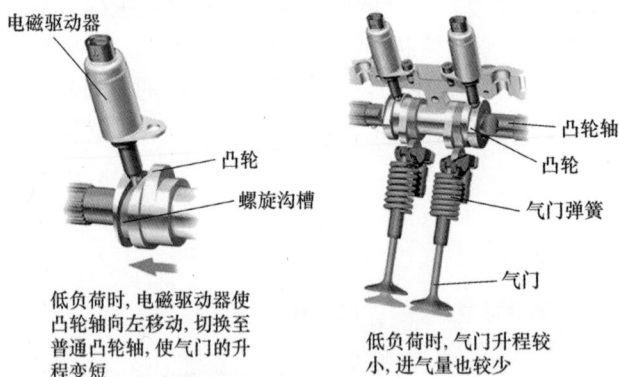

低负荷时,电磁驱动器使
凸轮轴向左移动,切换至
普通凸轮轴,使气门的升
程变短

低负荷时,气门升程较
小,进气量也较少

扫一扫

奥迪可变气门升程系统

图 4-47　AVS 系统工作原理（气门升程减小）

　　这套系统中还有一个设计细节需要注意，那就是两个进气门无论是在普通凸轮还是高角度凸轮下的相位和升程是有差别的，也就是说两个进气门开启和关闭的时间以及升程并不相同。这种不对称的进气设计是为了让空气在流经两个进气门后，同时配合特殊造型的燃烧室和活塞头，可以令混合气在气缸内实现翻转和紊流，进一步优化混合气的状态。

　　奥迪这套系统的气门升程依然是两段式的，没有做到气门升程的无级调节，所以对进气流量的控制还不够精确。然而它的一个巧妙之处在于对同一气缸内两个进气门采用不同步的开启和关闭时间，从而实现油气的充分混合。

3. 奥迪气缸按需运行系统

　　奥迪 4.0TFSI 发动机和 1.8TFSI 发动机中使用的气缸按需运行（cylinder on demand）系统是从奥迪的 AVS 系统发展而来的。

　　气缸按需运行系统是把 V8 在适当的时候变成 V4，此技术会在发动机低负荷时启动。具体启动条件：

- 发动机转速要在 960～3500r/min；
- 转矩输出要在最大转矩的 25%～35%；
- 冷却液温度要保持在 30℃以上；

● 变速器档位至少要停留在 3 档或以上。

符合上述条件之后，系统会在同一时间关闭 2、3、5、8 缸的进、排气门（图 4-48、图 4-49），同时 ECU 也会停止这些气缸的喷油和点火系统。这些动作需要不同管理和执行系统间的配合，但核心还是要奥迪气门升程系统来发挥作用。新凸轮轴除了有高低之分外，还有一个所谓的"零角度凸轮"，它工作时，气门就停止工作，同时点火和喷油停止，该气缸就会停止工作。被关闭了进、排气门气缸的状态是，当气门被关闭时，里面仍有空气存在。而这时活塞是被曲轴驱动的，活塞仍会做往复运动并且在燃烧室内压缩这些空气，这会消耗小部分能量。

图 4-48　奥迪气缸按需运行系统

图 4-48 彩图

被停止的 4 个气缸（2、3、5、8）交错于以 V 形排列的 8 个气缸之间，此时，这台发动机相当于一台 V4 发动机，利用相互间的运动来抵消掉因进行无效运动的气缸所带来的振动。而为了减轻活塞与气缸之间的摩擦，则在气缸内壁上附了一层 DLC 类金刚石碳涂层，事实上，奥迪旗下的多款发动机都采用了这样的涂层。此外，采用主动电子控制的发动机悬挂装置依靠定向计数脉冲也可以削弱低频振动，从而减少振动从车体传入车内。

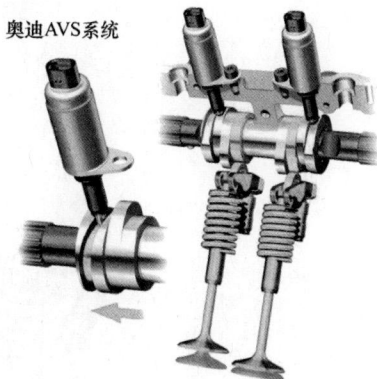

图 4-49　奥迪气缸按需运行系统原理

4.5.3　宝马 Valvetronic 电子气门技术

宝马 Valvetronic 电子气门技术用电动控制每个气缸上进气门的提升，取代了传统节气门。这样一来，发动机能够自由地呼吸，在油耗更少的同时性能更佳。

下面以宝马 N52 发动机中使用的 Valvetronic Ⅱ 技术为例做介绍。图 4-50 所示为宝马 N52 发动机的气缸盖。

Valvetronic Ⅱ 由全可变气门行程控制装置和可变凸轮轴控制装置（双可变凸轮轴正时控制系统）构成。在此仅控制进气侧的气门行程，同时仅调节排气侧的凸轮轴。通过下列方式实现免节气门负荷控制。

① 进气门的可变气门行程。
② 进气门的可变气门开启时间。

③ 进气和排气凸轮轴的可变凸轮轴交错角度。

如图 4-51 所示为 Valvetronic Ⅱ 的主要结构。全可变气门行程控制通过一个伺服电动机 1、一个偏心轴 14、一个中间推杆 13、回位弹簧 3、进气凸轮轴 5 和滚子式气门摇臂 12 等实现。

伺服电动机安装在凸轮轴上方的气缸盖内，用于调节偏心轴。电动机的蜗杆轴嵌入安装在偏心轴上的蜗轮内。进行调节后无须特别锁止偏心轴，因为蜗杆传动机构具有足够的自锁能力。偏心轴调节进气侧的气门行程。中间推杆改变凸轮轴与滚子式气门摇臂之间的传动比。在满负荷位置处时气门行程（9.9mm）和开启时间达到最大值，如图 4-52a 所示。在怠速位置处时气门行程（0.18mm）和开启时间达到最小值，如图 4-52b 所示。

图 4-50　宝马 N52 发动机的气缸盖

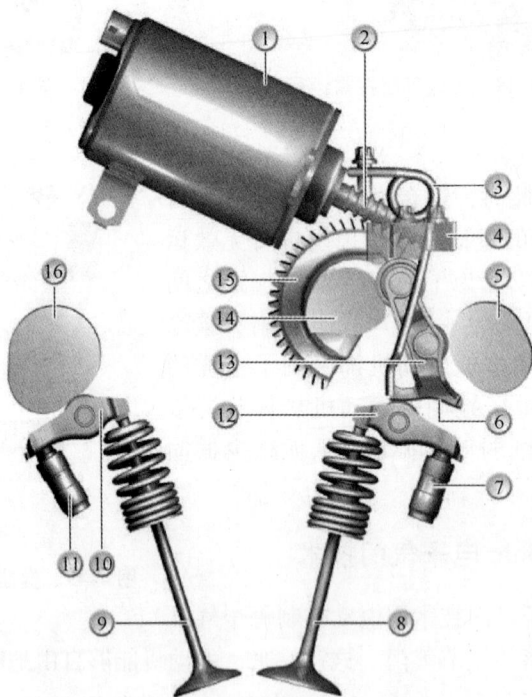

图 4-51　Valvetronic Ⅱ 的主要结构

1—伺服电动机　2—蜗杆轴　3—回位弹簧　4—槽板　5—进气凸轮轴　6—调节板　7—进气 HVA（液力挺柱）
8—进气门　9—排气门　10—排气滚子式气门摇臂　11—排气 HVA（液力挺柱）　12—进气滚子式气门摇臂
13—中间推杆　14—偏心轴　15—蜗轮　16—排气凸轮轴

宝马应用 Valvetronic 技术的发动机是世界上第一个没有节气门（也称节流阀，英文叫 Throttle Valve）的发动机。

那么减掉节气门有什么优点呢？这个优点就是省油。各种测试结果都显示，Valvetronic发动机可以比传统发动机节省7%以上的燃油消耗量。要了解没有节气门的发动机为什么会省油，必须先了解传统的发动机的加速踏板是如何工作的。当你踩加速踏板加速时，你可能感觉到发动机加油了，但事实是你踩加速踏板并不是直接增加喷入发动机气缸的油量，而是改变了节气门开度的大小，从而改变进入气缸的空气量。汽车的喷射供油系统监测通过节气门的空气量的多少，才决定喷入多少油量，这就是加速踏板控制发动机的方式。这样设计主要是希望在不同的节气门开度，不会改变油气混合比，以免造成熄火。

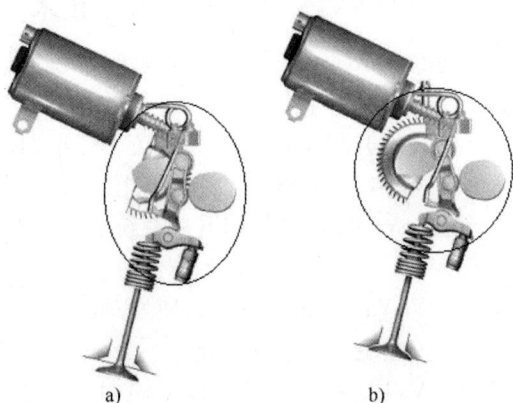

图4-52 气门行程的最大值和最小值
a）最大值 b）最小值

那么没有节气门的发动机为什么会省油呢？在轻踩加速踏板时，节气门只是稍微开启，然而同时活塞往下运动，企图从接近关闭的进气管吸入空气，这时节气门和活塞之间会形成真空，外界的大气压力对于活塞的动作形成很大的抵抗力，大大消耗能量，发动机转速越低，节气门就关得越紧，造成的能量损失就越大。所以Valvetronic发动机减去节气门就可以节省耗油量，特别是在低转速时。传统发动机中，进气管中的空气经过节气门，再经过气缸顶的进气阀门才进入发动机气缸中。进气阀门是由正时带、凸轮轴来控制开关时间的，进气阀门开启深度不管转速高低始终保持固定。而Valvetronic发动机，顾名思义，Valve是阀门、tronic是电子控制的意思。省掉节气门后，发动机直接由电子控制进气阀门的开启深度来控制进气量。大体来说，传统发动机在踩加速踏板时的信号以机械的方式传送，控制进气管的节气门。Valvetronic发动机在踩加速踏板时的信号是以电子的方式传给发动机进、排气阀门顶上的步进电动机。步进电动机接到信号后会做适度转动，经由传动轴、活塞顶摇臂、挺杆改变进气阀门开启的深度，加速踏板踩得越浅，进气阀门就开得越浅，加速踏板踩得越深，进气阀门就开得越深。Valvetronic发动机省掉节气门，以电子的方式直接控制进气阀门调整进气，这样的设计除了省油之外的另一重要优点就是加速踏板反应时间加快。传统发动机以加速踏板控制节气门的方式，踩加速踏板，节气门打开，还要等待空气流入填满进气歧管之后，才会大量进入气缸。而Valvetronic发动机踩加速踏板直接控制进气阀门开启深度，大量空气立即进入气缸。Valvetronic发动机进气阀门开启深度最浅0.18mm，最大达到9.9mm，差55倍。

Valvetronic能自由控制气门的升程，并且控制进入燃烧室的空气量，将能量损失减至最低。与传统的双凸轮轴发动机相比，Valvetronic利用一支附加的偏心轴、步进电动机和中置摇臂，来控制气门的开启或关闭。如摇臂压得深一点，则进气门就会有较高的升程，Valvetronic能够自由控制气门升降，长进气就是大的气门升程，短进气就是小的气门升程。

在汽油发动机中宝马的Valvetronic技术可以说是现今最好的可变气门技术。宝马的这项技术已经十分成熟，而且通过不断的优化，Valvetronic技术也突破了转速的限制，可以应用在M-power的V8双涡轮增压发动机上。如何保证在正确的时间使气门升程处在合适的位置是这项技术的最大难点，不过它的确做到了对发动机进行更为精准和细致的调控管理。

4.5.4 日产 VVEL 可变气门升程技术

宝马的 Valvetronic 曾经是连续可变气门升程系统的"唯一"。但擅长吸收别人经验的日本企业在相隔几年后纷纷拿出自己的连续可变气门升程系统。日产在英菲尼迪 G37 轿跑车的 VQ37 发动机上，首次装备了 VVEL 可变气门升程系统，配合 C-VTC（连续气门正时技术），就像宝马的 Valvetronic 一样，使发动机的气门控制更加接近理想化。

日产 VVEL 可变气门升程结构如图 4-53 所示。

日产 VVEL 的核心是偏心轴机构，偏心轴并不直接驱动气门，偏心轴上

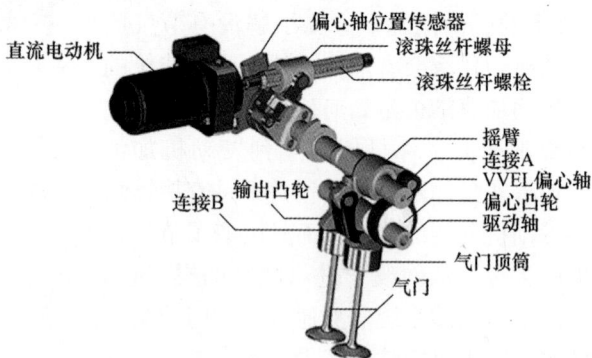

图 4-53 日产 VVEL 可变气门升程系统结构

的偏心轮驱动连接 A，连接 A 驱动摇臂，摇臂驱动连接 B，连接 B 驱动输出凸轮推动气门顶筒，使得气门打开（输出凸轮并不是刚性连接在驱动轴上的）。此机构看起来比较复杂，摩擦副也相对较多，但是由于所有构件采取刚性连接，没有弹簧类的回位机构，使得 VVEL 更适合于高转速发动机而无须考虑惯性问题。

如图 4-54a、b 所示，可以清晰地看出 VVEL 在不同工况下的动作情况。可以看到 VVEL 偏心轴在不同工况下的转角是不同的，VVEL 偏心凸轮位置不同导致摇臂的支点出现变化，从而控制了气门的开度。至于控制逻辑方面，VVEL 也是通过在不同的负载控制不同的气门开度从而实现减少进气损失，最终达到优化燃油经济性的目的。日产资料显示，在低负载工况下 VVEL 能够减少 10% 的燃料损耗。但在峰值功率上，VVEL 并没有太大的贡献，这是因为 VVEL 的进气效率被 VVEL 机构新增的摩擦抵消掉了。但 VQ37 发动机的最高

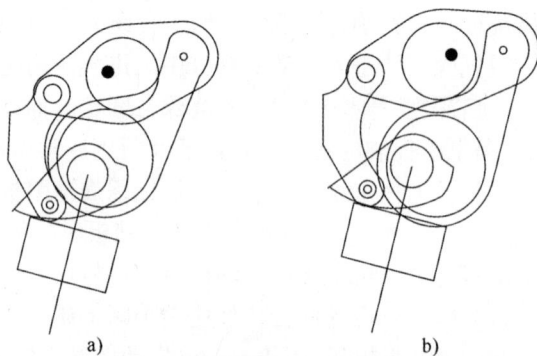

图 4-54 偏心轴位置
a) 小升程时偏心轴位置 b) 大升程时偏心轴位置
（图中黑色实心点为偏心轴旋转轴线）

转速可以达到 7500r/min，不像 Valvetronic 发动机那样受到高转速的限制。

在中低转速下，VVEL 则直接控制气门的升程，以减缓进气流量来达到更佳的燃油经济性。同时较低的气门升程也能减少凸轮轴的摩擦力，进一步增加发动机动力。并且缩短气门的开启时间，以防止油气回流，同时改善转矩表现。在高转速下，VVEL 则提高气门升程，以增加进气流量来达到最大的转矩输出。另一方面，VVEL 也能提高进气端的空气密度，以达到更迅速的加速踏板反应。

4.5.5 宝马 VANOS 可变气门正时技术

如何提高进、排气效率是对传统内燃机效率提升的一个重要方向和手段。随着时间的推

移，气门控制技术也在一步一个脚印地向前发展。从最早的本田 VTEC 技术实现了气门升程的分段可调，到宝马的 Valvetronic 气门升程无级可调，技术人员始终在利用更简单的原理来实现更为出色的性能。虽然可变气门正时技术已经得到大规模普及，但是可变气门升程技术由于成本等诸多原因，还无法得到大规模应用。但是搭配了可变气门正时和升程技术，无疑可以将发动机的动力、经济性、排放以及平顺性提升到一个新的高度。

同样，宝马公司的 VANOS（可变凸轮轴正时控制系统）气门正时可变技术也是一次重大的技术突破。

宝马的 VANOS 系统是一个由车辆发动机管理系统操纵的液压和机械相结合的凸轮轴控制设备。VANOS 系统基于一个能够调整进气凸轮轴与曲轴相对位置的调整机构。双 VANOS 则增加了对进、排气凸轮轴的调整机构。

VANOS 系统根据发动机转速和加速踏板位置来操作进气凸轮轴，如图 4-55 所示。在发动机转速达到最低时，进气门将随后开启以改善怠速质量及平稳性。发动机处于中等转速时，进气门提前开启以增大转矩并允许废气在燃烧室中进行再循环，从而减少耗油量和废气的排放。最后，当发动机转速很高时，进气门开启将再次延迟，从而发挥出最大功率。

在顶置凸轮轴发动机中，凸轮轴通过一根传动带或者链条和齿轮与曲轴相连。在宝马 VANOS 系统中发动机内有一根链条和一些链轮。曲轴驱动排气凸轮上的链轮，排气凸轮链轮被螺栓固定于排气凸轮上，第二套齿轮驱动穿过进气凸轮的第二根链条，进气凸轮上的大链轮没有固定在凸轮上，因为其中间有个大孔，孔内有一套螺旋形的齿，在凸轮的一端有一个外侧也是螺旋形的齿轮，但它太小，无法与大链轮内侧的齿轮相连接。有一小块杯状带有螺旋形齿轮的金属，其内侧与凸轮相配合，外侧与链轮配合。VANOS 系统的可

图 4-55　VANOS 可变气门正时技术

变性就是源于齿轮的螺旋形。杯状装置由作用于受 DME（数字式电子发动机管理系统）控制依靠液压的液力机构驱动。

怠速时，凸轮正时延迟。在非怠速状态下，DME 为电磁线圈通电控制液压推动杯状齿轮，在中等转速下推动凸轮提前 12.5°，然后在 5000r/min，允许其回到初始位置。中速运转时，推力越大气缸充气越好，转矩也就越大。此时的噪声是因公差而造成的杯状装置进出时链轮轻微摆动的声音。

在加速踏板位置和发动机转速的作用下，进、排气凸轮轴的气门正时根据发动机所需的功率进行了调整，双 VANOS 系统（双可变凸轮轴控制）以此使转矩得到了显著提升。

在多数使用单 VANOS 系统的宝马发动机中，进气凸轮正时仅在两个明显的转数点变化。而双 VANOS 系统中，进气和排气凸轮的正时在大部分转数范围内持续变化。

使用双 VANOS 系统，气门升程增加了 0.9mm，使得进气门的开启因而延迟了 12°。为迅速而精确地调整凸轮轴，双 VANOS 系统需要非常高的液压，以确保在发动机低转速下能提供更大的转矩，在高转速时有更大的功率。随着不完全燃烧气体的减少，发动机怠速得到了改善。预热阶段的特殊发动机管理控制系统能帮助催化转化器更快地达到工作温度。

双 VANOS 系统改善了低转速功率，使转矩曲线趋于平缓并能为该组凸轮轴扩展功率带。双 VANOS 系统发动机的转矩峰值比单 VANOS 低 450r，功率峰值高 200r/min，1500～3800r/min 下的转矩曲线也得到了改善。同时，转矩下降的速度不会超过功率峰值。

双 VANOS 系统的优点在于，在各种工作状态下，系统能够单独控制热的废气流入进气歧管。这被称为"内部"废气再循环，使得废气中的可用成分得以再循环。

在发动机加热过程中，VANOS 系统改善了油气混合气，并有助于快速将催化转化器加热至正常工作温度。当发动机怠速时，系统能够保持怠速转速的平稳和连贯，这归功于废气再循环被减少到了最低程度。在部分负载条件下，废气再循环提高到更高水平，允许发动机在更大的气门开启角度下工作，以获得更佳的燃油经济性。全负荷件下，系统恢复较低的再循环容量，从而为各缸提供尽可能多的氧气。

【小　结】

1. 配气机构的功用是按照发动机的工作顺序和工作循环的要求，定时开启和关闭各缸的进、排气门，使新气进入气缸，废气从气缸排出。

2. 配气相位是指用曲轴转角表示的进、排气门实际开闭时刻和开启持续时间；配气相位图是指相对于上、下止点曲拐位置的曲轴转角的环形图，包括进气提前角、进气迟后角、排气提前角、排气迟后角。

3. 配气机构按照凸轮轴的位置形式可分为下置式、中置式和上置式三种；按照凸轮轴的传动方式可分为齿轮传动式、链条传动式和齿形带传动式；按每个气缸气门数及其排列方式可分为二气门式、四气门式、五气门式等形式。

4. 气门式配气机构由气门组和气门传动组两部分组成。气门组包括气门、气门导管、气门座和气门弹簧等主要零部件。气门传动组主要包括凸轮轴、凸轮轴正时齿轮、挺柱、推杆、摇臂和摇臂轴。

5. 可变配气相位是指随转速的改变，配气相位随之改变。在具有可变配气相位的发动机中，发动机转速高时，增大进气门的升程，提前开启和延迟关闭进气门，以提高发动机的功率；发动机转速低时减少了进气门的升程，延迟开启和提前关闭进气门，提高了发动机的功率，以满足发动机对经济性、稳定性和减少排放污染物的要求。

【课后练习题】

1. 配气机构的功用是什么？

2. 什么是配气相位？为什么进、排气门要早开晚关？

3. 配气机构的布置形式有哪些？各有何优缺点？

4. 什么是气门间隙？为什么采用液力挺柱的配气机构不用留有气门间隙？

5. 什么是可变配气相位？它有何优点？

6. 可变配气相位机构是如何工作的？

第5章

CHAPTER 5

汽油机燃油供给系统

【学习目标】

1. 能够叙述发动机各种工况对可燃混合气成分的要求。
2. 掌握电控汽油发动机的燃油供给系统的组成与工作原理。
3. 了解汽油机缸内直喷系统的特点。

【学习导入】

　　了解了发动机是如何通过配气机构控制气门的打开和关闭为发动机供给气缸内用于燃烧的混合气，通过曲柄连杆机构从而产生动力，并向外输送的知识后，该同学又对混合气是如何形成及供给进行了学习。此时，恰巧市面上提到了缸内直喷发动机、涡轮增压发动机、自然吸气发动机的比较，为此，该同学对发动机燃油供给系统进行了学习。在此部分，要知道为何加速要踩加速踏板，汽油是如何从油箱中经进气门进入燃烧室的。

5.1　概述

　　汽油机燃油供给系统的功用是根据发动机各工况的不同要求，准确地计量空气与燃油的混合比，并将一定数量和浓度的可燃混合气供入气缸，最后将燃烧做功后的废气排入大气。

5.1.1　汽油

　　汽油是由石油中提炼而得到的密度小又易于挥发的液体燃料。其主要性能指标为蒸发性、抗爆性和热值。

1. 蒸发性

　　汽油中必须含有足够比例的高蒸发性的成分，以得到良好的冷起动性能，其蒸发性的大小影响发动机正常工作。当温度较高时，蒸发性过高的汽油易在油路中蒸发形成"气阻"；当温度较低时，蒸发性过低的汽油会有一部分不能蒸发、燃烧，并滞留在气缸壁上，不仅使燃油消耗量增加，而且会稀释润滑油，导致气缸加快磨损，影响发动机寿命。

2. 抗爆性

汽油的抗爆性是指汽油在气缸中避免产生爆燃的能力。"爆燃"是一种非正常燃烧,与发动机温度、压缩比、燃油特性等有关,在压缩行程终了时产生。它将造成发动机过热、排气冒烟、功率下降、油耗增加,并伴有明显的敲缸声,甚至损坏机件。

汽油的抗爆性评价指标是辛烷值。辛烷值表示异辛烷(C_8H_{18})在汽油混合物中的容积百分比,其值最大为100。辛烷值高,汽油抗爆性好;反之,汽油抗爆性差。由于未经处理的直馏汽油抗爆性低,因此,需要加入抗爆剂。目前从环保考虑,汽油普遍添加无铅的添加剂。测定辛烷值的方法有马达法和研究法。目前我国用研究法辛烷值(RON)表示汽油的牌号,如89、92、95和98号。压缩比高的发动机选用辛烷值高的汽油,反之,选用辛烷值低的汽油。

3. 热值

汽油的热值是指单位质量(1kg)的汽油完全燃烧后所产生的热量。汽油的热值约为44000kJ/kg。

5.1.2 可燃混合气成分及其形成

1. 可燃混合气成分

可燃混合气是指燃油与空气的混合物。对汽油机而言就是汽油与空气混合形成的混合气。

目前可燃混合气浓度表示方法有过量空气系数和空燃比。我国采用过量空气系数,欧美采用空燃比。

(1)过量空气系数 过量空气系数是指燃烧1kg燃油实际供给的空气质量与理论上1kg燃油完全燃烧所需的空气质量之比,用 α 表示。$\alpha = 1$ 的可燃混合气定义为理论混合气;$\alpha < 1$ 为浓混合气;$\alpha > 1$ 为稀混合气。

(2)空燃比 空燃比是指实际吸入发动机中空气的质量与燃油质量的比值,用 R 或 A/F 表示。$A/F = 14.7$ 表示理论混合气;$A/F > 14.7$ 为稀混合气;$A/F < 14.7$ 为浓混合气。

2. 可燃混合气的形成

液体汽油必须在蒸发为气态后才能与空气均匀混合。要使混合气在很短的时间内形成(0.01 ~ 0.02s),必须先将燃料雾化成极微小的油滴,以增大蒸发面积。

对于普通电喷发动机而言,汽油是通过发动机控制单元(ECU)控制喷油器电磁阀开启,将一定压力的燃油以雾状喷入靠近进气门的进气歧管内,当发动机处于进气行程时,在气缸内产生真空,新鲜空气与汽油的混合气被吸入发动机气缸内。而汽油缸内直喷发动机则是通过发动机控制单元控制喷油器电磁阀开启,将一定压力的燃油以雾状直接喷射到气缸内,燃油在气缸内混合形成可燃混合气。

5.1.3 可燃混合气成分对发动机性能的影响

(1)理论混合气 当 $\alpha = 1$ 时,从理论上讲,气缸内空气与燃料充分混合后正好完全燃烧。但实际上,由于气缸内还存在废气、混合气混合不均匀等原因,气缸内理论混合气不能完全燃烧。

(2)稀混合气 当 α 大于1时,气缸内有足够的空气使燃料完全燃烧,当 α 在 1.05 ~

1.15 时，燃油消耗率最低，经济性最好，我们称燃油消耗率最低时对应的可燃混合气为经济混合气。当 α 更大时，由于空气过量，燃烧速度减少，热损失增加，发动机功率降低，出现进气管回火现象。

（3）浓混合气　当 α 小于 1 时，气缸内可燃混合气中汽油分子较多，使燃烧速度加快，发动机功率增大，我们称发动机输出最大功率时的可燃混合气为功率混合气，此时 α 一般在 0.85 ~ 0.95。如果混合气太浓，燃烧将不完全，产生大量一氧化碳，同时在燃烧室内产生积炭，并发生排气管放炮和冒黑烟现象，导致发动机功率下降，燃油消耗率显著增加。

一般为了兼顾发动机的动力性和经济性，混合气浓度 α 应在 0.88 ~ 1.11。混合气过浓或过稀（ $\alpha < 0.4$ 或 $\alpha > 1.4$ ）都将导致火焰传播无法进行，发动机运转不稳。

5.1.4　发动机各工况对可燃混合气成分的要求

汽车的行驶工况随载荷、车速、路况等因素经常变化，各种工况对混合气浓度的要求如下。

（1）起动工况　它属于过渡工况。由于发动机处于冷机状态（特别是北方冬天）及发动机转速较低，燃油不易汽化，造成气缸内实际产生的混合气浓度过低，不易起动，需要多喷入燃油，使发动机顺利起动。要求混合气浓度 $\alpha = 0.2 ~ 0.6$ 。

（2）暖机工况　它属于过渡工况。发动机起动后，随着发动机温度逐渐上升，汽油的蒸发和汽化条件逐步转好，这时应逐步减少供油量使 α 值逐步增大，但仍属于浓混合气范围。

（3）怠速及小负荷工况　发动机在怠速工况时，节气门处于接近关闭位置，吸入的空气量少，且汽油蒸发雾化效果差，应提供较浓的混合气，一般 $\alpha = 0.7 ~ 0.9$ 。

（4）中负荷工况　是行车中最常用的工况，要求在中负荷工况燃油经济性最好，因此 $\alpha = 0.9 ~ 1.1$ 。

（5）全负荷工况　节气门全开时，为了使发动机发出最大的功率，应使 $\alpha = 0.85 ~ 0.95$ 。

（6）加速工况　节气门开度突然加大，使吸入的空气量急剧增加，气缸内可燃混合气浓度瞬间变稀，影响汽车加速性能，因此，在汽车加速过程中应增加喷油量。

混合气的浓度对发动机性能的影响见表 5-1。

表 5-1　混合气的浓度对发动机性能的影响

混合气种类	α	发动机功率	耗油率	性　能
火焰传播上限	0.4			混合气不燃烧，发动机不工作
过浓混合气	0.43 ~ 0.87	减小	激增	燃烧室积炭，排气管冒黑烟，放炮
功率混合气	0.88	最大	增大 10% ~ 15%	输出最大功率
标准混合气	1.0	减小 2%	增大 4%	
经济混合气	1.11	减小 8%	最小	
过稀混合气	1.13 ~ 1.33	显著减小	显著增大	回火，发动机过热，加速性变坏
火焰传播下限	1.4			混合气不燃烧，发动机不工作

5.1.5 汽油机燃油供给系统的基本组成

现代汽油发动机普遍采用的是进气道电控燃油喷射系统，如图5-1所示。燃油供给系统主要由汽油供给系统、空气供给与废气排出系统、电子控制系统等几部分组成。

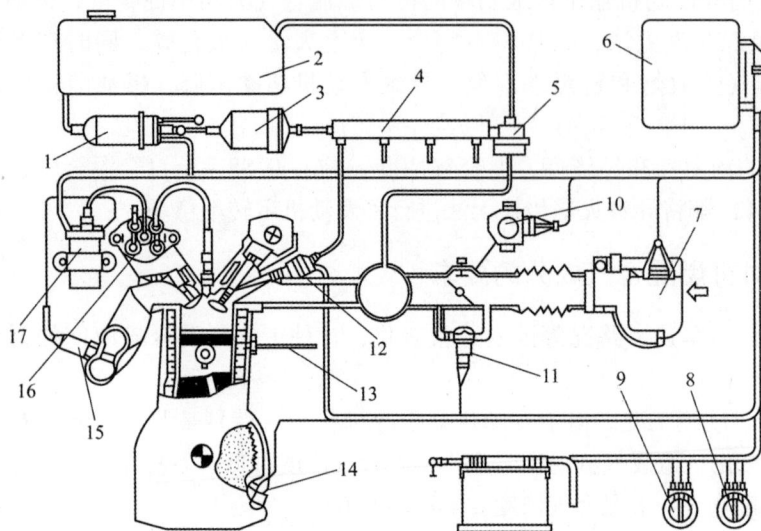

图 5-1　燃油供给系统的组成

1—电动汽油泵　2—汽油箱　3—汽油滤清器　4—燃油分配管　5—油压调节器　6—ECU
7—空气流量传感器　8—空调开关　9—点火开关　10—节气门位置传感器
11—怠速空气调节器　12—喷油器　13—温度传感器　14—曲轴位置
传感器　15—氧传感器　16—分电器　17—点火线圈

扫一扫

汽车电控燃油喷射系统

5.2　燃油供给系统

5.2.1 燃油供给系统的组成及工作原理

燃油供给系统的作用是向发动机供给燃烧过程所需的燃油，汽油供给装置的组成如图5-2所示。图5-3所示为捷达轿车发动机的汽油供给装置。

汽油由电动汽油泵从油箱中泵出，经汽油滤清器滤去杂质后，被送到燃油导轨，通过燃油压力调节器调整喷油压力，喷油器根据发动机控制单元的喷油指令，开启喷油器内的电磁阀，将适量的汽油喷入进气歧管内。一般汽油喷射压力为 250～300kPa。

为了改善发动机冷起动性能，有些车型在进气管处安装一个冷起动喷油器，以便在冷起动时喷入一定量的汽油。

为了减少燃油蒸发排放，在一些车辆中采用无回油管系统，如丰田的花冠、威驰轿车等。

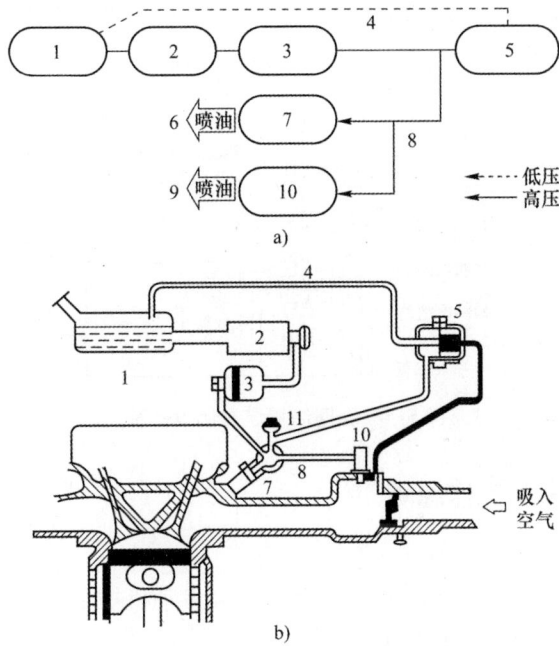

图 5-2 燃油供给系统

a）燃油供给系统框图 b）燃油供给系统结构图

1—燃油箱 2—燃油泵 3—燃油滤清器 4—回油管 5—燃油压力调节器 6—各缸进气歧管
7—喷油器 8—输油管 9—进气总管 10—冷起动喷油器 11—油压脉动阻尼器

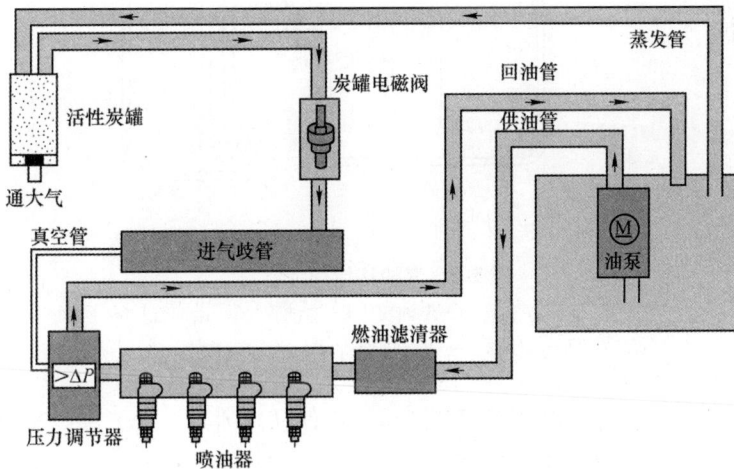

图 5-3 捷达轿车汽油供给系统

无回油管燃油供给系统如图 5-4 所示。燃油压力调节器、滤清器与汽油泵一体装入油箱。这套系统使燃油不从发动机部位回流燃油，从而防止油箱内温度升高，降低了燃油蒸发排放。

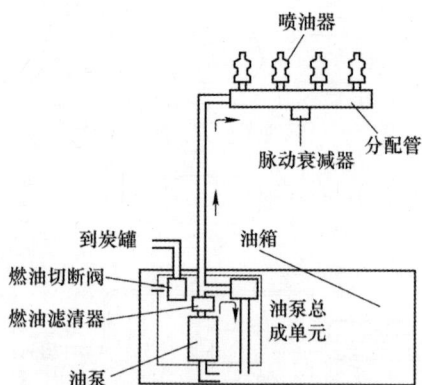

图 5-4　无回油管燃油供给系统

5.2.2　各部件的结构及工作原理

1. 汽油箱

汽油箱是用来储存汽油的，其容积大小与车型和发动机排量有关。其形状随车型不同而各异，这主要是为了适应在车上的布置安装。

汽油箱的结构如图 5-5 所示。传统的汽油箱采用薄钢板冲压焊接制成，现代轿车油箱多数采用耐油硬塑料制成。

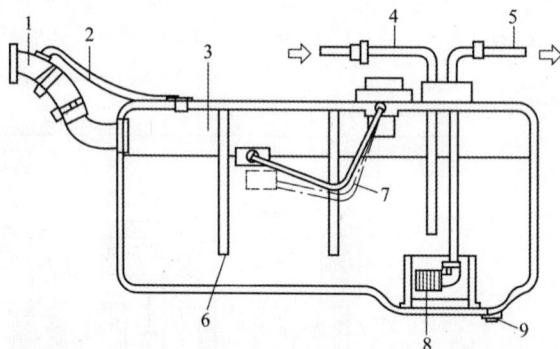

图 5-5　汽油箱结构示意图

1—加油管　2—通气管　3—燃油箱　4—回油管　5—出油管　6—隔板
7—传感器　8—汽油箱集滤器　9—放油螺塞

油箱盖必须密封，以防止汽油因振荡溅出。为保证汽油泵正常工作，油箱盖设有空气阀和蒸气阀。图 5-6 所示为双阀式油箱盖原理。空气阀 1 受软弹簧控制，当汽油箱内燃油减少，压力下降到预定值（约98kPa）时，大气推开空气阀 1 进入汽油箱；蒸气阀 2 受硬弹簧控制，当汽油箱内的蒸气压力增大到约120kPa时，蒸气阀被推开，燃油蒸气泄出，保持汽油箱内压力正常。在一些轿车的油箱盖上还设有重力阀，它的作用是依靠其自重，在正常情况下允许空气进入油箱以消除负压，当车辆倾斜45°或翻车时，此阀自动将通风口关闭，防止汽油漏出，发生火灾。

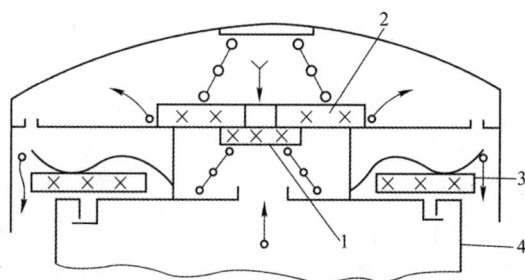

图 5-6　双阀式油箱盖原理
1—空气阀　2—蒸气阀　3—密封垫和弹片　4—管口

2. 电动汽油泵

电动汽油泵的作用是向发动机输送充足的燃油并维持足够的压力，以保证在所有工况下有效的喷射。

根据安装位置，电动汽油泵分内置式和外置式两种。内置式是将电动汽油泵安装在汽油箱内，外置式是将电动汽油泵安装在汽油箱外。现在绝大多数轿车采用内置式电动汽油泵。电动汽油泵结构如图 5-7 所示。

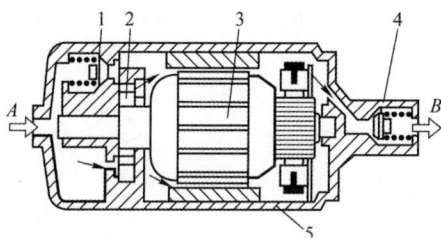

图 5-7　电动汽油泵的结构
1—安全阀　2—滚柱泵　3—电动机　4—单向阀　5—壳体

扫一扫

燃油泵

只要发动机工作，电动汽油泵就一直工作，其工作过程是：电动汽油泵通电，电动机工作，带动泵体转动，吸入汽油；汽油通过泵体、电动机、单向阀由出油口泵出。其中单向阀的作用是防止汽油倒流。当发动机停机时，电动汽油泵也停止工作，使汽油管路和燃油导轨内保存一定残余压力的汽油，以便发动机下次容易起动，并可防止由于温度较高而产生的气阻现象。

安全阀起到电动汽油泵过载限压保护作用。一般如果电动汽油泵输出压力超过 400kPa，则安全阀打开，多余的高压油流回油箱。

泵体一般有滚柱泵、内啮合齿轮泵、涡轮泵和侧槽泵等，如图 5-8 所示。

无回油的供油系统采用的是模块式燃油泵。模块式燃油泵总成结构如图 5-9 所示。将燃油滤清器、压力调节器、燃油液位传感器和燃油切断阀集成于一体，它可以避免从发动机部位的部件回油，有效防止燃油箱内温度的升高。

3. 汽油滤清器

汽油滤清器的作用是将汽油中的氧化铁、粉尘等杂质滤去，防止燃油系统堵塞，减少机

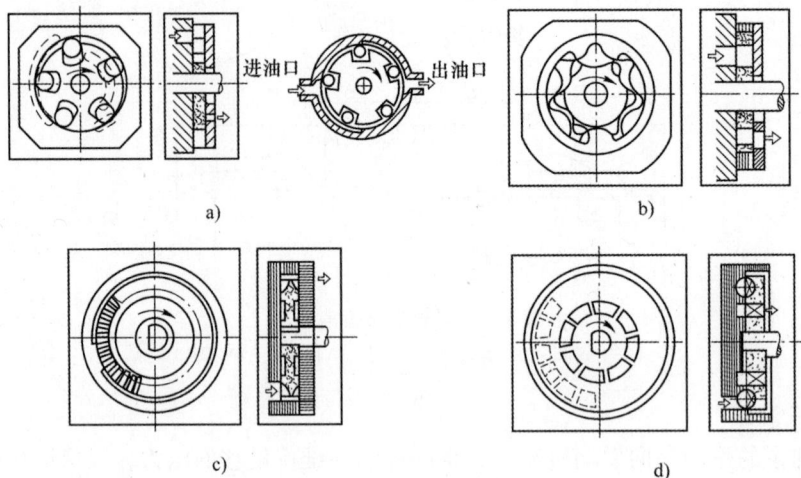

进油口 出油口

a)   b)

c)   d)

图 5-8 电动汽油泵

a）滚柱泵 b）内啮合齿轮泵 c）涡轮泵 d）侧槽泵

件的磨损，确保发动机稳定工作，提高可靠性。

汽油滤清器的结构如图 5-10 所示。滤芯一般由滤纸制造，可滤去 0.01mm 的杂质。汽油滤清器安装在汽油泵的出口一侧，它是一次性使用的。

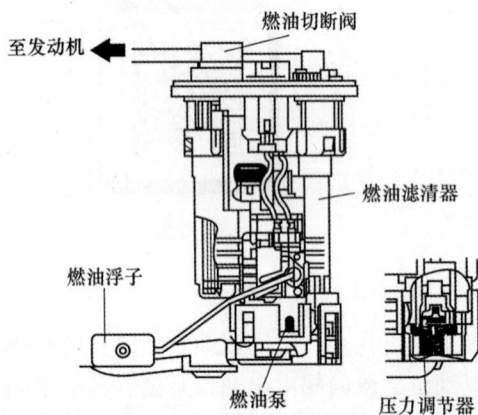

至发动机　燃油切断阀

燃油滤清器

燃油浮子

燃油泵

压力调节器

图 5-9 模块式燃油泵总成结构

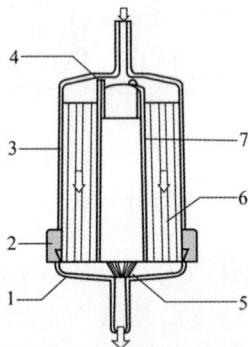

图 5-10 汽油滤清器的结构

1—滤清器盖 2—密封圈 3—滤清器外壳 4—塞头
5—支撑筋板 6—纸质滤芯 7—纸筒

4. 燃油压力调节器

燃油压力调节器一般安装在燃油导轨上，其作用是根据进气歧管内的绝对压力的变化来调节系统油压（燃油总管油压），保持喷油器的喷油绝对压力恒定，使喷油器的燃油喷射量只取决于喷油器的开启时间。一般系统油压在 250～300kPa 之间。

燃油压力调节器的结构如图 5-11 所示，它有金属壳体，其内部由橡胶膜片分为弹簧室和燃油室两部分。弹簧室内有一个带预紧力的螺旋弹簧，它作用在膜片上。在膜片上安装一个阀，控制回油。另外，还通过一根真空管与进气歧管相连。

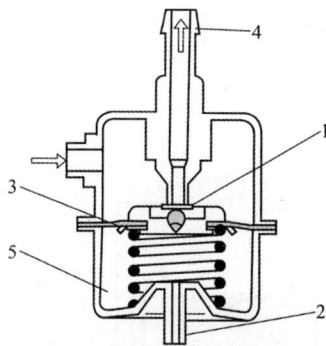

图 5-11　燃油压力调节器的结构
1—阀　2—取进气管真空度接口　3—膜片　4—回油口　5—弹簧室

扫一扫

燃油压力调节器

当系统油压超过规定值时，汽油压力克服弹簧压力，将膜片向下压，打开阀门，与回油通道接通，系统压力降低，回到规定值。

如果进气歧管真空度变大，为了维持燃油导轨内部与进气歧管内部的压力差恒定，就必须降低系统油压。把进气歧管真空度引入弹簧室，能够减少膜片上螺旋弹簧的作用力，进而减少打开阀门的压力，使系统油压下降到规定值。反之亦然。

当电动汽油泵停止工作时，在膜片和螺旋弹簧力的作用下使阀关闭，保持油路中的残余压力。

5. 喷油器

喷油器是供油系统中非常重要的部件。它是一个电磁阀，由发动机控制单元控制。

电磁喷油器按喷油口形式分为轴针式、球阀式和片阀式三种。按用途分为单点式和多点式。

图 5-12 所示为轴针式电磁喷油器的结构。当电磁线圈无电流时，针阀在弹簧的作用下处于关闭状态。当发动机控制单元发出喷油脉冲信号时，电磁线圈产生电磁吸力，打开针阀（针阀上升约 0.1mm），压力燃油通过针阀与阀座之间的间隙喷出，进入进气管。

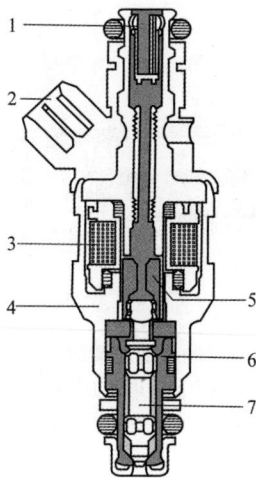

图 5-12　轴针式喷油器的结构
1—滤网　2—电接头　3—电磁线圈　4—外壳
5—衔铁　6—阀体　7—针阀

扫一扫

喷油器

5.2.3 宝马 N73 发动机燃油供给系统

宝马 N73 发动机燃油供给系统概览如图 5-13 所示。

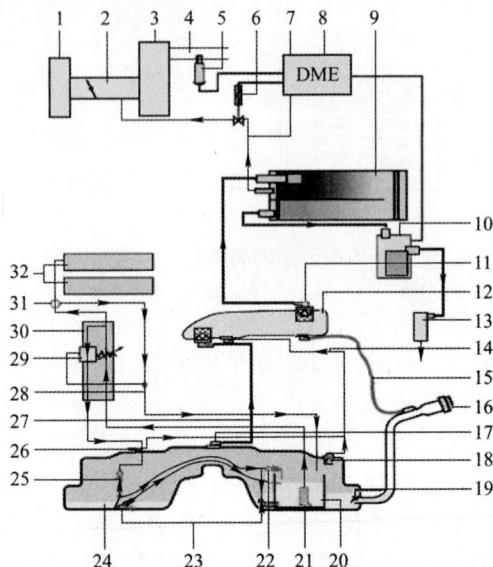

图 5-13 宝马 N73 发动机燃油供给系统概览

1—空气滤清器 2—进气管 3—发动机 4—排气装置 5—氧传感器 6—燃油箱通风阀 7—扫气
8—电子控制单元 9—活性炭罐 10—燃油箱泄漏诊断模块 11—翻车阀 12—补液罐 13—滤尘器
14—运行通风 15—压力检测管路 16—燃油箱盖 17—加注通风阀 18—运行通风阀（浮子阀）
19—防回溅盖 20—燃油槽 21—电动燃油泵 EKP 22—溢流阀 23—引流泵 24—燃油箱
25—出口保护阀 26—运行通风阀（浮子阀） 27—加注通风 28—泄漏管路 29—压力
调节器 30—燃油滤清器 31—高压燃油泵（HDP） 32—燃油分配管（共轨）

带压力调节器的燃油滤清器如图 5-14 所示。

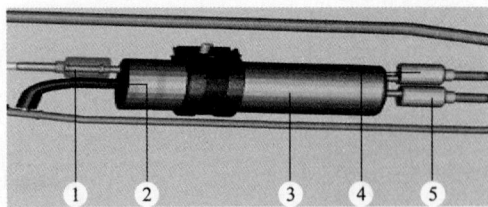

图 5-14 带压力调节器的燃油滤清器

1—至高压泵的接口 2—高压泵泄漏管路上的参考压力接口 3—带压力
调节器的燃油滤清器 4—燃油供给管路 5—燃油回流管路

发动机 N73 上安装了一个经过改进的带压力调节器的燃油滤清器。由于燃油箱内的电动燃油泵供给压力较高（600kPa），因此采用了带有快速接头的管路接口。压力调节器的参考压力管路与高压泵的泄漏管路连接。压力调节器的隔膜通过这个接口承受大气压力。压力调节器内部泄漏时溢出的燃油通过泄漏管路流出，这样即可防止燃油排放到环境中。

　　为确保两个高压泵提供足够的燃油，N73 发动机需要燃油箱内的燃油泵提供较高的供给压力。在发动机 N73 上使用的滚子叶片泵可为发动机输送压力为 600kPa 的燃油压力。

　　在 N73 发动机系列中首次使用汽油直接喷射系统。混合气以均匀方式形成，这意味着与进气管喷射时一样，也将空燃比调节到理想配比。由于使用均匀混合方式，因此使用传统的废气再处理系统及三元催化转换器，且可以加注含硫燃油。

　　宝马发动机高压喷射系统中两个高压管路各有一个高压泵为共轨装置提供燃油，该泵由排气凸轮轴上的一个三段凸轮通过桶状挺杆驱动。两个高压泵由位于燃油箱内的电动燃油泵提供燃油。高压喷射阀与相应气缸列的一个蓄压器（共轨）连接，两个共轨装置彼此未连接在一起。宝马 N73 发动机的高压泵如图 5-15 所示。

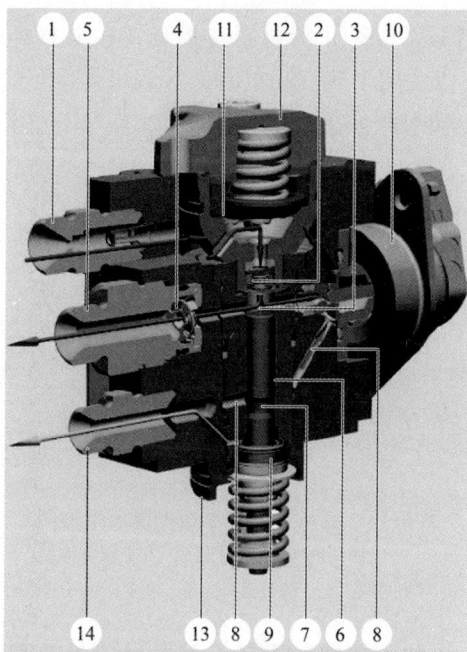

图 5-15　宝马 N73 发动机的高压泵

1—供给管路接口　2—进油阀　3—高压室　4—出油阀　5—高压管路接口　6—泵活塞　7—泵活塞上的
环行槽　8—连接至供给区域　9—密封环　10—燃油量控制阀　11—隔膜　12—压力缓冲器
13—带密封环的驱动装置安装法兰　14—泄漏管路接口

　　高压泵安装在气缸盖上，由排气凸轮轴上的一个三段凸轮通过桶状挺杆驱动。每个高压泵都有供给管路 1、高压管路 5、泄漏管路 14 三个连接管路。

　　燃油箱内的电动燃油泵将燃油以 600kPa 的压力从供给管路经过一个 T 形旁通阀输送至两个高压泵。燃油在高压泵内通过进油阀 2 进入高压室 3 内。

　　在泵的高压室内对燃油加压。燃油由高压泵通过高压管路输送至共轨装置。出油阀 4 用于防止燃油从共轨装置回流到高压泵内。

　　受部件的流体动力学隔断方式所限，会有少量（最多 1L/h）燃油从泵活塞旁流过并到达泵活塞的密封环 9 处。该密封环将高压泵的燃油侧与泵传动装置上的机油之间隔开（密封）。为了消除泵活塞密封环上较高的泵压力（最高可达 12MPa），泵活塞密封环上承受的燃油压力分两级降低，燃油通过泄漏管路流回到燃油箱内。在泵活塞环行槽 7 内泵压力降低到 600kPa，因为环行槽通过燃油量控制阀。

燃油量控制阀 10 安装在高压泵内，用于根据负荷和转速调节高压泵输送量。该阀打开一个从高压室 3 至高压泵供给管路的通道。这样所输送的过量燃油即可流回到供给管路内。压力缓冲器由高压泵输送的过量燃油通过燃油量控制阀返回高压泵的供给区域内。此时高压泵内产生的脉动由压力缓冲器 12 的弹簧承受。

燃油暂时存储在共轨装置内，燃油压力位于 3 ~ 10MPa 之间且分布在喷射阀上。共轨装置与喷射阀之间通过一个黄铜套管连接。黄铜套管内安装了一个可移动的喷射阀 O 形环。这样即可对共轨装置与喷射阀之间的长度和位置进行补偿。

每个共轨装置内都有一个溢流阀，该阀通过一个管路与高压泵的燃油供给区域连接。从压力 12.5MPa 起该溢流阀打开，以防止喷射系统损坏。在滑行关闭的情况下不需要喷射阀提供燃油或是在后续加热阶段关闭了热发动机时，该阀可能会短时间打开。

宝马 N73 发动机的高压喷射阀如图 5-16 所示。

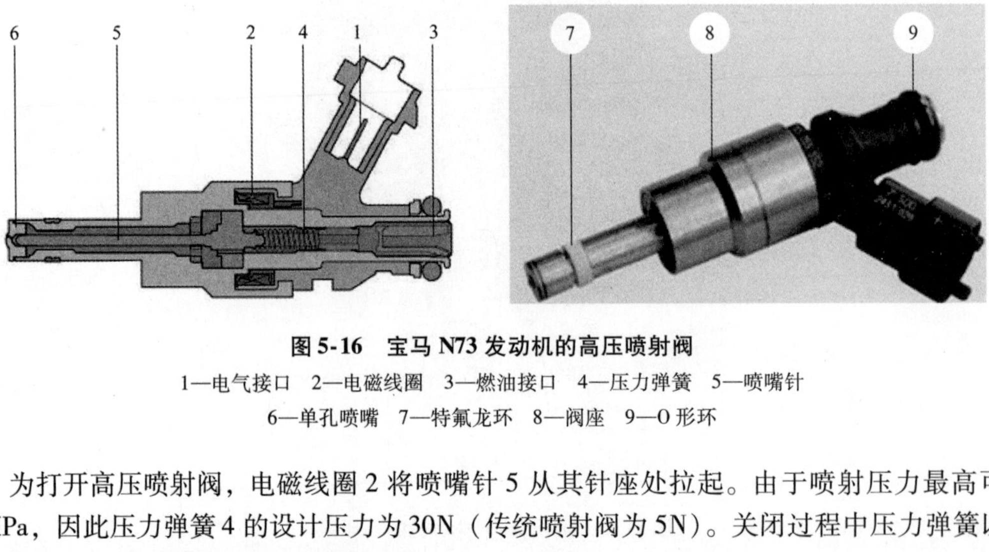

图 5-16　宝马 N73 发动机的高压喷射阀
1—电气接口　2—电磁线圈　3—燃油接口　4—压力弹簧　5—喷嘴针
6—单孔喷嘴　7—特氟龙环　8—阀座　9—O 形环

为打开高压喷射阀，电磁线圈 2 将喷嘴针 5 从其针座处拉起。由于喷射压力最高可达 10MPa，因此压力弹簧 4 的设计压力为 30N（传统喷射阀为 5N）。关闭过程中压力弹簧以足够大的压紧力将喷嘴针快速压到其针座上。

宝马 N73 发动机的共轨压力传感器如图 5-17 所示。

共轨压力传感器必须在相对较短的时间内以足够的精度将当前压力的电压信号提供给该控制单元。

共轨压力传感器由集成式传感器元件、带分析电路的印刷电路板和带电气插口的传感器壳体等部件构成。燃油通过高压接口到达传感器隔膜处。共轨压力升高时传感器隔膜发生变形（50MPa 时约 1mm）。此变形引起电阻变化并在 5V 电压的电阻电桥内产生电压变化。共轨压力传感器根据当前系统压力将一个电压信号（0.5 ~ 4.5V）输出给电子控制单元。这个传感器信号随共轨压力增加而以线性比例增加，范围为 0.5（0Pa）~ 4.5V（14MPa）。

准确测量共轨压力对系统功能来说至关重要，因此用压力传感器测量压力时的允许公差也很小，主运行范围内的测量精度为 3MPa，即约为终值的 ±2%。共轨压力传感器失灵时，控制单元利用应急运行功能控制燃油量控制阀。

宝马 N73 发动机的回流关断阀位置如图 5-18 所示。

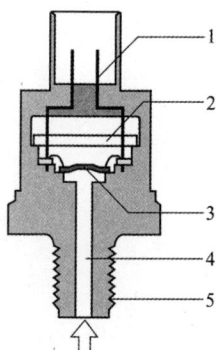

图 5-17　宝马 N73 发动机的共轨压力传感器

1—电气接口　2—分析电路　3—带传感器
元件的隔膜　4—高压接口　5—固定螺纹

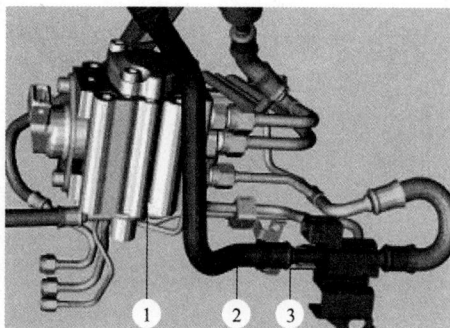

图 5-18　宝马 N73 发动机的回流关断阀位置

1—高压泵　2—泄漏管路　3—回流关断阀

位于泄漏管路内的回流关断阀通过总线端 87 提供车载电压，由电子控制单元以接地方式控制。发动机运行期间，回流关断阀由电子控制单元供电并能够使泄漏燃油流回到燃油箱内。发动机起动一段时间后系统为该阀供电，以防止高压泵供给区域内的压力下降。高压泵内的压力下降会导致燃油中产生蒸气气泡。

5.3　进气与废气排出系统

进气系统主要包括空气滤清器、节流阀体、进气管等，如图 5-19 所示。废气排出系统主要包括排气管、三元催化转化器及排气消声器等，如图 5-20 所示。

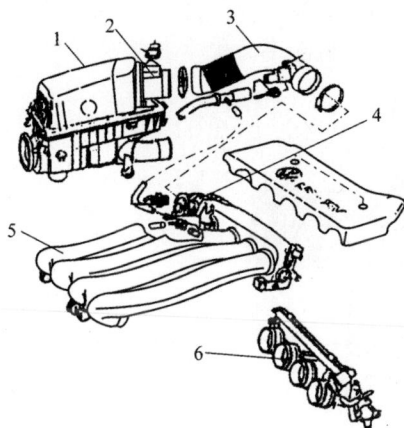

图 5-19　进气系统的组成

1—空气滤清器　2—空气流量传感器　3—进气软管　4—节流阀体　5—进气管上体　6—进气管下体

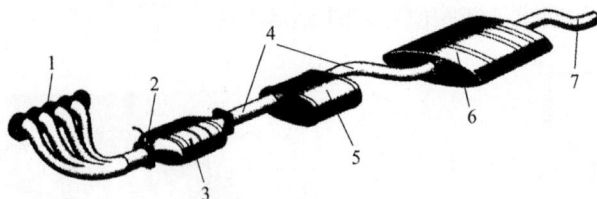

图 5-20　废气排出系统的组成
1—排气歧管　2—氧传感器　3—三元催化转化器　4—中间管　5、6—消声器　7—尾管

5.3.1　主要部件结构与工作原理

1. 空气滤清器

空气滤清器的主要作用是过滤流向进气道的空气，防止空气中的灰尘进入气缸，减少气缸、活塞、活塞环等零件的磨损，延长发动机的使用寿命。

空气滤清器常用的有纸质干式空气滤清器（图5-21）和油浴式空气滤清器（图5-22）。其中纸质干式空气滤清器应用最多，它是采用树脂处理的纸质滤芯，其优点是滤清效率高，且与负荷无关，结构简单。

2. 进、排气管

进气歧管的作用是将可燃混合气或新鲜空气送到各个气缸；而排气歧管则是汇集各缸的废气，经排气消声器排出。

进气歧管多数由铝合金或铸铁制造，有些也采用复合塑料制成，如图5-23所示。稳压箱的目的是为了消除进气压力脉动，保证各缸混合气分配均匀；同时，进气管的形状、容积都进行了专门的设计，充分利用吸入空气的惯性增压作用，增大充气量，提高发动机功率。

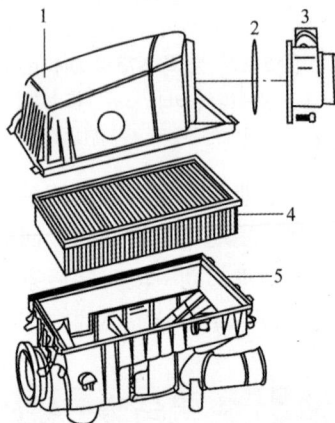

图 5-21　纸质干式空气滤清器
1—空气滤清器上壳体　2—O形圈
3—空气流量传感器　4—滤芯
5—空气滤清器下壳体

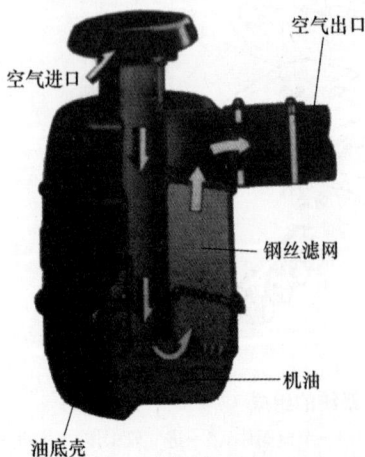

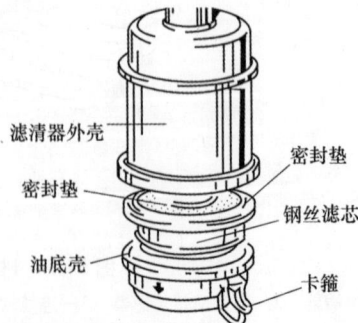

图 5-22　油浴式空气滤清器

排气歧管多数采用铸铁制造,如图 5-24 所示。为了便于对进气歧管预热,有些发动机进、排气歧管安装在同一侧。

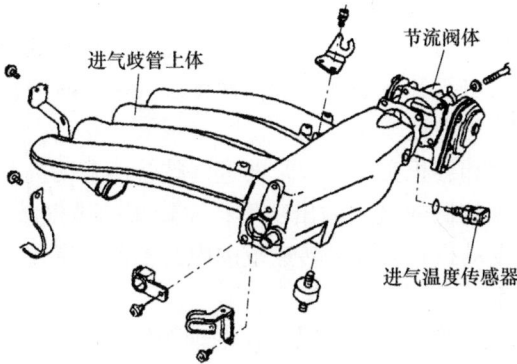

图 5-23　进气歧管

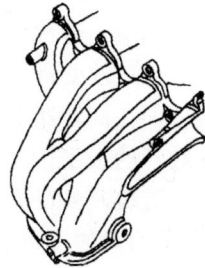

图 5-24　排气歧管

3. 排气消声器

排气消声器的作用是降低排气噪声,并消除废气中的火星及火焰。

排气消声器有吸收、反射两种基本的消声方式,如图 5-25 所示。吸收式消声器是通过废气在玻璃纤维、钢纤维和石棉等吸声材料上的摩擦而减少其能量。反射式消声器则是多个串联的谐调腔与长度不同的多孔反射管相互连接在一起,废气在其中经过多次反射、碰撞、膨胀、冷却而降低压力,减轻振动。

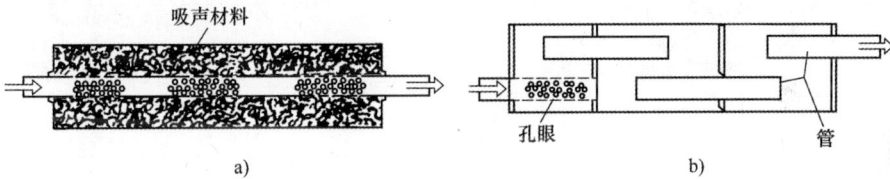

a)　　　　　　　　　　　　　　b)

图 5-25　排气消声器

a) 吸收式消声器　b) 反射式消声器

汽车上实际使用的排气消声器,多数是综合利用不同的消声原理组合而成的,如图 5-26所示。

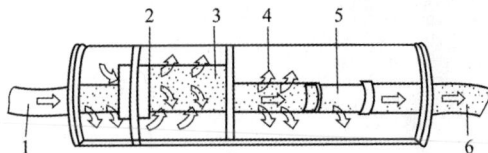

图 5-26　组合式消声器

1—排气管　2—节流阀　3—反射管　4—吸声材料　5—干涉管　6—尾管

5.3.2　可变进气系统

可变进气系统是通过进气系统的调谐作用,提高发动机的充气效率,以获得最佳的输出功率。

　　在进气过程中，当进气门刚打开时，在进气门口处产生一定的真空，形成负的压力波，这种负压力波沿进气管以声速传递到进气管的入口，然后反射，形成正的压力波，又返回进气门端，如果在进气终了时，这种正的压力波波峰恰好达到进气门端，进气压力升高，充气效率增加；反之，如果波谷恰好到达进气门端，进气压力减少，充气效率降低。我们希望在发动机的转速范围内，这种正压力波与进气脉冲最佳匹配，使得进气终了时的正压力波的波峰恰好达到进气门端。这种增压技术称为谐波增压。

　　谐波增压可通过改变进气管的长度和容积实现。较长的进气歧管使发动机在低转速下获得较大的转矩，但在高转速下却会出现较低的最大输出功率；而较短的进气歧管却正相反。通过改变进气歧管的长度，可以保证发动机在较大的转速范围内，不但具有较大的转矩，而且在高转速区具有较高的最大输出功率。

　　图 5-27 所示为奥迪 A6 轿车发动机可变进气系统的工作原理图。

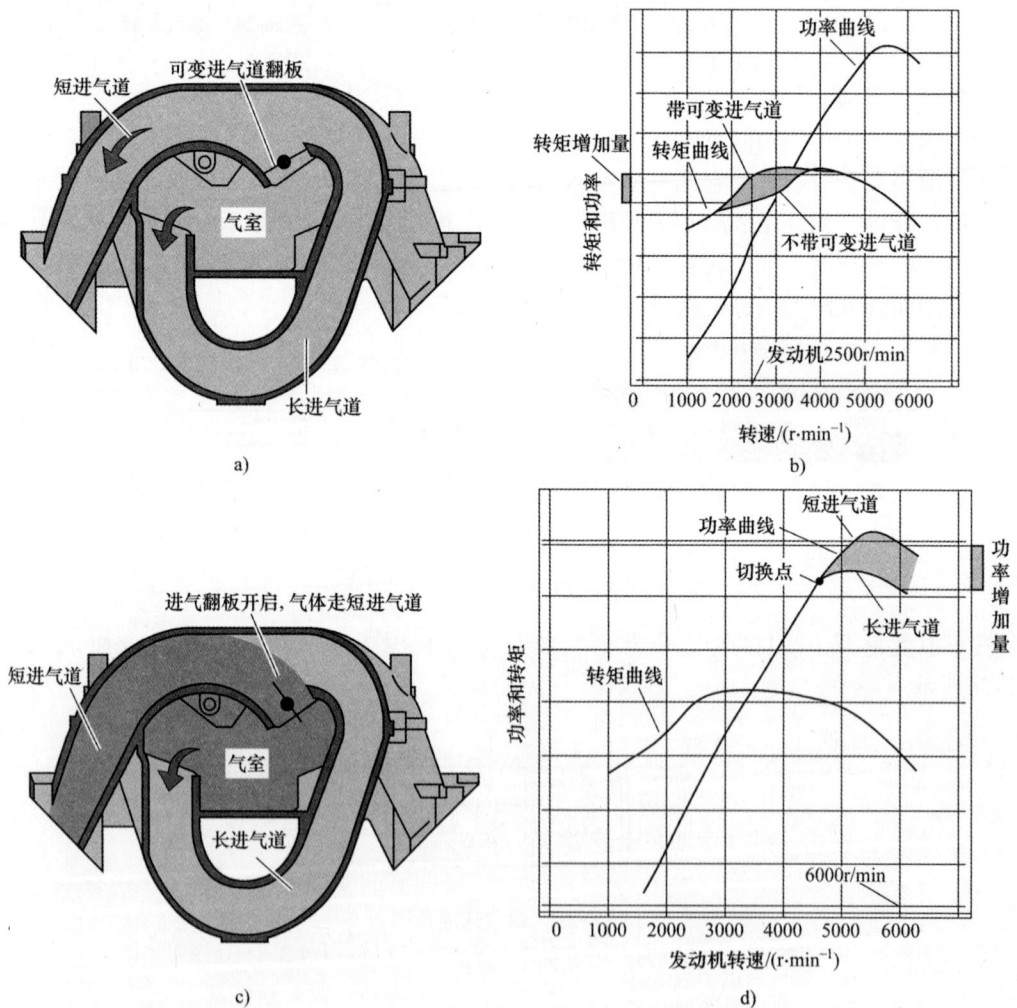

图 5-27　奥迪 A6 轿车可变进气系统工作原理

a) 低转速时使用长进气道　b) 低转速区域内的转矩对比
c) 高转速时使用短进气道　d) 高转速区域内的功率对比

扫一扫

可变进气管系统

5.3.3 废气涡轮增压系统

废气涡轮增压是指利用发动机排出的高温高压废气能量，驱动涡轮做高速旋转，带动同轴上的压缩机，对燃烧所需的空气进行预压缩，这样，在发动机排量和转速不变的情况下，增加了流入发动机的空气量，提高了进气效率，因而可提高发动机的功率。

废气涡轮增压系统基本组成及工作原理如图 5-28 所示，它包括同轴的涡轮与压气机叶轮。涡轮与压气机叶轮上有很多叶片，从气缸排出的废气直接进入涡轮，并推动涡轮旋转，带动压气机叶轮旋转，把吸入的空气增压，送入气缸。

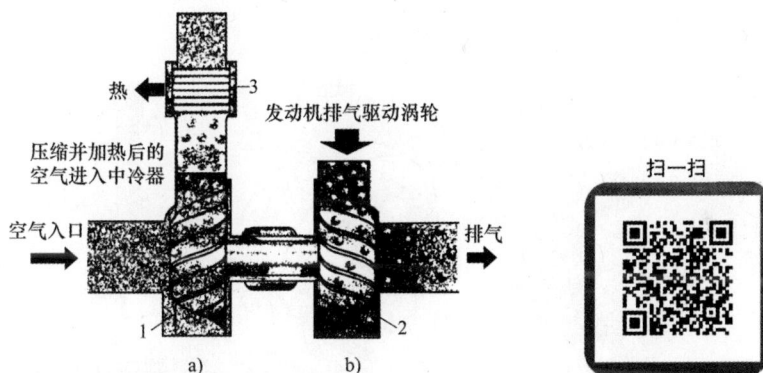

图 5-28 废气涡轮增压系统基本组成及工作原理

a）压缩器压缩吸入空气 b）废气涡轮驱动压缩机

1—压缩器 2—废气涡轮 3—中冷器

扫一扫

涡轮增压工作原理

由于利用高温废气进行增压，涡轮增压器温度较高，经压缩的空气温度也较高，使进气密度减小，对提高进气效率不利，因此，需要在压缩空气出口到进气管之间安装冷却器，冷却压缩空气，提高其密度。

传统废气涡轮增压系统存在两个问题：一是发动机转速很高时，涡轮转速很高（超过 100000r/min），压缩空气量超出实际需求；二是在发动机怠速或小负荷工况时，涡轮达不到应有的转速，空气压缩不足，发动机增压效果不明显。

解决方法是：一是采用在涡轮增压器上加一个旁通支路；二是采用可调叶片式涡轮增压系统。

图 5-29 所示为大众宝来轿车使用的涡轮增压器。在涡轮增压器上加一个旁通支路，当发动机转速低时，控制阀 N75 控制旁通支路关闭；当发动机转速较高时，进气压力增大，

控制压力箱逐步打开旁通支路，减少通过废气涡轮的废气量，从而降低废气涡轮的转速。

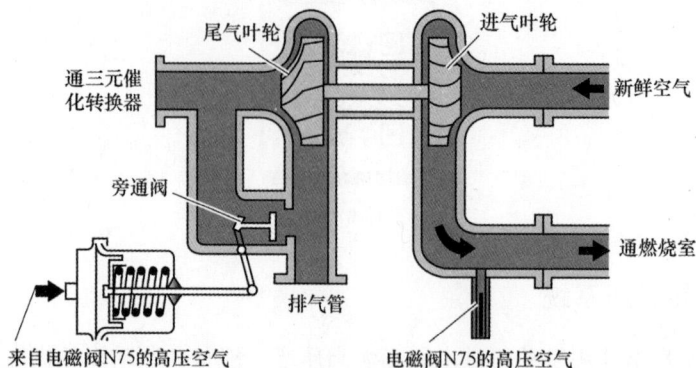

图5-29　宝来轿车旁通支路式废气涡轮增压系统

图5-30所示为可调叶片式涡轮增压系统。它能够在发动机整个转速范围内，通过控制调整环的转动，改变叶片角度来调整进气增压压力。当发动机转速低时，叶片开度减小，减小废气流通截面，使废气流速增加，提高废气涡轮转速，增加进气压力；当发动机转速高时，叶片开度增大，增加废气流通截面，使废气流速降低，维持废气涡轮转速在正常范围内，保证进气压力的稳定。

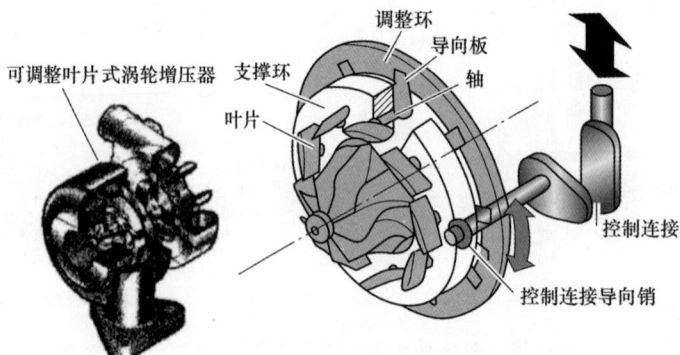

图5-30　可调叶片式废气涡轮增压系统

5.3.4　机械增压系统

机械增压是指针对自然进气发动机在高转速区域会出现进气效率低下的问题，从最基本的关键点着手，也就是想办法提升进气歧管内的空气压力，以克服气门干涉阻力，虽然进气歧管、气门、凸轮轴的尺寸不变，但由于进气压力增加的结果，让每次气门开启时间内能挤入燃烧室的空气增加了，因此喷油量也能相对增加，让发动机的工作能量比增压之前更为强大。

机械增压系统可分为离心式机械增压、鲁兹式机械增压和螺旋式增压三类。

离心式机械增压系统（图5-31）与涡轮增压很像，只不过它不是用发动机的废气驱动，而是用发动机的传动带驱动的。它和涡轮增压系统增压原理相同，吸入空气靠离心力给空气加压，以达到压缩空气的目的。

　　鲁兹式机械增压系统（图 5-32）将空气吸入增压器内部，有两个螺旋状叶片将空气压缩之后送到进气歧管里。这种机械增压能提供强大的转矩输出。它在加速竞赛和街道竞赛赛车中十分流行。

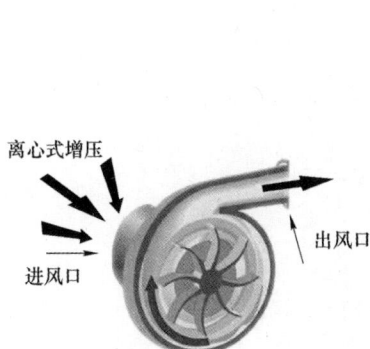

增压系统的核心部件两个四叶旋转活塞可以23000r/min的速度相互咬合来为发动机提供压缩空气

图 5-31　离心式机械增压系统　　　　　图 5-32　鲁兹式机械增压系统

　　螺旋式增压系统空气被吸入增压器时，被螺旋状叶片强压入进气歧管内。这种形式的增压器对于提升各个转速的发动机功率都很有效。

　　相对于涡轮增压技术，机械增压完全解决了加速踏板响应滞后，涡轮迟滞和动力输出突然现象，达到瞬时加速踏板响应，动力随转速线性输出，提高了驾驶性能。此外，在低速高扭、瞬间加速方面，机械增压技术都优于涡轮增压技术。机械增压无须跟发动机的润滑系统连接，不需要冷却，免维护，工作可靠，而且寿命长。机械增压也有不足之处，如加速效果不明显，与自然吸气发动机差别不大，会损失发动机部分动能；机械增压靠传动带驱动，归根到底驱动力还是发动机，高转速时会产生大量的摩擦，影响到转速的提高，噪声大。

　　鲁兹增压系统已经被广泛使用，更是改装的大热门。罗兹增压系统有双叶与三叶转子两种形式，目前以双叶转子较普遍。其构造是在椭圆形的壳体中装两个茧形的转子，转子之间保留极小的间隙而不直接相连，由螺旋齿轮连接，其中一个转子的转轴与驱动的带轮连接，转子转轴的带轮上装有电磁离合器，在不需要增压时即放开离合器以停止增压。离合器则由计算机控制以达到省油的目的。

扫一扫

机械增压

5.3.5　气波增压系统

　　气波增压是两种气体直接接触并通过压力波来传递能量的压力转换器。它用于发动机增压时利用发动机废气能量使进入气缸的气体增压。气波增压系统由空气定子、燃气定子和转子组成。空气定子与发动机进气管连通，燃气定子与排气管连通。转子由发动机曲轴通过传动带驱动，驱动功率为发动机功率的 1%～1.5%。

　　图 5-33 所示为气波增压器的工作原理。当转子按箭头方向转动时，转子上由叶片组成的轴向气道与高压燃气入口接通，遂产生压缩波。压缩波以声速沿气道传播，并将燃气能量传递给充满气道内的空气，使其压力和密度升高并向前流动。高压空气出口设在高压燃气入口的斜对面，并顺转动方向向前错开一个角度。当气道与高压空气出口接通时，高压空气供入发

动机进气管。在燃气到达气道长度的2/3左右时，气道恰好转过高压燃气入口，燃气停止流入气道。当气道与低压燃气出口接通时，燃气继续膨胀并经排气总管排入大气，气道内的压力继续下降。当气道与低压空气入口接通时，由于气道内处于负压，新鲜空气自大气被吸入气道。气道转过低压空气入口和低压燃气出口后，气道内遂充满新鲜充量。转子继续转动又开始下一个相同的循环。

气波增压系统提供的增压压力在整个发动机转速范围内变化不大，能量转换过程也不受转子惯性的影响，因此气波增压系统具有良好的速度和负荷响应特性，比较适合于汽车发动机增压的要求，增压压力与大气压力之比可达2.5∶1。但气波增压系统运转噪声大，结构不如涡轮增压器紧凑，故应用尚少。

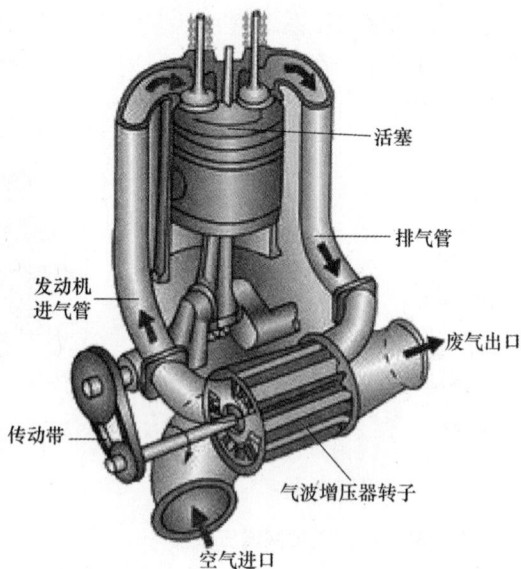

活塞

排气管

发动机
进气管

废气出口

传动带

气波增压器转子

空气进口

图5-33　气波增压器的工作原理

5.4　电子控制燃油喷射系统

5.4.1　电子控制燃油喷射系统的分类

电子控制燃油喷射系统按燃油喷射位置不同，可分为缸外喷射和缸内喷射。

1. 缸外喷射

缸外喷射是指进气歧管内喷射或进气门前喷射。该方式中喷油器被安装于进气歧管内或进气门附近，故燃油在进气过程中被喷射后与空气混合形成可燃混合气再进入气缸内。

喷射方式可以是连续喷射或间歇喷射。由于缸外喷射方式汽油的喷油压力不高（0.1～0.5MPa），且结构简单，成本较低，故应用较为广泛。

2. 缸内喷射

缸内喷射是指喷油器将燃油直接喷射到气缸燃烧室内，因此需要较高的喷油压力（3.0～4.0MPa或更高）。由于喷油压力较高，可实现稀薄燃烧，有利于提高经济性和排放性，但对供油系统的要求较高，成本也相应较高。

扫一扫

喷油系统

5.4.2　电子控制燃油喷射系统的功用

电子控制燃油喷射系统的功用是根据发动机运转状况和车辆运行状况确定汽油最佳喷射量和点火时刻。该系统由传感器、电子控制模块（ECU）、执行装置三部分组成，如图5-34所示。

控制系统的核心是ECU。ECU根据发动机中各种传感器送来的信号控制喷油时间、点火定时等。传感器监测发动机的实际工况，计量各种信号并传输给ECU。ECU输出的各种控制指令由执行装置执行。主要有：喷油脉宽控制、点火提前角控制、怠速控制、自诊断、故障备用程序启动、仪表显示等。

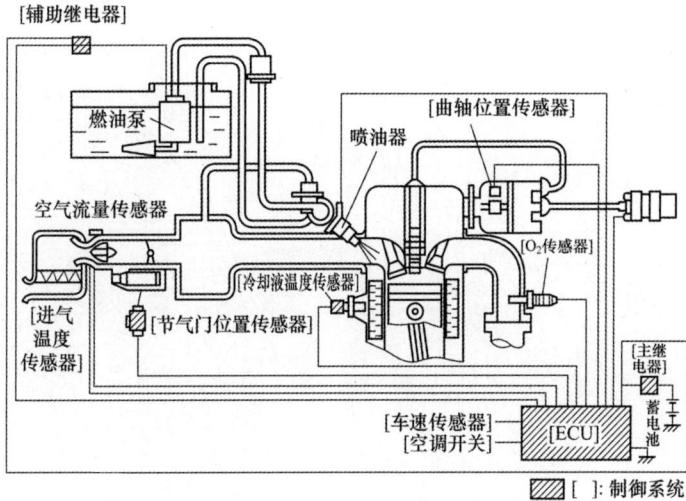

图 5-34　电子控制燃油喷射系统

5.4.3　缸外燃油喷射电子控制系统

　　下面以大众车系捷达、桑塔纳轿车普遍采用的 M3.8.2 电子控制系统为例进行介绍。电子控制系统的组成如图 5-35 所示，它在发动机上的安装位置如图 5-36 所示。

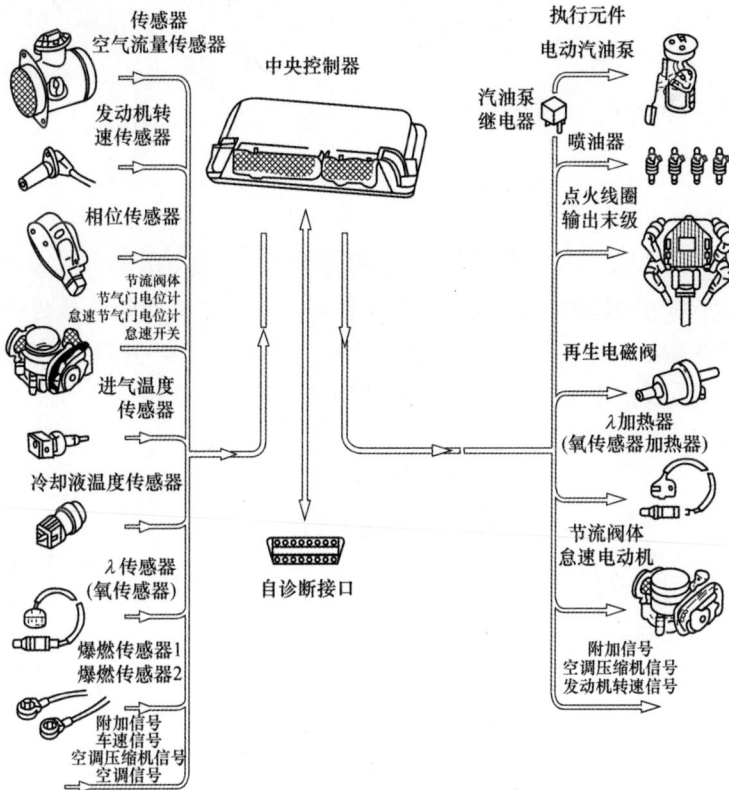

图 5-35　电子控制燃油喷射系统的组成

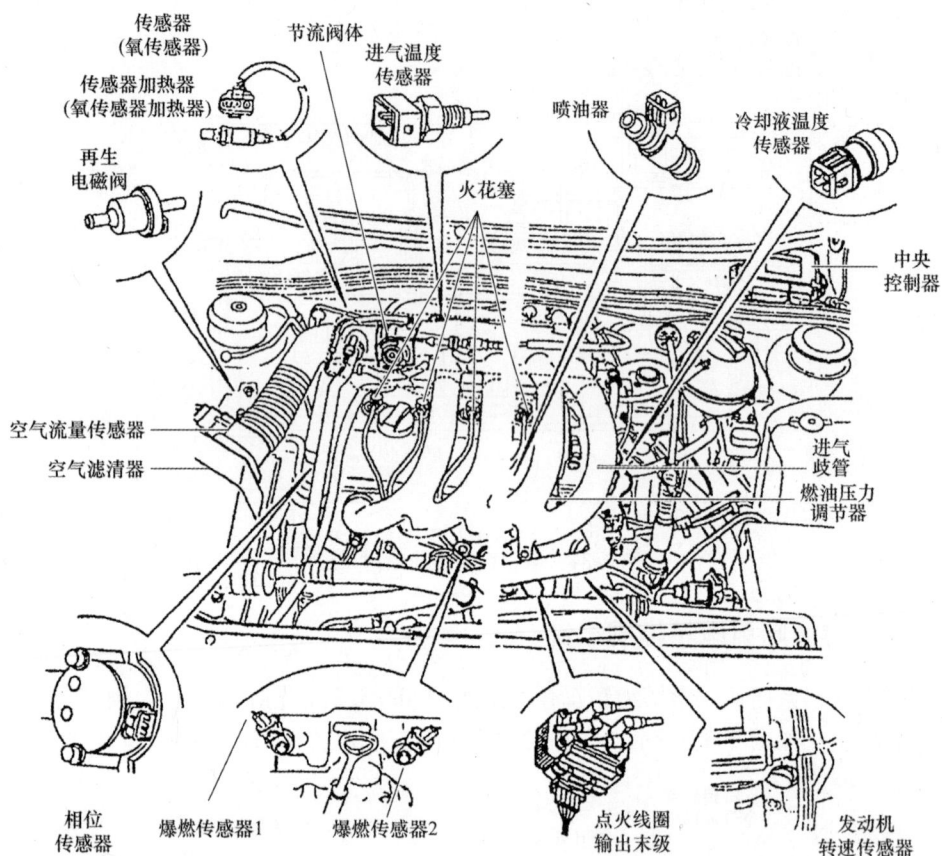

图 5-36　电子控制燃油喷射系统各主要部件的安装位置

1. 传感器

传感器主要有以下几种。

（1）空气流量传感器　空气流量传感器为热膜式，型号为 HFM5。它安装在空气滤清器和进气软管之间，其结构如图 5-37 所示。主要由防护网、感知空气流量传感器的热膜、进行进气温度修正的温度补偿电阻、控制热膜电流并产生输出信号的控制线路板以及空气流量传感器壳体组成。热膜式空气流量传感器的传感元件如图 5-38 所示。

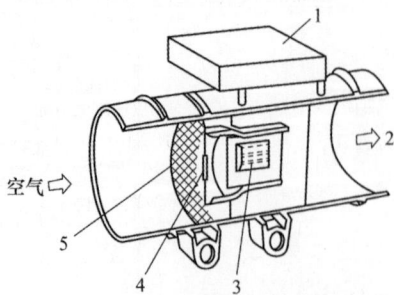

图 5-37　热膜式空气流量传感器的结构

1—控制线路板　2—通往发动机　3—热膜　4—温度补偿电阻　5—防护网

扫一扫

空气流量传感器

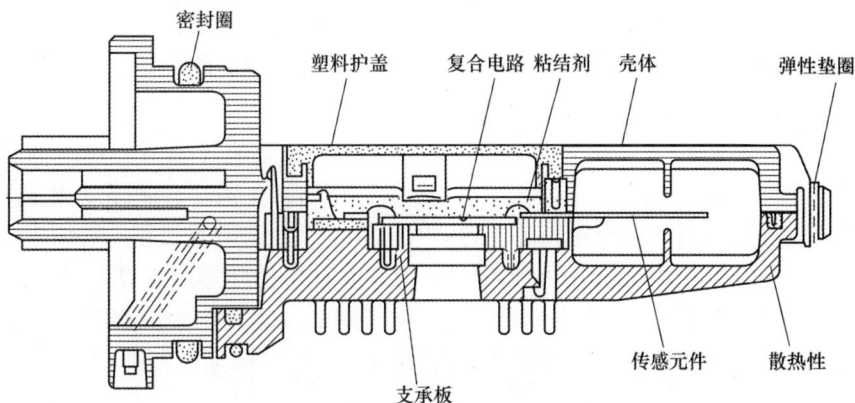

图 5-38　热膜式空气流量传感器的传感元件

空气流量传感器用来测量进入发动机的空气量，该信号是控制单元计算点火时间和喷油量的主要参数，其工作原理如图 5-39 所示。在空气通道中放置的热膜 R_H 和温度补偿电阻 R_K（惠斯顿电桥的两个臂），在控制线路板上粘结着一只精密电阻 R_A，也是惠斯顿电桥的一个臂，该电阻上的电压就是热膜空气流量传感器的输出电压信号，惠斯顿电桥还有一个臂 R_B，装在控制线路板上。工作时热膜发热，其热量不断地被空气带走，热膜被冷却，热膜周围通过的空气流量越大，被带走的热量也越多。热膜式空气流量传感器就是利用热膜与空气之间的这种热传递现象进行空气质量流量测量的。其工作原理是将热膜温度与吸入空气温度差值始终保持在 100℃，热膜温度由混合集成电路 A 控制，当空气质量流量增大时，由于空气带走的热量增多，为保持热膜温度，混合集成电路使热膜 R_H 通过的电流增大，如图 5-40 所示；反之，则减小。这样就使通过热膜的 R_H 的电流是空气质量流量的单一函数。热膜加热电流的大小由惠斯顿电桥电路中精密电阻 R_A 上的电压信号输出。在惠斯顿电桥的另一臂上有温度补偿电阻 R_K 和电桥电阻 R_B，为了减小电损耗，其阻值较高，通过这个臂上的电流较小。

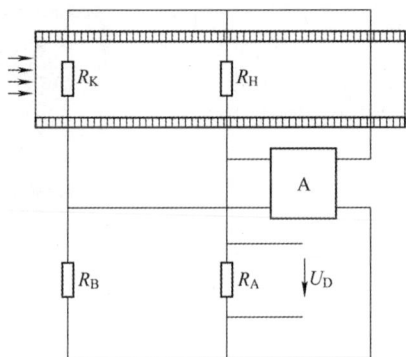

图 5-39　热膜式空气流量传感器的工作原理

A—混合集成电路　R_H—热膜电阻　R_K—温度补偿电阻

R_A—精密电阻　R_B—电桥电阻

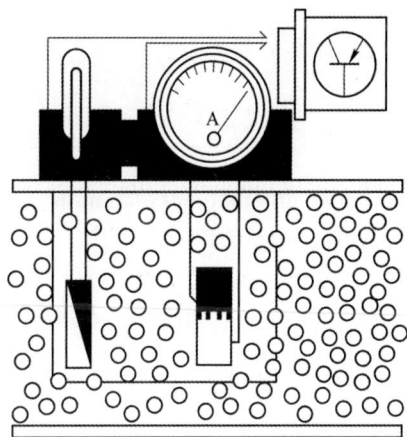

图 5-40　空气流量增加时通过热膜的电流增大

热膜空气流量传感器的优点是没有运动件，无流动阻力，传感器无污染沉积，使用可靠性好。在使用过程中，如果空气流量传感器信号中断，控制单元将根据发动机转速、节气门电位计信号以及进气温度信号计算出一个替代值。

（2）发动机转速传感器　发动机转速传感器是一个磁感应传感器。它采集曲轴转角位置和发动机转速信号，其工作原理如图 5-41 所示。在曲轴上有一个靶轮，靶轮上有 60 个齿，传感器对它进行扫描。当靶轮经过传感器时，产生一个变电压信号，其频率随发动机转速变化而变化，控制单元根据交变电压的频率识别发动机的转速。在靶轮上有一处缺两个齿，感应传感器扫描到该处，1 缸活塞处于上止点前 72°，它是作为控制单元识别曲轴转角位置的基准标记。发动机转速传感器所感应出的信号如图 5-42 所示。

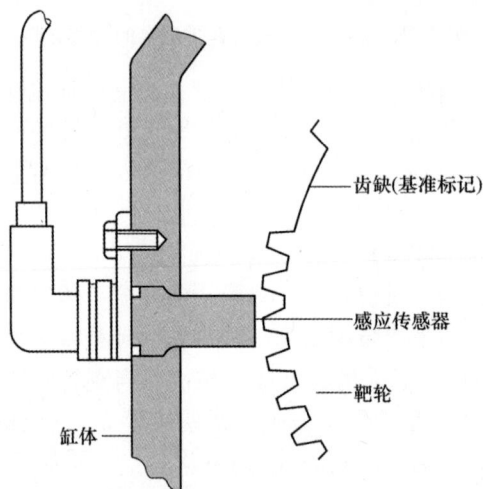

图 5-41　发动机转速传感器 G28

提示：发动机转速传感器出现故障后，发动机将无法工作。

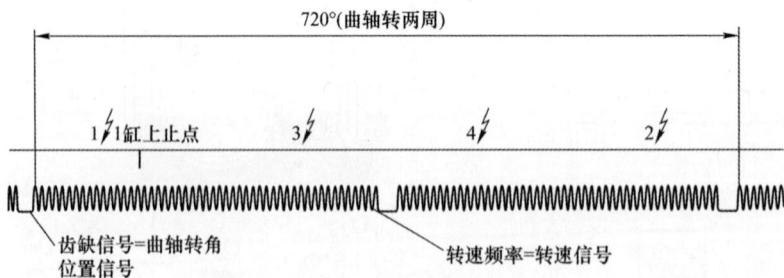

图 5-42　发动机转速传感器信号

扫一扫

曲轴位置传感器

（3）霍尔传感器（相位传感器）　霍尔传感器安装在缸盖右侧，进气凸轮轴后端。它是一个电子开关，利用霍尔原理工作，其结构如图 5-43 所示。霍尔传感器隔板上有一个霍尔窗口，凸轮轴每转一周（曲轴转 720°），产生一个信号，该信号出现在 1 缸压缩行程上止点前 72°。控制单元根据此信号可识别 1 缸压缩行程上止点位置，用于顺序喷油和爆燃选择控制。如果霍尔传感器信号中断，它没有替代功能，发动机控制单元不能区分 1 缸和 4 缸。

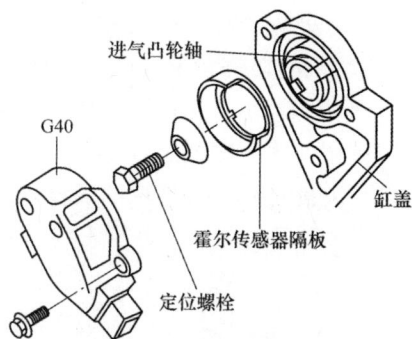

图 5-43 霍尔传感器 G40

扫一扫

霍尔传感器

（4）进气温度传感器 进气温度传感器是一个负温度系数（NTC）电阻，即温度升高阻值下降。它安装在进气管上体，如图 5-44 所示。进气温度传感器将进气温度转变成电信号，送给控制单元，用于各种控制功能的修正。如果该信号中断，控制单元将启用一个替代值，但不能准确感知进气温度，会导致热起动困难，排放升高等故障。

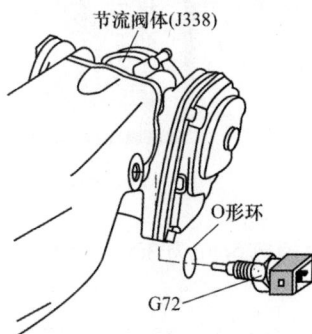

图 5-44 进气温度传感器

扫一扫

空气温度传感器

（5）冷却液温度传感器 冷却液温度传感器也是一个 NTC 电阻，它与冷却液温度表传感器 G2 装在一个壳体里，直接与发动机冷却液接触，如图 5-45 所示。该信号是一个较重要的修正信号。如果该信号中断，控制单元将启用一个替代值，但不能准确感知冷却液温度，将会导致发动机冷、热起动困难，油耗增加，怠速自适应差，排放升高等故障。

图 5-45 冷却液温度传感器 G62

扫一扫

冷却液温度传感器

103

（6）λ传感器（氧传感器）　λ传感器 G39 就是常说的氧传感器，它安装在排气管谐振腔内，如图 5-46 所示。λ传感器用于检测发动机的燃烧状况，向控制单元提供修正喷油量的电信号，从而实现燃油喷射的闭环控制。氧传感器由氧化锆陶瓷及表面覆盖的多孔性铂膜制成，其内侧与大气相通，外侧与排出废气接触。废气中残余含氧量与大气中含氧量的浓度差，能在氧化锆陶瓷表面产生电位差，此电位差能体现出废气中的氧含量，反映出混合气的浓稀，控制单元根据此信号对喷油量进行调节。

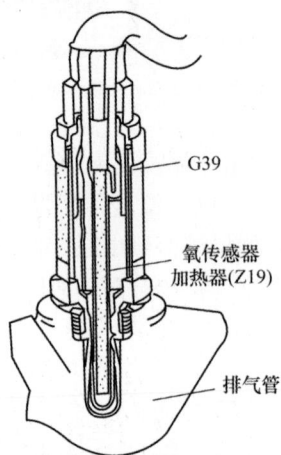

图 5-46　λ传感器 G39

扫一扫

氧传感器

氧传感器的最佳工作温度是 600℃，工作温度区间为 300~850℃，为此在其内部设有加热器，使其能很快达到最佳工作温度。

普通氧传感器一般有 4 根线，其中两根是加热线，第 3 根是信号线，另 1 根是接地线。它是在陶瓷体两侧附着二氧化锆涂层，在 350℃ 或更高的温度下能传导氧离子，传感器两侧氧气的浓度差使两个表面之间产生电位差，且工作曲线非常陡峭，混合气在接近理论空燃比时，输出 0.45V 电压。尾气稍微偏浓时，输出电压就突变为 0.6~0.9V；反之，尾气变稀后，输出电压突变为 0.5~0.1V，它只能在混合气为 14.7∶1 的理论空燃比下，在混合气燃烧后，对排放的尾气含氧量在比较狭窄的范围内进行检测，因此这是普通氧传感器的缺陷所在。为了克服普通氧传感器带来的缺陷，新一代宽量程氧传感器诞生了，如图 5-47 所示。

构成宽量程氧传感器的组件有两个部分。一部分为感应室，它的一面与大气接触而另一面是测试腔，通过扩散孔与排气接触。和普通氧传感器一样，由于感应室两侧的氧含量不同而产生一个电动势，一般的氧传感器将此电压作为控制单元的输入信号来控制混合比，而宽量程氧传感器与此不同的是：发动机控制单元要把感应室两侧的氧含量保持一致，让电压值维持在 0.45V，这个电压只是 ECU 的参考标准值，它需要传感器的另一部分来完成。

另一部分是传感器的关键部件泵氧元，泵氧元一边是排气，另一边与测试腔相连。泵氧元就是利用氧化锆传感器的反作用原理，将电压施加于氧化锆组件（泵氧元）上，这样会造成氧离子的移动，把排气中的氧泵入测试腔当中，使感应室两侧的电压值维持在 0.45V。这个施加在泵氧元上变化的电压，才是氧含量信号。如果混合气太浓，那么排气中含氧量下降，此时从扩散孔溢出的氧较多，感应室的电压升高。为达到平衡发动机控制单元增加控制电流使泵氧元增加泵氧效率，使测试腔的氧含量增加，这样可以调节感应室的电压恢复到0.45V；相反，混合气太稀，则排气中的含氧量增加，这时氧要从扩散孔进入测试腔，感应室电压降低，此时泵氧元向外排出氧来平衡测试腔中的含氧量，使感应室的电压维持在0.45V。总而言之，加在泵氧元上的电压可以保证当测试腔内的氧多时，排出腔内的氧，这时发动机控制单元的控制电流是正电流；当腔内的氧少时，进行供氧，此时发动机控制单元的控制电流是负电流。以上过程供给泵氧元的电流就反映了排气中的剩余空气含量系数。

（7）爆燃传感器　爆燃传感器的结构如图5-48所示。该车采用两个爆燃传感器，分别安装在缸体进气侧1缸和2缸、3缸和4缸之间。当发动机发生爆燃时，气缸中产生的爆燃信号传递到爆燃传感器的压电陶瓷，在其上产生一个电压信号，控制单元根据这个电压信号识别出爆燃缸，并推迟该缸的点火。

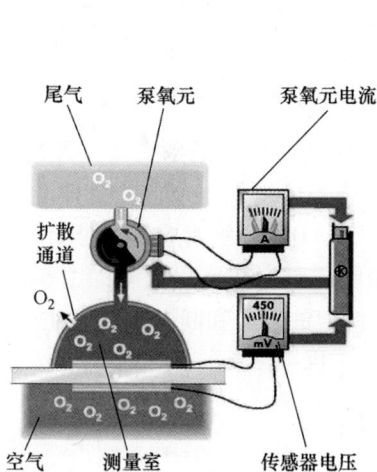

图 5-47　宽量程氧传感器原理

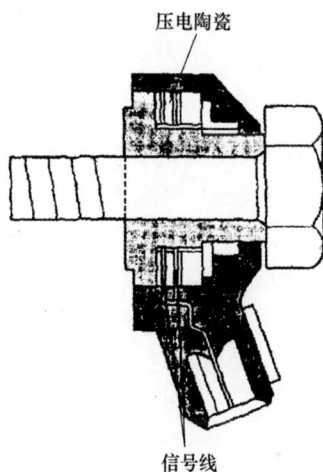

图 5-48　爆燃传感器

2. 执行元件

（1）节流阀体　节流阀体也称节气门控制单元，它采用整式结构，其结构如图5-49所示，主要由怠速开关、怠速节气门电位计、节气门电位计以及怠速电动机组成。这种整体式结构取消了节气门的旁通通道，怠速调节直接在节气门上进行。其最大的优点是减少了部件数目，减少了漏气的可能性，避免了一些故障的发生。

怠速开关、怠速节气门电位计、节气门电位计向控制单元提供节气门当前位置信息，属于传感器部分；怠速电动机是执行元件。在怠速范围内，控制单元根据各种信息，通过控制怠速电动机来调节怠速时节气门的开度，具体功能有：怠速时，怠速电动机根据发动机负荷和温度来控制节气门开大或关小，使发动机总工作在最佳怠速状态；当快速松开加速踏板时，怠速电动机可使节气门缓慢回位，直至到达所要求的怠速转速为止，起到了节气门缓冲器的作用；若电子控制怠速失效，节气门将保持在一个确定位置，控制单元对此不起作用。

（2）喷油器　喷油器（图5-50）装在进气门上方的进气管下体上，每一个气缸都装有一个喷油器，它是由电磁元件控制的。电控单元发出指令信号，可将喷油器头部的针阀打开，把精确配比的一定量燃油喷入进气门前，并与吸入进气歧管内的空气混合，混合后的可燃混合气进入气缸内点火燃烧。

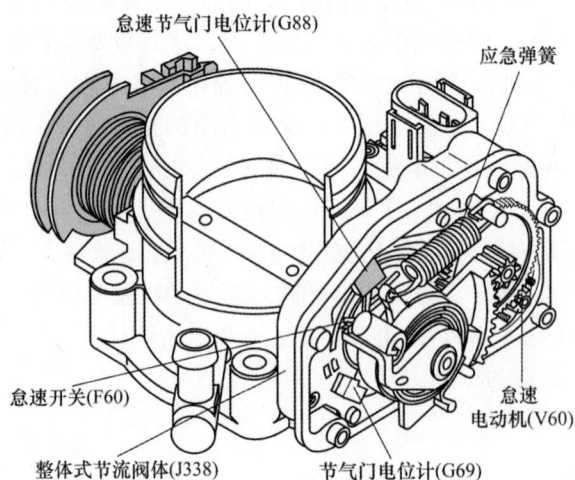

图 5-49　节气门控制单元

（3）点火线圈及终端能量输出极　点火系统中主要部件是点火线圈及终端能量输出极（末级功率）。点火线圈及终端能量输出极装在一个壳体里，固定在气缸体上，如图 5-51 所示。在点火线圈的壳体上有各缸排序标识 A、B、C、D，分别对应的缸号为 1、2、3、4。1、4 缸共用一个点火线圈，2、3 缸共用一个点火线圈，双火花点火线圈如图 5-52 所示。终端能量输出极根据控制单元指令控制点火线圈初级绕组的通电和断电，从而在点火线圈次级产生点火高压。

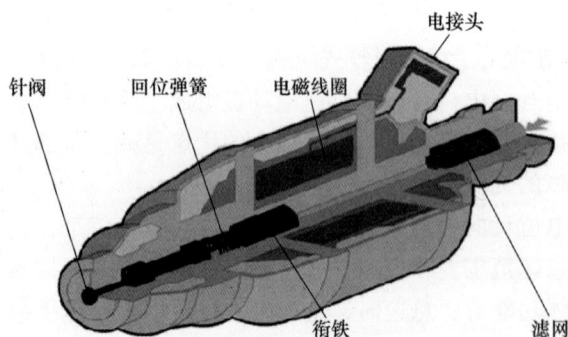

图 5-50　喷油器的结构

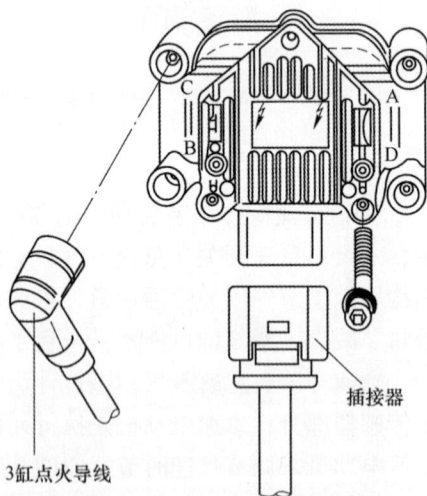

图 5-51　点火线圈及终端能量输出极

（4）附加信号　发动机控制单元要管理多个信息，它通过信号线与控制器或系统部件相联，如图 5-53 所示，通过这些附加信号与汽车上其他系统部件之间相互交换信息。

1）发动机转速。控制单元从发动机转速传感器获得发动机转速信号，并传递给转速表。

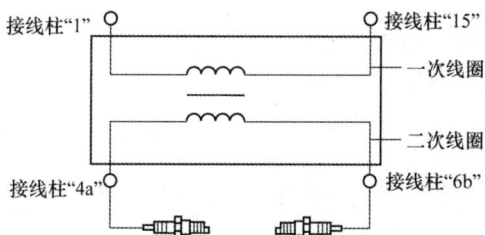

图 5-52 双火花点火线圈

扫一扫

点火模块检测

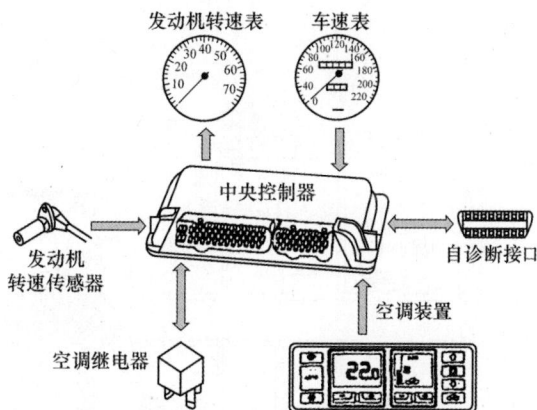

图 5-53 控制单元与其他系统的信息交换

2）空调压缩机信号。控制单元通过空调继电器与空调压缩机相联系。空调压缩机信号是双向传递的，一方面它可以向控制单元提供压缩机接通信息，由发动机控制单元控制节气门控制单元提高怠速转速；另一方面在发动机处于急加速到全负荷、应急运行、冷却液温度过高等工况时，控制单元将控制空调压缩机停止工作。

3）车速信号。控制单元从车速表上获得行驶速度信号，利用该信号由节气门控制单元进行怠速稳定控制。

（5）控制单元 发动机控制单元是一种具有80个针脚的电子综合控制装置，其外观如图5-54所示。

控制单元负责对发动机控制系统进行管理。它不仅控制燃油喷射系统，同时还具有点火控制、怠速控制、油箱通风控制、自诊断和备用控制等多种功能。具体功能如下。

① 给传感器提供基准电压，将所需输出的信息转变成控制单元所能接受的信号。

② 接收传感器或其他装置输入的各种信息。

③ 存储、计算、分析处理信息；存储该车的特征参数；计算输出值；存储运算中的数

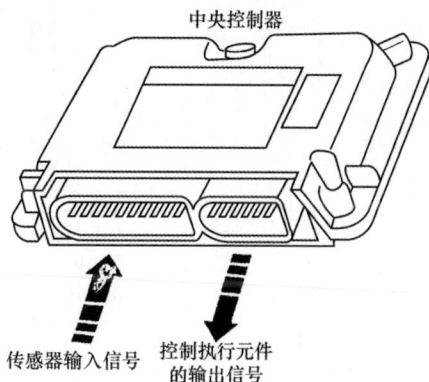

图 5-54 发动机控制单元外观

据；存储故障信息。

④ 运算分析。根据信息参数求出执行命令数值，并将输出信息与标准值比较。

⑤ 输出执行命令。把弱信号变为强的执行命令。

⑥ 自我修正功能（自适应功能）。

5.4.4 缸内燃油直喷电子控制系统

FSI 是 FuelStratifiedInjection 的缩写，意指燃油分层喷射，是直喷式汽油发动机领域的一项创新的革命性技术。FSI 系统使发动机的污染更小，燃油经济性更好，而且使发动机动力输出更加强劲。FSI 燃油系统的组成如图 5-55 所示。

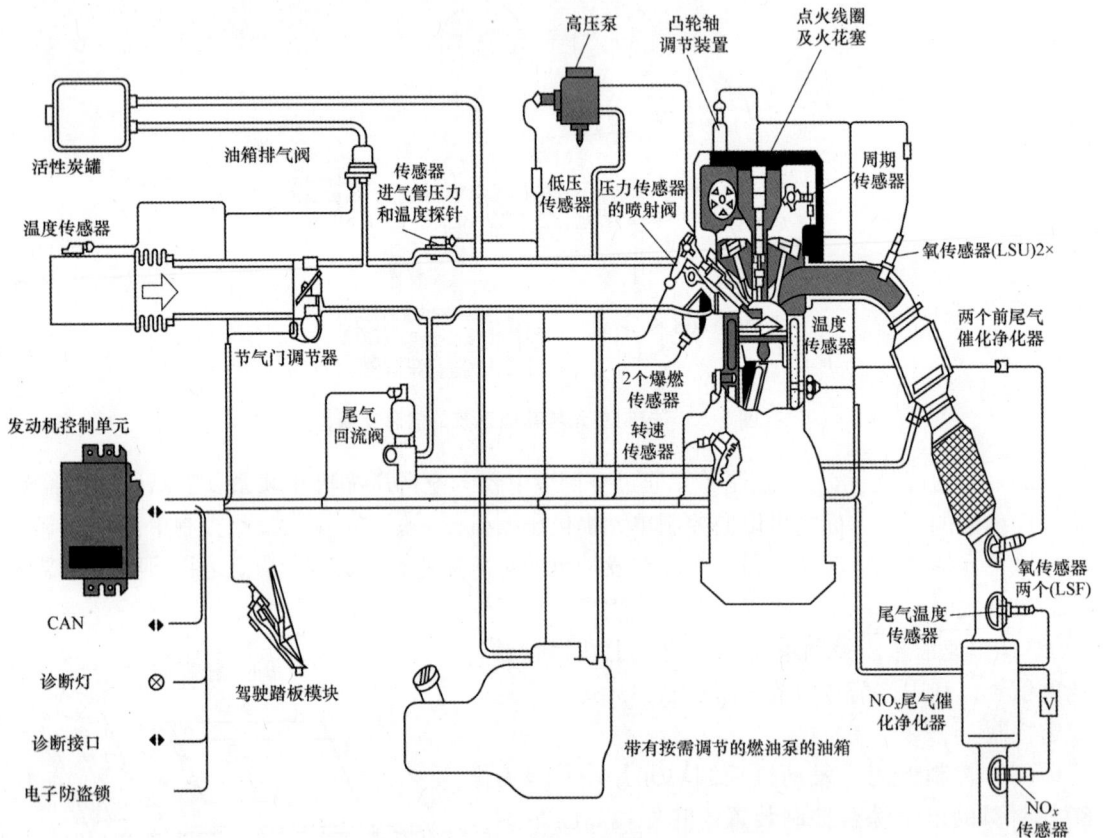

图 5-55　FSI 燃油系统的组成

将燃油直接喷射入气缸的 FSI 发动机相比将燃油喷射至进气歧管的传统发动机，其优点在于：

① 动力性显著提高。

② 输出更高的功率和转矩。

③ 燃油消耗可降低 15%。

在设计上，FSI 发动机与其他传统发动机的区别在于：与进气歧管喷射原理相反，FSI 发动机配备了按需控制的燃油供给系统，每缸四气门，还有可变进气歧管以及进排气凸轮轴连续可调装置。汽油被直接喷入燃烧室。单活塞高压泵的共轨高压喷射系统负责提供精确的燃料。同时，燃料室的几何设计以及毫秒级精确计算注入汽油量的功能大大提高了其压缩比。这也是高效发动机的必要先决条件。在进气道方面，FSI 发动机采用可变进气歧管。由电子系统控制所需的空气流量，实现了无节流变质调节，提高了充气效率，从而获得更高的升功率，而发动机的动态响应也变得更为直接。

推动这种进步的主要因素是部分负荷状态下的分层进气原理。直喷式汽油发动机采用类似于柴油发动机的供油技术，通过一个活塞泵提供所需的 10MPa 以上的压力，将汽油提供给位于气缸内的电磁喷油器。喷油器将喷射时间控制在 0.001 秒内，将燃料在最恰当的时间直接注入燃烧室，通过对燃烧室内部形状的设计，让混合气能产生较强的涡流使空气和汽油充分混合。然后使火花塞周围区域能有较浓的混合气，其他周边区域有较稀的混合气，保证了在顺利点火的情况下尽可能地实现稀薄燃烧。直喷发动机的另一个好处在于隔绝了已燃混合气向气缸壁和气缸盖的散热，从而降低了发动机的热损耗。

大众 FSI 发动机是利用一个高压泵，使汽油通过一个共轨管到达电磁控制的高压喷油器。它的特点是在进气道中产生可变涡流，使进气流形成最佳的涡流形态以分层填充的方式进入到燃烧室内，使混合气集中在位于燃烧室中央的火花塞周围。混合气的空燃比达到 25：1 以上，根据燃烧理论，这种稀薄混合气是无法点燃的，因此需要采用由浓至稀的分层燃烧方式。通过缸内空气的涌动，在火花塞周围形成易于点火的浓混合气，空燃比达到 12：1 左右，外层逐渐稀薄。混合气点燃后，燃烧迅速波及外层。FSI 发动机与传统的燃烧喷射系统在工作原理上有一定差异。主要表现在充气系统、燃油系统和排放系统等方面。

1. 进气系统

FSI 发动机采用的是类似柴油机工作方式将高压汽油直接喷入气缸爆发燃烧以获得动力。相对于传统的汽油发动机而言，采用这种工作方式后由于汽油直接喷入每一个气缸，结合稀薄燃烧技术，使汽油直喷发动机在部分负荷范围内使用专门的充气模式来工作成为现实。现在的 FSI 发动机具有 3 种工作方式，即分层充气模式、均质稀混合气模式、均质混合气模式，在不同的工况下采用不同的过量空气系数。FSI 发动机按照发动机负荷工况，基本上可以自动选择在低负荷时为分层稀薄燃烧，在高负荷时则为均质理论空燃比。在中间负荷状态时，采用稀质混合气模式。在 3 种运行模式中，燃料的喷射时间有所不同，真空作用的开关阀进行开启、关闭来控制进气气流。

（1）分层充气模式　这种工作模式中过量空气系数为 1.6 ~ 3。过量空气系数大于 1 为稀混合气，过量空气系数等于 1 为均质混合气。在分层充气模式下，空气经过接近全开的节气门（节气门不能完全打开，因为要保持一定的真空应用活性炭罐装置和废气再循环装置）引入燃烧室，因此进气歧管阀会将下部进气道完全关闭，这样吸入的空气在上部进气道流动速度就加快了，因此空气就会成旋涡状流入气缸内。活塞上的凹坑会增强这种旋涡流动效果，与此同时，节气门会进一步打开，以便尽量减少节流损失。在压缩行程上止点前约 60° 时，高压燃油以 10 ~ 15MPa 的压力喷入到火花塞附近。燃油的喷射时刻对混合气的形成有很大影响，混合气形成只发生在 40° ~ 50° 曲轴转角之间，如果曲轴转角小于这个范围，就无法点燃混合气，如果曲轴转角大于这个范围就变成均质充气了，如此稀薄的均质混合气是无法点燃的。由于燃油喷射角非常小，燃油雾气实际并不与活塞顶接触，即所谓的空气引入方式。并且只在火花塞附近聚集了具有良好点火性能的混合气，这些混合气在压缩行程中被点燃。另外在燃烧后被点燃的混合气与气缸壁之间会出现一个隔离用的空气层，它的作用是降低通过发动机缸体散发掉的热量，提高热效率。分层充气模式并不是在整个特性曲线范围内都能实现的。特性曲线范围受到限制是因为当负荷增大时也需要用较浓混合气，燃油消耗方面的优势也就随之降低了。

（2）均质稀混合气模式　这种工作模式的过量空气系数为 1.55 左右，在这种工作模式下，和分层充气模式一样，也是节气门开度大，进气歧管关闭。只不过在点火上止点前 300°左右时充入燃油，形成混合气的时间也就比较长，有利于形成均匀的稀混合气。均质稀混合气模式是一种特殊的工作模式，像分层充气模式一样也只能在一定的转速范围内工作，并且还需要满足以下条件。

① 没有与排放系统有关的故障。

② 冷却液温度必须超过 50℃。

③ 氮氧化物催化转换器的温度为 250～500℃ 范围内。

④ 进气阀必须保持关闭状态。

（3）均质混合气模式　均质混合气模式的过量空气系数为 1。节气门开度按照加速踏板的位置来控制，在发动机负荷较大且转速较高时进气阀就会完全打开，于是吸入的空气就经过上、下进气道进入气缸内。燃油喷射并不像分层充气模式那样在压缩行程时发生，而是发生在进气行程中，这样燃油和空气就有了更充足的时间混合，并且可以利用空气流动旋涡来击碎燃油颗粒，使燃油和空气混合得更加充分。均质混合气模式的优点在于燃油是直接喷入燃烧室内，而吸入的空气可以冲走一部分燃油汽化时所产生的热量。这种内部冷却可以降低爆燃趋势，因此可以提高发动机的压缩和热效率。在高负荷中进行的均质理论空燃比燃烧中，燃油则是在进气行程中喷射，理论空燃比的均质混合气易于燃烧，不必借助涡流作用。而在全负荷以外，进行废气再循环降低泵吸损失，采用直喷化可使压缩达到 6bar 的压力。FSI 发动机一般是以单柱塞高压泵将从低压系统中过来的燃油加压到 10～15MPa（取决于发动机的转速和负荷），然后送入共轨管，由共轨管再把燃油分配到各个高压喷油器。共轨管设计得足够大，以至于可以补偿在喷油时产生的挤压力轻微波动。为了能在较短的时间内喷出大量的燃油，FSI 发动机使用高达 92V 的直流电压来控制高压喷油器。

扫一扫

DFI 直接燃油喷射技术

2. 排放系统

缸内直喷技术是伴随着稀薄技术的产生而产生的，由于环保的需要及可持续发展的需求，除尽可能地减少 NO_x、CO、HC 这些有害气体外，尽量减少形成温室效应的二氧化碳和能源浪费成为当今发动机的发展方向。据试验，过量空气系数等于 3 的稀混合气模式下，发动机依然可以工作，因此采用 FSI 技术其节油效果达到 20%。稀薄燃烧技术的一个障碍是 NO_x 的进化，这是因为在富氧环境中会产生大量的 NO_x，为了解决此问题，FSI 发动机配置了储存式 NO_x 催化转换器。FSI 发动机的排气系统中，在靠近发动机一侧安装有常用的三元催化转换器，转化器的前、后各有一个氧传感器来监控工作状态。储存式 NO_x 催化转换器前部的排气温度传感器将测得的排气温度传给发动机控制单元，发动机控制单元用此温度计算储存式 NO_x 催化转换器的温度，将此信息用于下面两种情况。

1）在分层充气模式时混合气是比较稀的，并且 NO_x 只有在 250～500℃ 之间才能储存在

储存式 NO_x 催化转换器内。因此发动机控制单元用此信息监控分层充气模式时的排气温度，在温度达不到储存式 NO_x 催化转换器的正常工作要求时，通过发动机控制单元推迟点火时刻和工作模式等方式使之迅速达到催化的工作温度。

2）储存式 NO_x 催化转化器的结构和三元催化器的结构是一样的，转化器的涂层另外用氧化钡处理过，这就可使 NO_x 在温度为 250～500℃ 之间时通过形成的硝酸盐而储存起来。除了形成硝酸盐外，燃油中所含的硫也会储存起来。储存式 NO_x 催化转化器的储存能力是有限的，其饱和度由 NO_x 传感器来通知发动机控制单元，发动机控制单元会采取一定的措施来对储存式 NO_x 催化转化器进行还原。还原过程分成两种。

① NO_x 的还原。当储存式 NO_x 催化转化器内的 NO_x 的浓度超过发动机控制单元内的规定值时，就会发生 NO_x 的还原过程。发动机控制单元使得发动机从分层充气模式切换到均质模式，混合气变浓，排放的尾气温度升高，储存式 NO_x 催化转化器内的温度也就升高，因此所形成的硝酸盐就变得不稳定，当环境条件符合还原条件时，硝酸盐就可以分解了。这时，NO_x 就转换成了无害的氮气，储存的硝酸盐就清空了，该循环又重新开始。

② 硫的还原。这是一个单独的过程，因为产生的硫稳定性很高，这些硫在 NO_x 的还原过程中是不会分解的。硫也会占据储存空间，这会导致在较短的时间内储存式 NO_x 催化转化器会饱和。一旦超过了规定值，发动机控制系统就会采取从分层充气模式切换到均质模式工作或者是将点火时刻延迟等措施。这就会使 NO_x 催化转化器的工作温度提高到了 650℃ 左右，产生的硫就发生反应并形成二氧化硫，如果燃油中含硫较少，那么除去硫的时间间隔也长；但含硫较多时，就会经常进行这种还原过程。在大负荷、高转速行车时系统会自动除硫。

FSI 燃油分层喷射技术代表着传统汽油发动机发展的一个方向。传统的汽油发动机是通过 ECU 采集凸轮轴位置以及发动机各相关工况从而控制喷油器将汽油喷入进气歧管内的。但由于喷油器离燃烧室有一定距离，汽油同空气的混合情况受到进气气流和气门开度影响较大，并且微小的燃油颗粒会吸附在管道壁上，所以希望喷油器能够直接将燃油喷入气缸。另外，FSI 发动机对燃油品质的要求比较高。

【小　结】

1. 汽油的性能指标有蒸发性、抗爆性和热值。

2. 可燃混合气浓度表示方法有过量空气系数和空燃比。过量空气系数是指燃烧 1kg 燃料实际供给的空气质量与理论上 1kg 燃料完全燃烧所需要的空气质量之比，用 α 表示。α 等于 1 的可燃混合气定义为理论混合气；α 小于 1 为浓混合气；α 大于 1 为稀混合气。空燃比是指实际吸入发动机中空气的质量与燃料质量的比值，用 R 或 A/F 表示。A/F 等于 14.7 表示理论混合气；A/F 大于 14.7 为稀混合气；A/F 小于 14.7 为浓混合气。

3. 燃料消耗率最低时对应的可燃混合气为经济混合气，$\alpha = 1.05 \sim 1.15$。发动机输出最大功率时的可燃混合气为功率混合气，$\alpha = 0.85 \sim 0.95$。

4. 汽油机燃油供给系统的功用是根据发动机各工况的不同要求，准确地计量空气与燃油的混合比，并将一定数量和浓度的可燃混合气供入气缸，最后将燃烧做功后的废气排入大气。

5. 汽油发动机燃油供给系统主要由汽油供给系统、进气与废气排出系统、电子控制系统等几部分组成。包括油箱、电动汽油泵、汽油滤清器、燃油导轨、燃油压力调节器、喷油器、油管、空气滤清器、节流阀体、进气管、排气管、三元催化转化器、排气消声器、废气再循环系统、增压系统及燃油箱通风系统等。

6. 可变进气系统是通过进气系统的调谐作用，提高发动机的充气效率，以获得最佳的输出功率。

7. 废气涡轮增压是在发动机排量和转速不变的情况下，增加了流入发动机的空气量，提高了进气效率，因而可提高发动机的功率。废气涡轮增压系统主要由废气涡轮增压器、中冷器等组成。

8. 燃油电子喷射控制系统的主要作用是收集发动机的工况信号并确定最佳喷油量、最佳点火时刻。它由传感器、电控单元和执行元件组成。

9. 汽油缸内直喷与进气歧管喷射原理不同的是汽油被直接喷入到燃烧室。

【课后练习题】

1. 说明发动机各工况下对可燃混合气浓度的要求。表示混合气浓度的参数有哪些？
2. 电喷发动机汽油供给系统由哪些部件组成？
3. 可变进气系统是如何工作的？
4. 废气涡轮增压系统是如何工作的？
5. 汽油缸内直喷系统有何优点？

第6章

CHAPTER 6

柴油机燃油供给系统

【学习目标】

1. 能够叙述柴油的性能指标、柴油机可燃混合气的形成及燃烧过程。
2. 掌握柴油机燃油供给系统的组成及功用、柴油机燃烧室的结构类型及特点。
3. 掌握柱塞式喷油泵的结构、泵油原理、供油量及供油时刻调节原理；机械离心式调速器的结构及调速原理。
4. 掌握电子控制柴油机喷射系统的基本类型、结构组成及控制原理。

【学习导入】

了解了汽油机是如何形成混合气并进行混合气的供给之后，该同学提出疑问，汽油机和柴油机的混合气形成是不一样的，汽油机是在进气歧管形成混合气的，压缩行程压缩的是混合气，那柴油机呢？另外，柴油的挥发性不如汽油，那柴油机是如何供给混合气的呢？

6.1 概述

目前，柴油机的应用非常广泛，不但用于重型汽车、超重型汽车，而且在轻型货车、轿车上的应用也越来越多。用于轿车上的柴油机主要采用电子控制燃油喷射系统。

6.1.1 柴油

柴油是在 260~352℃ 的温度范围内由石油中提炼出来的碳氢化合物，其中各成分质量分别是碳87%、氢12.6%、氧0.4%。

柴油的使用性能指标主要是发火性、蒸发性、黏度和凝点。

1. 发火性

发火性是指柴油的自燃能力。柴油机工作时，柴油被喷入燃烧室后，并非立即着火燃烧，而要经过一段时间的物理和化学准备，这个准备时间称为备燃期。柴油的发火性用十六烷值表示，十六烷值越高，发火性越好。但十六烷值过高的柴油喷入燃烧室后，还来不及与空气充分混合就着火，使柴油在高温下裂解分离出大量的游离碳，造成油耗、烟度上升。因此，一般汽车用柴油的十六烷值应在 40 ~ 50 范围内。

2. 蒸发性

蒸发性是指柴油汽化的特性，是通过蒸馏试验来确定的，需要测量馏程为 50%、90% 及 95% 馏出温度。同一相对蒸发量的馏出温度越低，越有利于可燃混合气的形成与燃烧，越有利于起动，但同时也会使柴油机工作粗暴。反之，若燃料中重馏分含量过多，则会造成雾化不良、汽化缓慢，使燃烧不完全而产生严重的积炭现象。

3. 黏度

黏度决定柴油的流动性。黏度过大的柴油，流动阻力也过大，难以沉淀、滤清，影响喷雾质量；反之，黏度过小的柴油，将增加精密偶件工作表面间的柴油漏失量，并加剧这些表面的磨损。因此应选用黏度合适的柴油。

4. 凝点

凝点是表示柴油冷却到开始失去流动性的温度。柴油的凝点应比柴油机最低工作温度低 3 ~ 5℃以上。凝点过高将造成油路堵塞。

汽车用柴油机是高转速的，采用轻柴油。轻柴油的牌号即根据凝点编定，如 10 号、0 号和 -35 号轻柴油的凝点分别为 10℃、0℃和 -35℃。

为降低柴油的凝点，改善其低温流动性，使用时可在其中掺入裂化煤油或添加降凝剂。

扫一扫

柴油品质对
汽车的影响

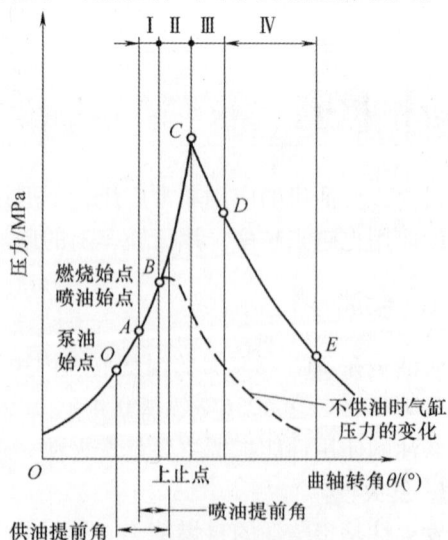

6.1.2 可燃混合气的形成与燃烧

与汽油机相比，柴油机可燃混合气的形成与燃烧条件要差得多。在柴油机工作中，进气行程进入气缸的是纯空气，只是在压缩行程接近终了时刻，才将高压柴油喷入燃烧室。喷油持续时间只占 15° ~ 35° 曲轴转角，所形成的可燃混合气很不均匀，在燃烧室的不同区域以及不同时期，可燃混合气的浓度相差都很大。

根据气缸中压力和温度的变化特点，可将混合气的形成与燃烧过程按曲轴转角划分为四个阶段，如图 6-1 所示。

1）备燃期 I：是指喷油器喷油始点 A 到燃烧始点 B 之间的曲轴转角。这一期间进行着燃烧前的物理和化学准备过程。

2）速燃期 II：是指从燃烧始点 B 到气缸内压力达最高的 C 点之间的曲轴转角。火焰自火源迅速向四周推进，上一时期积存的柴油以及在此期间陆续喷入的柴油，在已燃气体的高温作用下，迅速蒸发、混合和燃烧，使气缸内压力和温度急剧上升，最高压力可达 6 ~ 9MPa，一般出现在上止点后 6° ~ 15° 曲轴转角处。这一时期的放热量为每循环放热量的 30% 左右。

图 6-1 气缸压力与曲轴转角的关系

I—备燃期　II—速燃期　III—缓燃期　IV—后燃期

3）缓燃期Ⅲ：是指从最高压力点 C 到最高温度点 D 之间的曲轴转角。在此期间，燃烧以很快的速度继续进行，后期由于氧气缺少，废气增加，燃烧速度越来越慢。此期间的压力逐渐下降，但燃气温度还在继续升高，最高温度可达 1700～2000℃，一般出现在上止点后 20°～35°曲轴转角处。喷油是在 D 点以前结束的，缓燃期内的放热量为每循环放热量的 70% 左右。

4）后燃期Ⅳ：从最高温度点 D 到柴油已基本上完全燃烧的 E 点之间的曲轴转角。燃烧是在逐渐恶化的条件下缓慢进行直至停止的。在此期间，压力和温度均下降。为防止柴油机过热，应尽量缩短后燃期。加强燃烧室内气体的运动，改善混合气的形成条件，是缩短后燃期的有效措施。

综上所述，柴油机的工作特点是工作粗暴、排气冒烟、噪声大。从喷油开始到燃烧结束，仅占 50°～60° 的曲轴转角，可燃混合气形成的时间极短、空间极小。因此，在这段时间里，提高燃料的雾化程度、加强气流的运动强度、改善燃烧后期的燃烧条件，是提高柴油机动力性和经济性的有效途径。

6.1.3　燃烧室

由于柴油机可燃混合气的形成和燃烧主要是在燃烧室内进行的，所以燃烧室的形状对可燃混合气的形成和燃烧有着直接的影响。

柴油机的燃烧室按其结构形式可分为统一式燃烧室和分隔式燃烧室两大类。

1. 统一式燃烧室

统一式燃烧室常见的结构形式如图 6-2 所示，燃烧室是由凹形活塞顶与气缸盖底面所围成的一个内腔。采用这种燃烧室的发动机，燃油自喷油器直接喷射到燃烧室中，借喷出油柱的形状和燃烧室形状的匹配，以及室内的空气涡流运动，迅速形成混合气。此种燃烧室又称为直接喷射式燃烧室。常见的有 ω 形和球形两种形式。ω 形燃烧室的活塞凹顶剖面轮廓呈 ω 形（图 6-2a）。这种燃烧室要求喷油压力较高，一般为 17～22MPa，并应采用小孔径的多孔喷油器，以使喷注形状与燃烧室形状大致相符。

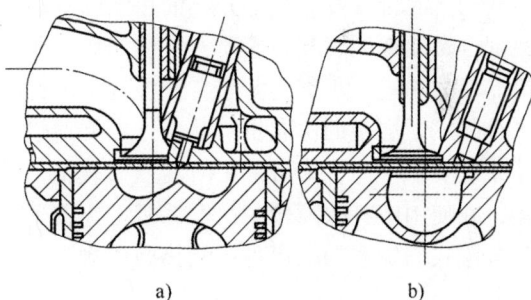

a)　　　　　　　　b)

图 6-2　统一式燃烧室
a) ω 形燃烧室　b) 球形燃烧室

ω 形燃烧室的优点是：形状简单，易于加工；结构紧凑、散热面积小、热效率高；起动性能好。

ω 形燃烧室的缺点是：所要求的喷油压力高，对喷油泵和喷油器中配合偶件加工精度要求较高；多孔喷油器的喷孔直径小，易堵塞；发动机工作比较粗暴。

球形燃烧室的活塞凹顶表面轮廓呈球形（图 6-2b）。采用单孔或双孔喷油器，发动机工作比较柔和。其缺点是发动机起动较困难。

2. 分隔式燃烧室

分隔式燃烧室由两部分组成，一部分由活塞顶与缸盖底面围成，称为主燃烧室；另一部分在气缸盖中，称为副燃烧室。主、副燃烧室之间由一个或几个孔道相连通。分隔式燃烧室的常见形式有涡流室式燃烧室和预燃室式燃烧室，如图 6-3 所示。

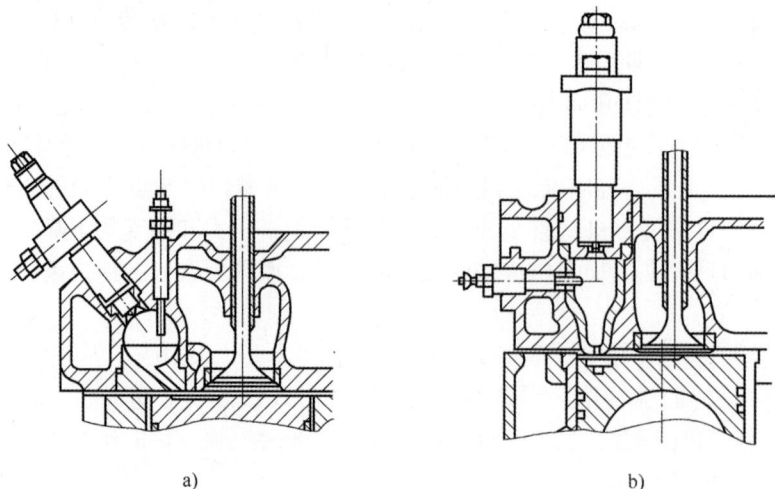

图6-3　分隔式燃烧室
a）涡流室式　b）预燃室式

（1）涡流室式燃烧室　涡流室式燃烧室的副燃烧室呈球形或圆柱形，借与其内壁相切的孔道与主燃烧室连通，在压缩行程中，空气从气缸被挤入涡流室时形成强烈的有规则的涡流。喷入涡流室的燃油通过这种强烈的涡流与空气迅速地完成混合。大部分燃油在涡流室内燃烧，未燃部分在做功行程初期与高压燃气一起通过切向孔道喷入主燃烧室，进一步与空气混合燃烧。

（2）预燃室式燃烧室　预燃室式燃烧室连通预燃室与主燃烧室的孔道直径较小，在压缩行程中空气从气缸进入预燃室时产生无规则的紊流运动。喷入的燃油依靠空气紊流的扰动与空气初步混合，并有小部分燃油在预燃室内开始燃烧，使预燃室内气压急剧升高，未燃烧的大部分燃油连同燃气高速喷入主燃烧室。此时由于窄小孔道的节流作用，在燃烧室中产生涡流，使燃油进一步雾化并与空气混合实现完全燃烧。

分隔式燃烧室的优点是：混合气主要通过强烈的空气运动形成，对喷油系统要求不高，即可采用喷油压力较低（12～14MPa）的轴针式喷油器，在使用中其故障较少；发动机工作较平稳，排气污染少。

分隔式燃烧室的缺点是：散热面积大，热效率低，经济性较差，起动性差。

扫一扫

柴油机燃烧室
的两种形式

6.1.4　柴油机燃油供给系统的组成

柴油机燃油供给系统一般由柴油箱、柴油粗滤器、输油泵、柴油细滤器、喷油泵、调速器、喷油器及油管等部件组成。其中喷油泵是柴油机燃油供给系统中的关键部件。目前，柱塞式喷油泵和分配式喷油泵是柴油机燃油供给系统中广泛应用的两种喷油泵。

如图6-4所示是装有柱塞式喷油泵的柴油机燃油供给系统示意图。发动机工作时，输油泵2经吸油管12将柴油自柴油箱13内吸出，经柴油粗滤器14滤清后，并将柴油压力提高到0.15～0.30MPa，再经柴油细滤器4滤去杂质后送至喷油泵6，喷油泵6将柴油压力进一步提高至10MPa以上，通过高压油管5泵入喷油器7，喷油器7再将柴油以雾状喷入燃烧室并与空气混合后自行着火燃烧。输油泵2供给的多余柴油以及喷油器顶部回油孔流出的少量柴油，都经回油管9流回柴油箱。

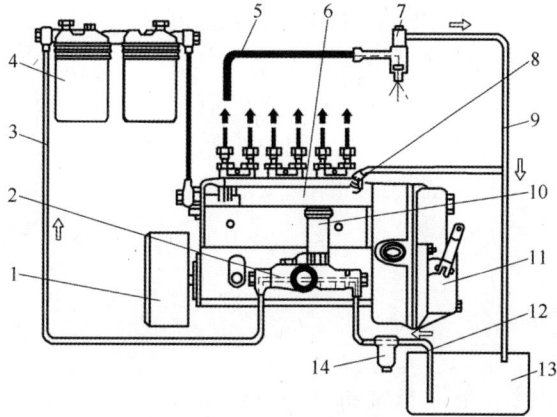

图 6-4　装有柱塞式喷油泵的柴油机燃油供给系统示意图

1—供油提前调节器　2—输油泵　3—低压油管　4—柴油细滤器　5—高压油管
6—喷油泵　7—喷油器　8—限压阀　9—回油管　10—手油泵
11—调速器　12—吸油管　13—柴油箱　14—柴油粗滤器

如图 6-5 所示是装有分配式喷油泵的柴油机燃油供给系统示意图。它是由凸轮驱动的一级输油泵将燃油从燃油箱内吸出后产生一定的压力通过燃油滤清器滤清后输送到二级输油泵，再由二级输油泵将压力提高到 40~50MPa 后输送到分配泵，由分配泵将压力进一步提高到 50MPa 以上并按发动机工作顺序将高压油送到各个气缸的喷油器喷入燃烧室，多余的燃油流回燃油箱。

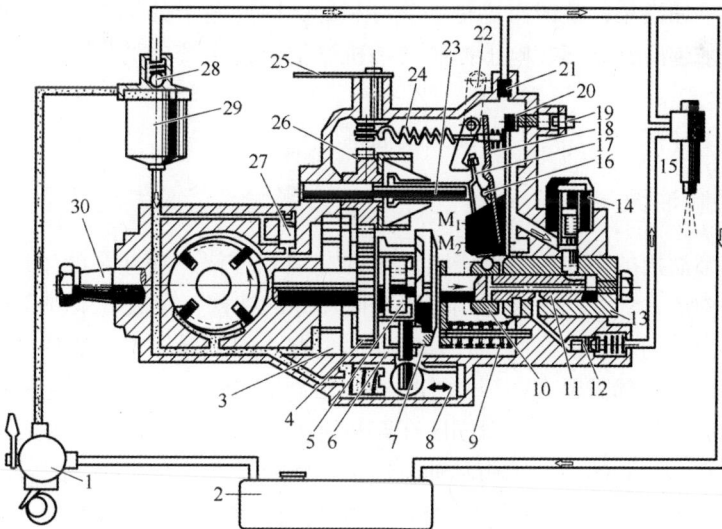

图 6-5　装有分配式喷油泵的柴油机燃油供给系统示意图

1—一级输油泵　2—燃油箱　3—二级输油泵　4—调速器驱动齿轮　5—联轴器　6—滚轮及滚轮圈　7—端面凸轮
8—供油提前调节器　9—分配柱塞回位弹簧　10—油量控制滑套　11—分配柱塞　12—出油阀　13—分配套筒
14—电磁式断油阀　15—喷油器　16—张紧杠杆限位销钉　17—起动杠杆　18—张紧杠杆
19—全负荷供油量调节螺钉　20—校准杆　21—溢油节流孔　22—停机手柄　23—调速套筒　24—调速弹簧
25—调速控制杆　26—飞块总成　27—调压阀　28—溢流阀　29—燃油细滤器　30—分配泵驱动轴

除上述燃油供给装置外，柴油机燃油供给系统还包括空气供给装置、混合气形成装置及废气排出装置。空气供给装置由空气滤清器、进气管和进气道组成，有的还装有空气增压器及中冷器；混合气形成装置为燃烧室；废气排出装置由排气道、排气管和排气消声器组成。

扫一扫

柴油机燃油供给系统的组成

6.2　喷油泵

喷油泵又称为高压油泵。它是柴油机燃油供给系统中最重要的一个总成。它的功用是根据发动机的不同工况，定时、定量地向喷油器输送高压柴油。

喷油泵的结构形式较多，车用柴油机的喷油泵按作用原理不同，可分为三类。

（1）柱塞式喷油泵　这种喷油泵应用的历史较长，性能良好，工作可靠，为目前大多数汽车柴油机所采用。

（2）喷油泵—喷油器　将喷油泵和喷油器合为一体，直接安装在发动机气缸盖上，可以消除高压油管带来的不利影响，但要求在发动机上另加驱动机构。另外，在电子控制燃油喷射系统中也有应用。

（3）转子分配式喷油泵　这种喷油泵只有一对柱塞副，依靠转子的转动实现燃油的增压与分配。它具有体积小、质量轻、成本低、使用方便等优点。尤其是体积小，对发动机和汽车的整体布置是十分有利的，因此转子分配式喷油泵的应用将越来越广，尤其在电子控制柴油机燃油喷射系统中的应用会大有前景。

下面主要介绍柱塞式喷油泵和分配式喷油泵。

扫一扫

柴油喷油泵

6.2.1　柱塞式喷油泵

为满足各种柴油机的需要，有利于喷油泵的制造和维修，喷油泵的生产是以柱塞行程、泵缸中心距和结构形式为基础，再分别配以不同尺寸的柱塞，组成若干种在一个工作循环内供油量不等的几个系列。目前，国产柱塞式喷油泵有 A 系列泵、B 系列泵和 P 系列泵等。

发动机的每个气缸都需要有一套泵油机构，几个相同的泵油机构装置在同一泵体上就构成了多缸发动机喷油泵。喷油泵一般固定在柴油机机体一侧的支架上，由柴油机曲轴通过齿轮驱动，齿轮轴和喷油泵的凸轮轴用联轴节连接，调速器安装在喷油泵的后端。

A 型喷油泵的结构如图 6-6 所示，是由分泵、油量调节机构、传动机构和泵体四部分组成。

1. 分泵

对多缸喷油泵来讲，它是将与发动机缸数相同的几组泵油机构装置在同一壳体内形成的。其中每组泵油机构称为分泵。

分泵主要由柱塞偶件（柱塞 21 和柱塞套 22）、柱塞弹簧 25、弹簧上下支座 24 和 26、出油阀偶件（出油阀 18 和出油阀座 17）、出油阀弹簧 15、减容器 16 等组成。

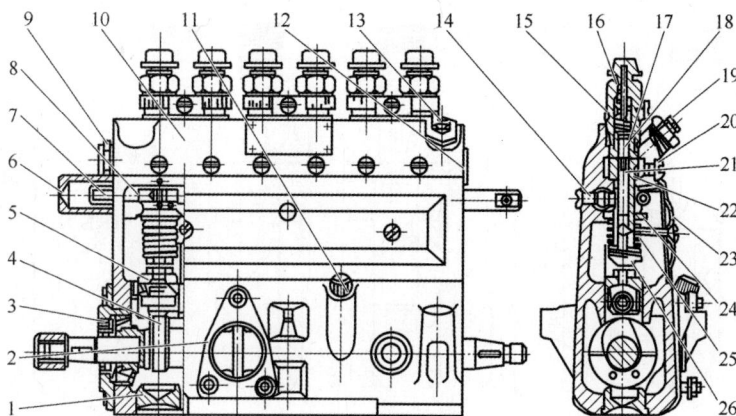

图 6-6 A 型喷油泵

1—螺塞 2—衬垫 3—凸轮轴轴承盖 4—凸轮轴 5—滚轮架 6—齿杆端罩 7—供油齿杆
8—齿圈 9、12—油管接头座 10—泵体 11—油尺 13—放气螺钉 14—齿杆限位螺钉
15—出油阀弹簧 16—减容器 17—出油阀座 18—出油阀 19—密封垫 20—挡油螺钉 21—柱塞
22—柱塞套 23—侧盖 24—弹簧上支座 25—柱塞弹簧 26—弹簧下支座

柱塞 21 上部的圆柱表面铣有斜槽，斜槽底部与柱塞顶面有孔道相通（图 6-7）。柱塞套 22 装入喷油泵体 10 的座孔中，柱塞套上有进油孔，此孔与泵体内的低压油腔相通。为防止柱塞套转动，用销钉固定。柱塞和柱塞套是喷油泵中的精密偶件，两者用优质合金钢制造，以 0.0015～0.0025mm 的间隙高精度配合，经研磨选配，不能互换，以保证燃油的增压和柱塞偶件的润滑。

柱塞弹簧 25 通过弹簧上支座 24 支承于泵体上，弹簧下端通过下支座 26 支承在柱塞上，装配时有预紧力，依靠弹簧力柱塞压紧在滚轮架 5 的上端面上。柱塞由喷油泵凸轮轴 4 上的凸轮驱动，并在柱塞弹簧的作用下，在柱塞套内做往复运动。此外，它还可以绕自身轴线在一定角度范围内转动。

出油阀和出油阀座也是喷油泵的精密偶件，两者的密合间隙为 0.10mm 左右，其密封锥面经配对研磨，不能互换。出油阀偶件位于柱塞套的上面，两者接合平面要求密封。拧入出油阀压紧座，将出油阀座 17 压紧在柱塞套 22 上，同时又使出油阀弹簧 15 将出油阀 18 压紧在出油阀座 17 上。为保证供油压力不低于规定值，出油阀弹簧在装配时应具有一定的预紧力。

分泵的工作原理如图 6-7 所示。当柱塞 1 向下移动时（图 6-7a）燃油自低压油腔经柱塞套 2 上的油孔 4 和 8 被吸入并充满泵腔，在柱塞自下止点上移的过程中，开始有一部分燃油被从泵腔挤回低压油腔，直到柱塞上部的圆柱面将两个油孔完全封闭为止，此后柱塞继续上升（图 6-7b），泵腔内的燃油压力迅速增高，当此压力增高到足以克服出油阀弹簧 7 的作用力时，出油阀 6 即开始上移。当出油阀的圆柱形环带离开出油阀座 5 时，高压燃油便自泵腔通过高压油管流向喷油器。当柱塞继续上移至如图 6-7c 所示位置时，斜槽 3 同油孔 4 和 8 开始接通，于是泵腔内的油压迅速下降，出油阀 6 在出油阀弹簧 7 的作用下迅速回位，喷油泵停止供油。

由上述泵油过程可知，在柱塞上移的整个行程中，并非全部供油。柱塞由下止点到上止

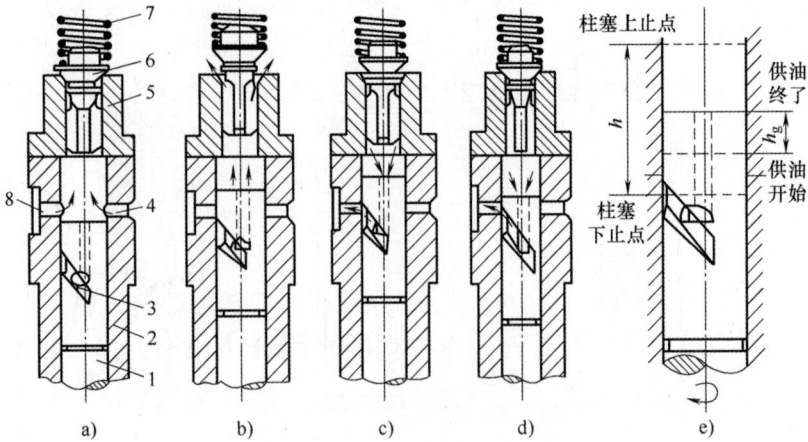

图 6-7　柱塞式喷油泵泵油原理

1—柱塞　2—柱塞套　3—斜槽　4、8—油孔　5—出油阀座　6—出油阀　7—出油阀弹簧

点所经历的行程为柱塞行程 h（图 6-7e），它的大小取决于驱动凸轮的轮廓。而喷油泵只是在柱塞完全封闭油孔 4 和 8 之后到柱塞斜槽 3 和油孔 4 和 8 开始接通之前的这一部分柱塞行程 h_g 内才泵油。h_g 为柱塞的有效行程。显然，喷油泵每次的泵油量取决于柱塞的有效行程 h_g 的大小。因此，欲使喷油泵能随发动机工况不同而改变供油量，只需改变柱塞的有效行程即可，一般通过改变柱塞斜槽和柱塞套油孔的相对角位置来实现。如将柱塞按如图 6-7e 中箭头所示的方向转动一个角度，柱塞有效行程就增加，供油量也增加；反之供油量则减少。当柱塞转到如图 6-7d 所示位置时，柱塞根本不可能封闭油孔 4 和 8，因而有效行程为零，即喷油泵处于不泵油状态。

出油阀的结构与工作原理如图 6-8 所示。出油阀 2 的上部呈圆锥形，与出油阀座 5 相应的锥面配合。锥面下有一个短的圆柱面 3，称为减压环带，其作用是在喷油泵停止供油后迅速降低高压油管中的燃油压力，使喷油器能够立即停止喷油。出油阀的尾部与出油阀座 5 内孔作滑动配合，为出油阀的运动导向，尾部开有纵切槽 4，形成十字形断面，以构成油流通路。

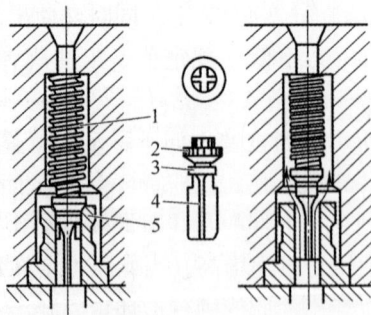

图 6-8　出油阀的结构与工作原理

1—出油阀弹簧　2—出油阀　3—减压环带　4—纵向槽　5—出油阀座

当柱塞上升到封闭柱塞套进油孔时，泵腔内油压升高，克服出油阀弹簧预紧力后，出油

阀开始上升，出油阀的密封锥面离开出油阀座，但此时还不能立即供油，直到减压环带完全离开出油阀座的导向孔时，才有燃油进入高压管路，使管路油压升高；当柱塞下落时，出油阀在出油阀弹簧的作用下开始回位，当减压环带一经进入导向孔，泵腔与出油孔便被切断，于是燃油停止进入高压油管；出油阀再继续下降直到密封锥面贴合时，由于出油阀体本身所让出的容积，使高压油管内的压力迅速降低，喷油就可以立即停止，故可避免喷油发生滴漏现象。

2. 油量调节机构

油量调节机构的作用是根据柴油机负荷和转速的变化相应地改变喷油泵的供油量并保证各缸的供油量一致。

由喷油泵的工作原理可知，喷油泵的供油量可通过转动柱塞以改变柱塞的有效行程的办法来改变。

A 型喷油泵采用齿杆式油量调节机构，如图 6-9 所示。柱塞 12 下端的榫舌嵌入控制套筒 7 相应的切槽中，控制套筒 7 松套在柱塞套 15 上，在控制套筒上部套装一个可调齿圈 13 并用螺钉锁紧，可调齿圈 13 和油量调节齿杆 6 相啮合，油量调节齿杆的轴向位置由驾驶人或调速器控制。柱塞旋转机构的工作情况如图 6-10 所示。移动油量调节齿杆 6 时，可调齿圈 13 连同控制套筒 7 带动柱塞 12 相对于固定不动的柱塞套 15 转动，这样就改变了柱塞圆柱表面上斜槽与进油孔的相对角位置，即改变了柱塞的有效行程，实现了供油量的调节。

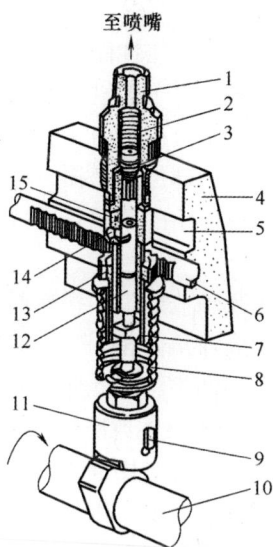

图 6-9　齿杆式油量调节机构

1—出油阀压紧座　2—出油阀弹簧　3—出油阀　4—喷油泵壳体
5—低压油腔　6—油量调节齿杆　7—控制套筒　8—柱塞弹簧
9—导块　10—凸轮轴　11—滚轮架　12—柱塞　13—可调齿圈
14—进油孔　15—柱塞套

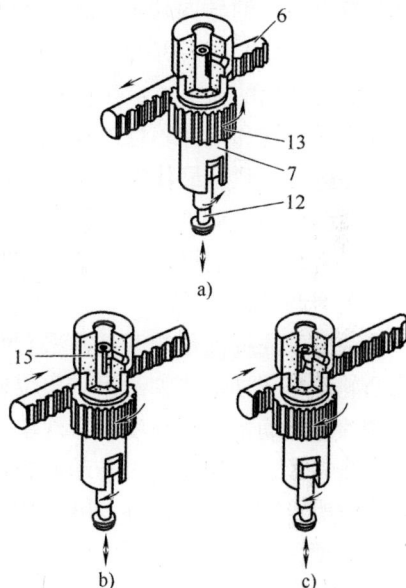

图 6-10　柱塞旋转机构

a）不供油　b）部分供油　c）供油量最大
6—油量调节齿杆　7—控制套筒　12—柱塞
13—可调齿圈　15—柱塞套

各缸供油均匀性可通过改变可调齿圈 13 与控制套筒 7 的相对角位置来调整。即松开可调齿圈，按调整的需要使控制套筒 7 与柱塞 12 一起相对于可调齿圈转过一定角度，再将可调齿圈锁紧在控制套筒上。

齿杆式油量调节机构的特点是传动平稳，但制造成本较高。

3. 传动机构

传动机构由喷油泵凸轮轴和滚轮传动部件组成。喷油泵凸轮轴的两端通过圆锥滚子轴承支承在喷油泵壳体上，前端装有联轴节和供油提前调节器，后部与调速器相连。喷油泵的凸轮轴是由柴油机的曲轴通过齿轮机构驱动。

滚轮传动部件的功用是将凸轮的旋转运动转变为自身的往复直线运动，推动柱塞上行供油。此外，滚轮传动部件还可以用来调整各分泵的供油提前角，为了保证供油提前角的正确性，滚轮传动部件的高度一般都是可调的。

国产 A 型喷油泵滚轮传动部件如图 6-11 所示。滚轮 1 带有滚轮衬套 2 并松套在滚轮轴 3 上，滚轮轴支承于滚轮架 6 的座孔中。滚轮传动部件在喷油泵壳体导孔中上、下往复运动时，要求不能转动，否则就会和凸轮相互卡死而造成损坏。因此，对滚轮传动部件要有导向定位措施。其定位方法有两种：一是在滚轮架外圆柱面上开轴向长槽，用定位螺钉的端头插入此槽中；二是利用固定在滚轮架上的导向块插入壳体导向孔一侧的滑槽中。

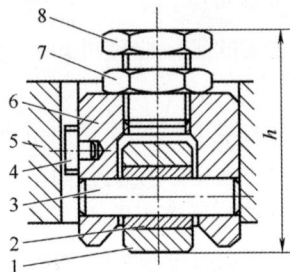

图 6-11　滚轮传动部件

1—滚轮　2—滚轮衬套　3—滚轮轴　4—导向块　5—泵体　6—滚轮架　7—锁紧螺母　8—调整螺钉

喷油泵泵油的迟早决定喷油器喷油的迟早，它对柴油机的工作性能影响很大。为保证形成良好的混合气和改善燃烧过程，必须有一定的喷油提前角，对于多缸柴油机，还应保证各缸喷油提前角一致。最佳喷油提前角是在柴油机额定转速与全负荷下由实验确定的，它的数值因柴油性能和发动机工况而异。同时由于凸轮和滚轮等传动部件的磨损，喷油提前角也有所改变。为此，喷油提前角必须可以调整。实际上，喷油提前角的调整是通过对喷油泵的供油提前角的调整而实现的。

喷油泵供油提前角的调整方法有两种：一是通过调整联轴节或供油提前调节器来改变喷油泵凸轮轴与柴油机曲轴的相对角位置，使各分泵的供油提前角做相同数量的调整；二是通过改变滚轮传动部件的高度，实现单个分泵的供油提前角的调整，以此保证多缸发动机的供油提前角一致。此法是通过转动调整螺钉 8（图 6-11）来实现的。当松开锁紧螺母 7 拧出调整螺钉 8 时，滚轮传动部件高度 h 增大，供油提前角增大；反之，供油提前角减小。这种结构调整方便，调整时不必拆开壳体，但必须注意螺钉不能拧出太多，因为柱塞上止点距出油阀座只有 0.4～1.0mm 的间隙，以防碰撞损坏。另外，调整合适后应及时锁紧。

6.2.2　分配式喷油泵

分配式喷油泵简称分配泵，按其结构不同，分为轴向压缩式分配泵和径向压缩式分配泵两种。轴向压缩式分配泵应用广泛。

1. 轴向压缩式分配泵的结构

轴向压缩式分配泵也称 VE 泵，其结构如图 6-12 所示。该泵主要由联轴器、二级滑片式输油泵、高压泵头、供油提前调节器和调速器等组成。联轴器和高压泵头部分的结构如

图6-13所示。动力经分配泵驱动轴 1、调速器驱动齿轮 2、联轴器 3 输入给端面凸轮盘 5，端面凸轮盘 5 左端面上具有与发动机缸数相同的凸轮。利用端面凸轮盘上的传动销带动分配柱塞 7 旋转。在转动过程中，当端面凸轮盘上的凸轮与滚轮相抵靠时，凸轮盘和分配柱塞因受滚轮推力作用而向右移动至极限位置；当凸轮转过时，凸轮盘在柱塞回位弹簧的作用下左移直至端面凸轮盘凹部与滚轮相抵靠为止。由此可见，分配柱塞在转动的同时，又有轴向往复移动。分配柱塞一圈内往复移动的次数等于端面凸轮盘的凸轮数，即发动机的缸数。

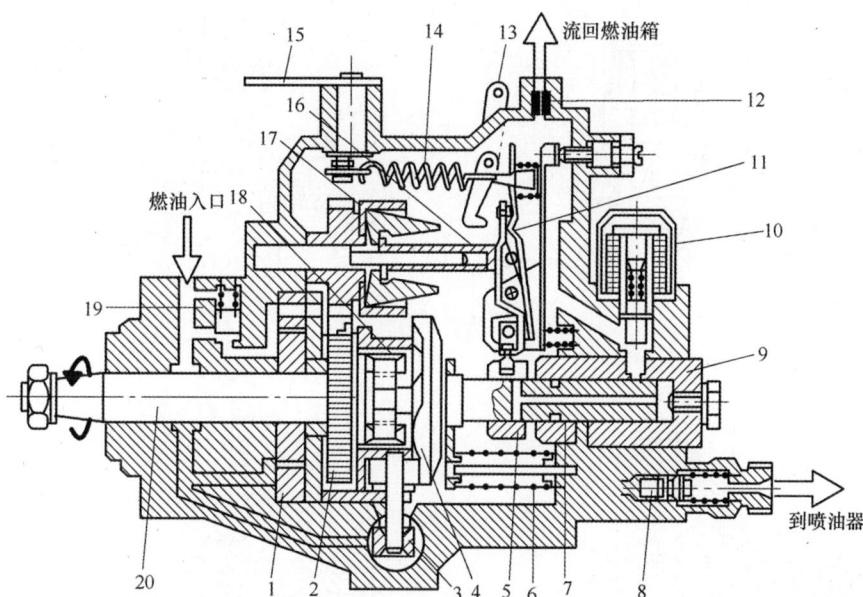

图 6-12　轴向压缩式分配泵

1—二级滑片式输油泵　2—调速器驱动齿轮　3—供油提前调节器　4—端面凸轮盘　5—油量控制滑套
6—柱塞回位弹簧　7—分配柱塞　8—出油阀　9—分配套筒　10—断油阀　11—调速器张紧杠杆
12—溢流节流孔　13—停机手柄　14—调速弹簧　15—控制杆　16—调速滑套　17—飞块
18—联轴器　19—调压阀　20—驱动轴

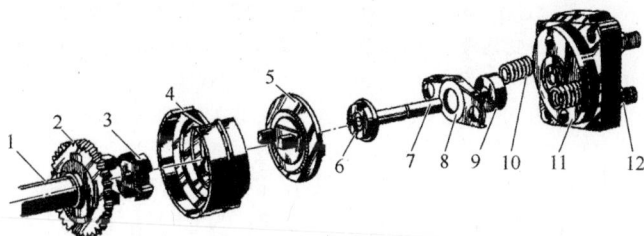

图 6-13　联轴器及高压泵头部分的结构

1—驱动轴　2—调速器驱动齿轮　3—联轴器　4—滚轮架　5—端面凸轮盘　6—分配柱塞凸缘
7—分配柱塞　8—弹簧架　9—控制滑套　10—回位弹簧　11—分配头　12—出油阀座

二级滑片式输油泵的转子用键与驱动轴连接，在驱动轴旋转时，二级滑片式输油泵即可工作，为燃油系统建立一定的油压。

供油提前调节器安装在泵体下部，其作用是根据发动机转速变化，自动调节分配泵的供油时刻。

2. 轴向压缩式分配泵的工作原理

VE 型分配泵由一个泵油元件向多个气缸供油，柱塞右端为压油部分，沿周向均布四个轴向进油槽，柴油通过进油道和柱塞上的进油槽进入压油腔内。柱塞的中心有轴向油道，柱塞中部的配油槽有径向油孔与中心油道相通。中心油道的末端与泄油孔相连。

高压泵的工作过程如图 6-14 所示。

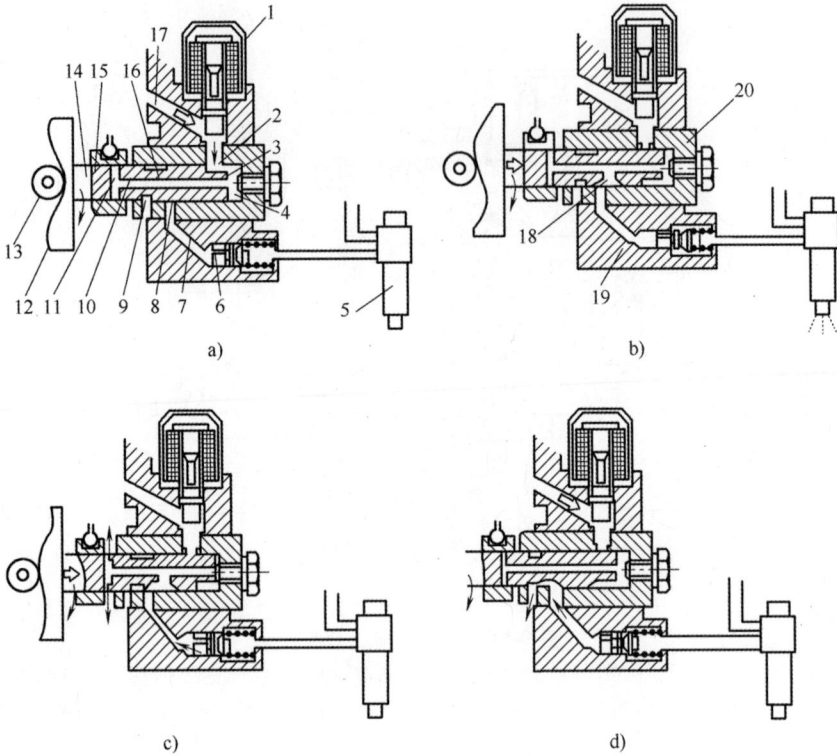

图 6-14　VE 型分配泵的工作过程

a）进油过程　b）泵油过程　c）停油过程　d）压力平衡过程

1—断油阀　2—进油孔　3—进油槽　4—柱塞腔　5—喷油器　6—出油阀　7—分配油道　8—出油孔
9—压力平衡孔　10—中心油孔　11—泄油孔　12—平面凸轮盘　13—滚轮　14—分配柱塞
15—油量调节套筒　16—压力平衡槽　17—进油道　18—燃油分配孔　19—喷油泵体　20—柱塞套

（1）进油过程（图 6-14a）　当平面凸轮盘 12 的凹下部分转至与滚轮 13 接触时，柱塞弹簧将分配柱塞 14 由右向左推移至柱塞下止点位置，这时分配柱塞上的进油槽 3 与柱塞套 20 上的进油孔 2 连通，柴油自喷油泵体 19 的内腔经进油道 17 进入柱塞腔 4 和中心油孔 10 内。

（2）泵油过程（图 6-14b）　当平面凸轮盘由凹下部分转至凸起部分与滚轮接触时，分配柱塞在凸轮盘的推动下由左向右移动。在进油槽转过进油孔的同时，分配柱塞将进油孔封闭，这时柱塞腔内的柴油开始增压。与此同时，分配柱塞上的燃油分配孔 18 转至与柱塞套上的一个出油孔 8 相通，高压柴油从柱塞腔经中心油孔、燃油分配孔、出油孔进入分配油道 7，再经出油阀 6 和喷油器 5 喷入燃烧室。

平面凸轮盘每转一周，分配柱塞上的燃油分配孔依次与各缸分配油道接通一次，即向柴油机各缸喷油器供油一次。

（3）停油过程（图6-14c）　分配柱塞在平面凸轮盘的推动下继续右移，当柱塞上的泄油孔 11 移出油量调节套筒 15 并与喷油泵体内腔相通时，高压柴油从柱塞腔经中心油孔和泄油孔流进喷油泵体内腔，柴油压力立即下降，供油停止。

从柱塞上的燃油分配孔与柱塞套上的出油孔 8 相通的时刻起，至泄油孔移出油量调节套筒的时刻止，这期间分配柱塞所移动的距离为柱塞有效供油行程。显然，有效供油行程越大，供油量越多。移动油量调节套筒即可改变有效供油行程，向左移动油量调节套筒，停油时刻提早，有效供油行程缩短，供油量减少。反之，向右移动油量调节套筒，供油量增加。油量调节套筒的移动由调速器操纵。

（4）压力平衡过程（图6-14d）　分配柱塞上设有压力平衡槽16，在分配柱塞旋转和移动过程中，压力平衡槽始终与喷油泵体内腔相通。在某一气缸供油停止之后，且当压力平衡槽转至与相应气缸的分配油道连通时，分配油道与喷油泵体内腔相通，于是两处的油压趋于平衡。在柱塞旋转过程中，压力平衡槽与各缸分配油道逐个相通，致使各分配油道内的压力均衡一致，从而可以保证各缸供油的均匀性。

轴向压缩式分配泵具有零件数目少、结构紧凑、通用性高、防污性好等优点，同时其分配柱塞兼有泵油和配油作用，使这种泵结构简单、故障率少。另外，由于端面凸轮盘易于加工、精度易得到保证，同时泵体上装有增压补偿器，使其动力性和经济性都比较优异。

6.2.3　调速器

调速器的作用是根据柴油机负荷的变化，自动地调节喷油泵的供油量，以保证柴油机在各种工况下稳定运转，达到稳定怠速、限制超速或在工作转速范围内的任一选定转速下稳定工作的目的。

喷油泵的一个显著特点是在加速踏板位置一定时，其循环供油量会随曲轴转速的变化而变化。当曲轴转速增加时，循环供油量增加；反之，循环供油量减少。这个特点对工况多变的汽车柴油机是非常不利的。当柴油机在怠速工况下工作时，发动机的功率仅用来克服各种内部阻力，以维持自身的运转。若内部阻力略有增加（如机油温度降低等），转速便立即下降，此时，即使加速踏板位置不变，由于喷油泵的供油特性，供油量反而更小了。发动机转速和供油量如此相互作用的结果，将造成发动机自动熄火。反之，当发动机内阻力稍有减少时，柴油机怠速转速将不断升高。当柴油机高速或大负荷工作时，如遇负荷突然减少（如汽车从上坡过渡到下坡），转速会立即升高，此时，由于喷油泵的供油特性，便会自动加大供油量，相互作用的结果将造成转速上升过快而出现超速（飞车）现象。这不仅会造成燃烧恶化和排气冒烟，严重时会因运动件的惯性力过大而造成机器损坏。

目前，在车用柴油机上应用最广泛的是机械离心式调速器。按其调节作用的范围不同，可分为两速调速器和全速调速器。

1）两速调速器。它不仅能保持柴油机在怠速时不低于某一转速，从而防止发动机自动熄火，而且能限制柴油机不超过某一最高转速，从而防止发动机超速。至于在中间转速时，调速器不起作用，柴油机的工作转速由油量调节机构来调整。

2）全速调速器。它不仅能保持柴油机的最低稳定转速和限制最高转速，而且能根据负荷的大小保持和调节在任一选定的转速下稳定工作。

1. 两速调速器

德国博世公司生产的 RQ 型调速器是典型的两速式调速器，与 A、B、P 型等柱塞式喷油泵配套，型号中的 R 表示机械离心式，Q 表示可变杠杆比。

通常调速器由感应元件、传动元件和附加装置三部分构成。RQ 型调速器的结构如图 5-15a 所示。感应元件包括飞锤等零件，传动元件则是指由角形杠杆、调速套筒、调速杠杆和连接杆等组成的杠杆系统。

工作时飞锤的位置如图 6-16 所示。

（1）起动（图 6-15b）　将调速手柄 2 从停车挡块 1 移至最高速挡块 4 上。在此过程中，调速手柄带动摇杆 3，摇杆带动滑块 5，使调速杠杆 6 以其下端的铰接点 17 为支点向右摆动，并推动喷油泵供油量调节齿杆 7 克服供油量限制弹性挡块 9 的阻力，向右移到起动油量的位置。起动油量多于全负荷油量，旨在加浓混合气，以利于柴油机低温起动。

（2）怠速（图 6-15c）　柴油机起动之后，将调速手柄置于怠速位置。这时调速手柄通过摇杆、滑块使调速杠杆仍以其下端的铰接点为支点向左摆动，并拉动供油量调节齿杆左移至怠速油量的位置。

怠速时柴油机转速很低，飞锤 11 的离心力较小，只能与怠速弹簧力相平衡，飞锤处于内弹簧座与安装飞锤的轴套之间的某一位置（图 6-16b）。若此时柴油机由于某种原因转速降低，则飞锤离心力减小，在怠速弹簧的作用下，飞锤移向回转中心，同时带动角形杠杆 14 和调速套筒 15，使调速杠杆下端的铰接点以滑块为支点向左移动（图 6-15c），调速杠杆则推动供油量调节齿杆向右移，增加供油量，使转速回升。反之，当转速增高时，飞锤的离心力增大，飞锤便压缩怠速弹簧远离回转中心，同样通过角形杠杆和高速套筒使调速杠杆下端的铰接点以滑块为支点向右移动，而供油量调节齿杆则向左移动，减小供油量，使转速降低。可见，调速器可以保持怠速转速稳定。

（3）中速（图 6-15d）　将调速手柄从怠速位置移至中速位置，供油量调节齿杆处于部分负荷供油位置，柴油机转速较高，飞锤进一步外移直到飞锤底部与内弹簧座接触为止（图 6-16c）。柴油机在中等转速范围内工作时，飞锤的离心力不足以克服怠速弹簧和高速弹簧的共同作用力，飞锤始终紧靠在内弹簧座上而不能移动，即调速器在中等转速范围内不起调节供油量的作用。但此时驾驶人可根据汽车行驶的需要改变调速手柄的位置，使调速杠杆以其下端的铰接点为支点转动，并拉动供油量调节齿杆增加或减少供油量。

（4）最高转速（图 6-15e）　将调速手柄置于最高速挡块上，供油量调节齿杆相应地移至全负荷供油位置，柴油机转速由中速升高到最高速。此时，飞锤的离心力相应增大，并克服全部调速弹簧 12 的作用力，使飞锤连同内弹簧座一起向外移到一个新的位置（图 6-16d）。在此位置，飞锤离心力与弹簧作用力达到新的平衡。若柴油机转速超过规定的最高转速，则飞锤的离心力便超过调速弹簧的作用力，使供油量调节齿杆向减油方向移动，从而防止了柴油机超速。

（5）停车（图 6-15a）　将调速手柄置于停车挡块 1 上，调速杠杆以其下端的铰接点为支点向左摆动，并带动供油量调节齿杆向左移到停油位置，柴油机停车，调速器飞锤在调速弹簧的作用下抵靠在安装飞锤的轴套上（图 6-16a）。

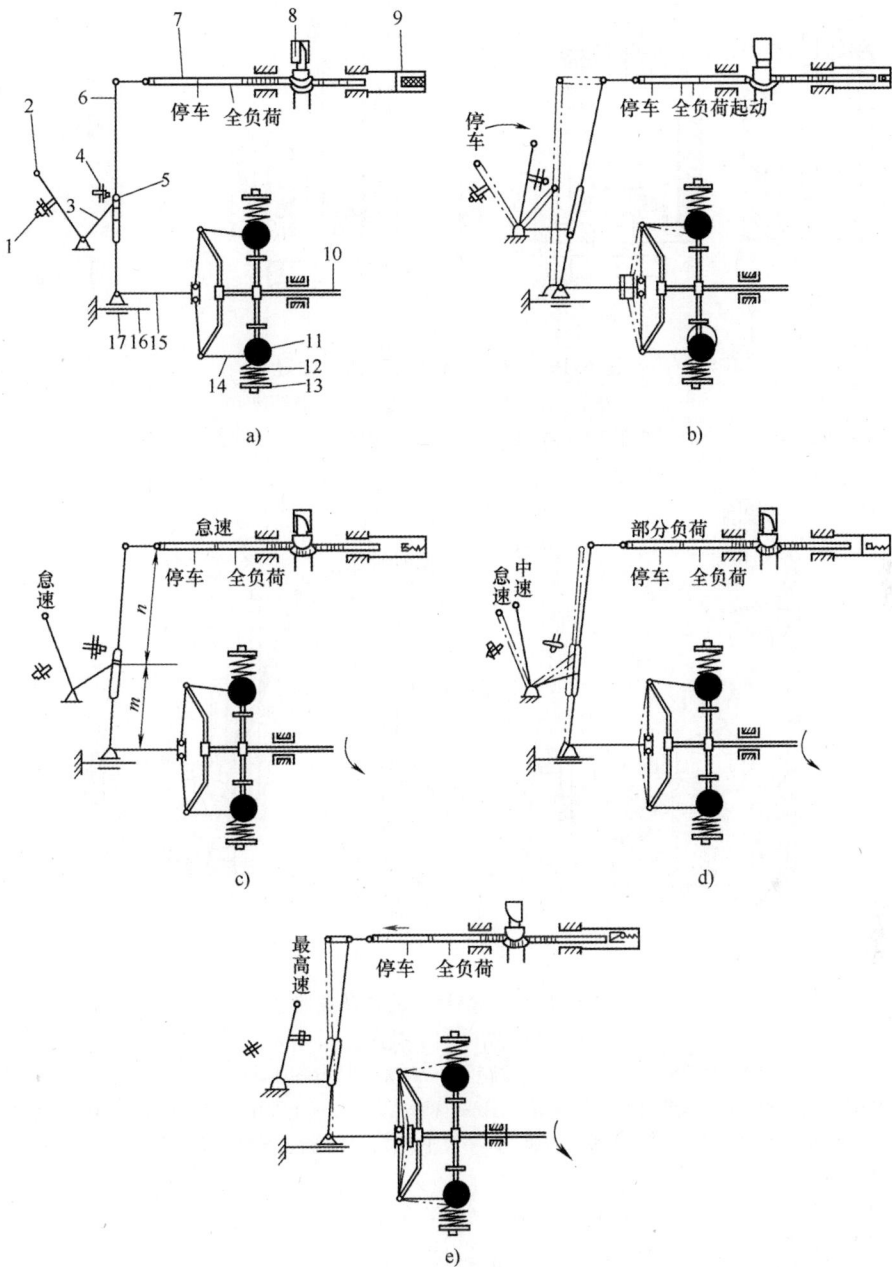

图6-15 RQ型调速器工作原理示意图

a）停车 b）起动 c）怠速 d）中速 e）最高转速

1—停车挡块 2—调速手柄 3—摇杆 4—最高速挡块 5—滑块 6—调速杠杆 7—供油量调节齿杆
8—喷油泵柱塞 9—供油量限制弹性挡块 10—喷油泵凸轮轴 11—飞锤 12—调速弹簧 13—调节螺母
14—角形杠杆 15—调速套筒 16—导向销 17—铰接点

解放和东风系列柴油机使用的 RAD 型调速器即为两速调速器，其结构如图 6-17 所示。调速器用螺钉安装在喷油泵后端。喷油泵凸轮轴 3 的端部装有两个飞锤 5，飞锤以飞锤

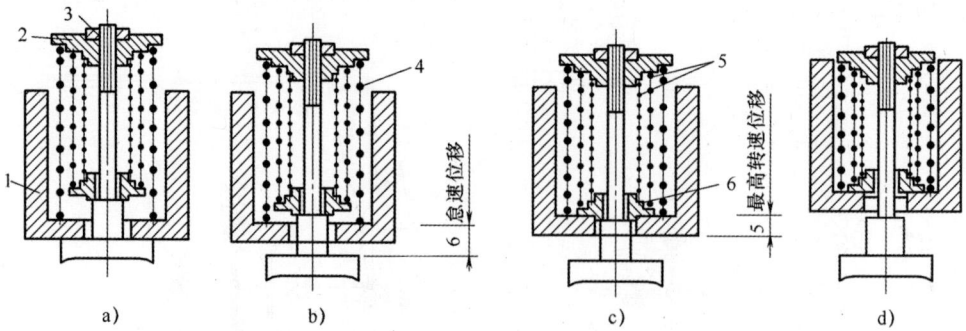

图 6-16　RQ 型调速器飞锤的位置

a）停车　b）怠速　c）中速　d）最高转速

1—飞锤　2—外弹簧座　3—调节螺母　4—怠速弹簧　5—高速弹簧　6—内弹簧座

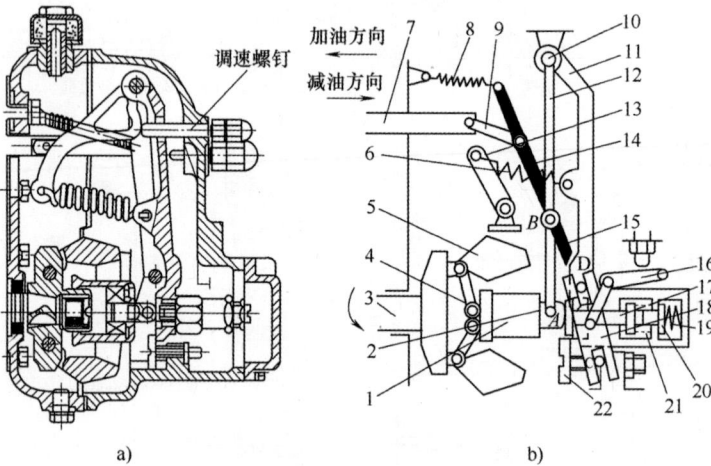

图 6-17　RAD 型两速调速器

a）结构　b）简图

1—滑套　2—丁字块　3—凸轮轴　4—滚轮　5—飞锤　6—调速弹簧　7—油量调节齿杆　8—起动弹簧　9—连杆
10—支撑杆销轴　11—支撑杆　12—导动杆　13—弹簧摇臂　14—上拨杆　15—下拨杆　16—控制杆
17—怠速顶杆　18—拨叉　19—校正弹簧　20—校正顶杆　21—怠速弹簧　22—齿杆行程调整螺栓

座内的销轴为支点可以旋转，飞锤的内臂上装有滚轮 4。当飞锤旋转张开时，滚轮便推动滑套 1 及丁字块 2 轴向移动。丁字块侧面的销轴嵌入导动杆 12 的下端孔内。弹簧摇臂 13 以销轴支承在调速器壳体上，并通过调速螺钉限位。导动杆 12 和支撑杆 11 的上端均铰接于调速器壳体上。支撑杆 11 被很强的调速弹簧 6 拉住，在转速低于最大工作转速的条件下，支撑杆始终被拉靠在齿杆行程调整螺栓 22 的端头上。支撑杆的中下端有一轴销插在拨叉 18 上端的凹槽内。拨叉的中部与控制杆 16 的一个臂相连，控制杆的另一臂通过杆系与加速踏板相连，由驾驶人操纵。上拨杆 14 及下拨杆 15 与导动杆 12 铰接，上、下拨杆将同步运动。下拨杆的下端有一销轴，插在拨叉 18 下端的凹槽内，上拨杆的上端通过连杆 9 与油量调节齿杆 7 相连，顶部被起动弹簧 8 拉住。在支撑杆下端后方的调速器壳体上装有怠速顶杆 17 和怠速弹簧 21 以及校正顶杆 20 和校正弹簧 19，分别用于怠速和转矩校正控制。

2. 全速调速器

全速调速器不仅能保持柴油机的最低稳定转速和限制最高转速，而且能根据负荷的大小保持和调节在任一选定的转速下稳定工作。全速调速器的结构形式很多，有与柱塞式喷油泵配用的，也有与分配式喷油泵配用的。

如图6-18所示，为轴向压缩式分配泵使用的全速调速器。

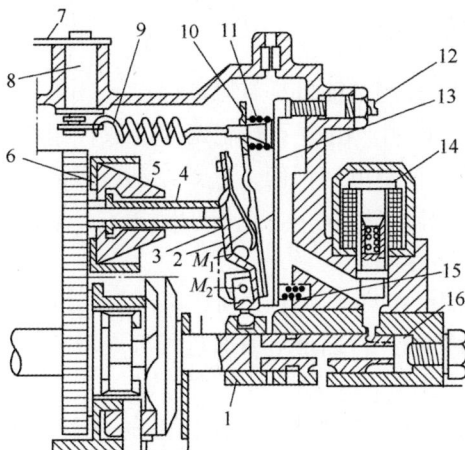

图6-18　全速调速器结构示意图

1—油量控制滑套　2—起动杠杆　3—起动簧片　4—调速滑套　5—离心飞块　6—离心飞块罩　7—控制杆
8—操纵轴　9—调速弹簧　10—张紧杠杆　11—怠速弹簧　12—最大供油量调节螺钉　13—预调杠杆
14—电磁阀　15—回位弹簧　16—压缩室

全速调节器主要由起动杠杆2、张紧杠杆10、预调杠杆13、调速弹簧9、起动簧片3以及离心飞块5和油量控制滑套1等组成。预调杠杆13以销轴M_1支承在壳体上，并可绕销轴M_1转动。起动杠杆支承轴销M_2安装在预调杠杆上，起动杠杆2和张紧杠杆10均可绕销轴M_2转动。在起动杠杆2的下端，固装着一个球形销，球形销嵌入油量控制滑套1的凹槽内。当起动杠杆摆动时或张紧杠杆推动起动杠杆摆动时，球形销便拨动油量控制滑套1在分配柱塞上做轴向移动，从而改变柱塞的有效行程，即改变泵油量的大小。

操纵轴8与控制杆7固装在一起，在其下端偏心安装着一个销轴。调速弹簧9的左端挂在偏心销轴的连接板上，右端通过怠速弹簧11与张紧杠杆10相连接。在调速弹簧9的拉力作用下，张紧杠杆绕M_2轴逆时针转动，通过起动簧片3和起动杠杆2，推动油量控制滑套1向右移动，使柱塞有效行程增加，即泵油量增大。反之，在离心飞块5和调速滑套4的作用下，可使起动杠杆2绕M_2轴顺时针摆动，使油量控制滑套向左移动，柱塞有效行程减小，即供油量减少。

最大供油量的调节是由最大供油量调节螺钉12、预调杠杆13和回位弹簧15来实现的。调节时，旋进调节螺钉12，预调杠杆13绕M_1轴逆时针方向转动，通过起动簧片3和起动杠杆2，推动油量控制滑套1右移，使柱塞有效行程加大，供油量增加，直到满足最大供油量为止。反之，旋出调节螺钉12，供油量减少。回位弹簧15的作用是使预调杠杆13的上端始终与最大供油量调节螺钉相接触，确保最大供油量位置的稳定。

扫一扫

调速器

6.3 电子控制柴油喷射系统

随着电子技术的发展，电子控制柴油机喷射技术发展很快。自 20 世纪 80 年代投放市场以来，更是得到了迅猛发展。

6.3.1 电子控制柴油机的优点

扫一扫

电子控制柴油
喷射系统

与传统柴油机相比，电子控制柴油机具有以下优点。

1）改进了发动机的调速控制。由电子控制调速器取代了机械调速器中的旋转飞块装置，使转速控制更加精确，电子控制可以通过计算机程序对行驶过程中的正常转速降进行设定，在取力装置（PTO）工作和汽车驻车时甚至可以实现零转速降。

2）改善了发动机的燃油经济性。选定发动机工况后，ECU 将按程序对发动机的运转工况进行监测，特别是对喷油过程有重要影响的定时、温度、负荷、转速和增压压力等。

3）改善了发动机的冷起动性。有些电子控制系统采用冷却液温度传感器，而有些电子控制系统则采用机油温度传感器，以确定发动机是否处于低温状态，ECU 将根据传感器输入的信号对喷油定时和喷油量进行优化控制，可以减少起动时的白烟；另外，ECU 将发动机冷态下的怠速转速提高到 800 ~ 850r/min，按照程序规定，在发动机冷却液温度或机油温度达到最低工作温度以前，ECU 将忽略加速踏板的任何输入。

4）降低了发动机排气的烟度。ECU 能够根据加速踏板的开度、机油温度和涡轮增压压力精确地控制喷油定时和喷油量，使发动机在稳态及瞬态工况下的烟度能够达到排放法规的要求。

5）减少发动机的排气污染物，满足排放法规要求。

6）具有发动机自动保护功能。当专用传感器向电子控制单元（ECU）指示系统超过正常安全参数运转时，ECU 将向驾驶人发出报警信号，并减小发动机的功率，甚至使发动机停止运转。

7）具有发动机故障诊断功能。ECU 对发动机或汽车的所有传感器、喷油器、插接器和线路进行连续监测，在传感器及电路发生故障时，ECU 将储存诊断故障码（DTC）或故障码。

8）减小了发动机的维护工作量。由于燃油喷射得到了严格的控制，从而改善了发动机燃烧，另外，由于取消了机械调速器拉杆或齿条，从而减小了调整和维修项目。

6.3.2 柴油机电子控制技术的发展

为了达到节省能源、降低排放的目标，电子控制技术在柴油机中起到越来越重要的作用。

近年来，货车和轿车的柴油机不仅随着转速改变喷油量和喷油时间，而且随着负荷的变化采用复杂的控制模型对温度、进气压力等参数进行补偿控制。进入 20 世纪 80 年代以后，越来越多的汽车柴油机采用电子控制，而且电子控制的项目越来越多。

柴油机电子控制燃油系统的开发研究从 20 世纪 70 年代开始，已经经历了三代。

1. 位置控制式电子控制燃油系统

第一代电子控制燃油系统是位置控制式。位置控制系统的特点是不仅保留了传统的喷油泵—高压油管—喷油器系统，而且还保留了喷油泵中齿条、齿圈、滑套、柱塞上控油螺旋槽等控制油量的机械传统机构，只是对齿条或滑套的运动位置，由原来的机械调速器控制改变为电子控制，使控制精度和响应速度得以提高。柴油机的结构几乎无须改动，便于对现有机器进行升级改造。其缺点是控制自由度小，控制精度差，喷油率和喷射压力难以控制，而且不能改变传统燃油系统固有的喷射特性，也很难大幅度地提高喷射压力。位置控制式喷油主要是在直列泵和分配泵上进行改进的。在直列泵上，它通过控制喷油泵齿杆位移来控制喷油量，通过控制液压提前器来实现喷油正时控制；在分配泵上，它是通过控制滑套位移控制喷油量，控制 VE 泵上的提前器或改变凸轮相位来进行喷油正时控制。

2. 时间控制式电子控制燃油系统

第二代电子控制燃油系统是时间控制式。所谓时间控制，就是用高速电磁阀直接控制高压燃油的适时喷射。这种系统可以是保留原来的喷油泵—高压油管—喷油器系统，也可以采用新型的产生高压的燃油系统。用高速电磁阀直接控制高压燃油的喷射，一般情况下，电磁阀关闭，执行喷油；电磁阀打开，喷油结束。喷油始点取决于电磁阀关闭时刻，喷油量则取决于电磁阀关闭时间的长短。因此，既可以实现喷油量控制，又可以实现喷油定时的控制。这种控制系统使传统的喷油泵结构得以简化，强度得以提高，而且传统喷油泵中的齿圈、滑套、柱塞上的斜槽、提前器、齿杆等可全部取消，高压喷油能力大大加强。但是这种燃油系统喷油压力依旧利用脉动柱塞供油，因此其对转速的依赖性很大。在低速、低负荷时，其喷油压力不高，而且难以实现多次喷射，极不利于降低柴油机的噪声和振动。

3. 时间—压力控制式电子控制燃油系统

第三代电子控制燃油系统是时间—压力控制式，即电子控制共轨式燃油系统。这是国外于 20 世纪 90 年代中期开始，推向市场的一种新型柴油机电子控制喷射技术。它摒弃了以往传统使用的泵—管—器脉动供油形式，用一个高压泵在柴油机的驱动下，以一定的速比连续将高压燃油输送到共轨（即公共容器）内，并通过连续调节共轨压力来控制喷射压力，采用时间—压力式燃油计量原理，用高速电磁阀控制喷射过程。

6.3.3　电子控制柴油喷射系统的分类

电子控制柴油喷射系统根据其产生高压燃油的机构不同，可分为电子控制直列泵喷射系统、电子控制分配泵喷射系统、电子控制泵喷油器喷射系统和电子控制共轨喷射系统。

1. 电子控制直列泵喷射系统

博世电控直列泵喷射系统如图 6-19 所示。电子控制直列泵燃油系统中，由调速器执行机构控制调节齿杆的位置，从而控制供油量；由提前器执行机构（定时器）控制发动机驱动轴和喷油器凸轮轴间的相位差，从而控制喷油时间。调速器执行机构和提前器执行机构是电子控制直列泵燃油喷射系统中的两个特殊机构。

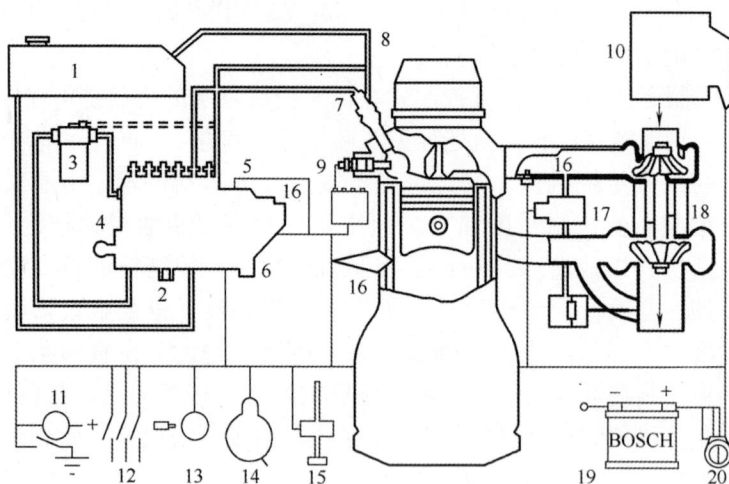

图6-19　博世（Bosch）电子控制直列泵喷射系统

1—燃油箱　2—供给泵　3—燃油滤清器　4—直列式喷油泵　5—定时装置　6—调速器
7—喷油器及喷油器体　8—回油管　9—插入式预热塞及其控制电路　10—电子控制单元
11—故障指示灯　12—离合器、制动器和排气制动开关　13—速度选择杆　14—加速踏板位置传感器
15—发动机转速传感器　16—温度传感器（冷却液、空气、燃油）　17—进气压力传感器
18—涡轮增压器　19—蓄电池　20—预热塞和起动机开关

2. 电子控制分配泵喷射系统

博世电子控制分配泵燃油喷射系统如图6-20所示。电子控制分配泵都是在VE型分配泵的基础上实现电子控制的。电子控制分配泵燃油系统根据各种传感器的信息检测出发动机的实际运行状态，由电子控制单元完成喷油量控制、喷油时间控制、怠速转速控制、故障诊断和应急等功能。

3. 电子控制泵喷油器喷射系统

博世电子控制泵喷油器燃油喷射系统如图6-21所示。电子控制泵喷油器喷射系统的特点是燃油压力升高仍然是机械式的，喷油始点和终点由电磁阀控制，即喷油量和喷油时间是由电磁阀控制的。

泵喷油器就是将泵油柱塞和喷油器合成一体，安装在缸盖上。喷油器由于无高压油管，可以消除长的高压油管中压力波和燃油压缩的影响，高压容积大大减少，因此喷射压力可以很高。它的驱动机构比较特殊，必须是顶置式凸轮驱动机构。

泵喷油器由喷油泵、喷油器和电磁控制阀三部分组成，如图6-22所示。

喷油凸轮安装在控制气门打开和关闭的凸轮轴上，其上升段为陡峭的直线，有利于快速提高喷油压力，而下降段较平缓，有利于在喷油结束以后向高压油腔缓慢进油，避免在燃油中产生气泡。电磁控制阀位于泵喷油器的中部，由柴油机电子控制系统控制。电磁控制阀针阀用于接通和切断高压油腔与低压油道之间的通道。辅助柱塞的上部为圆台，实际上是两个阀门，圆台的锥面用来开启和关闭高压油腔与辅助柱塞腔之间的通道，而圆台的底面则用来开启和关闭辅助柱塞腔与喷油针阀回位弹簧腔之间的通道。喷油针阀阻尼器为倒"工"字形，其作用是控制燃油的预喷量。

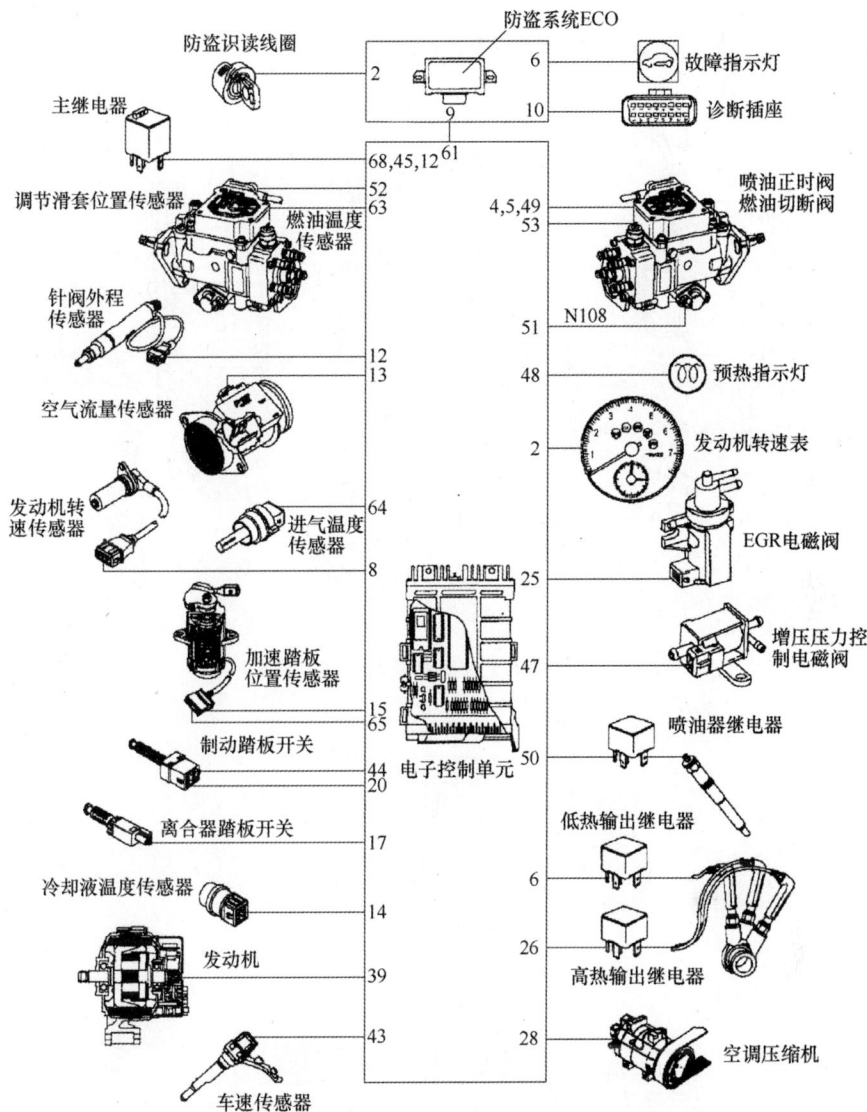

图6-20　博世（Bosch）电子控制分配泵燃油喷射系统

扫一扫　　　　　　扫一扫　　　　　　扫一扫

博世共轨系统　　　博世第三代喷油器　　普通柴油机喷油器

4. 电子控制共轨喷射系统

高压共轨燃油喷射系统如图6-23所示。高压油泵不直接控制喷油，只是向共轨供油以维持所需的共轨压力，高压燃油由共轨送入各缸喷油器。喷油压力、喷油量及喷油定时由电子控制单元（ECU）灵活控制。

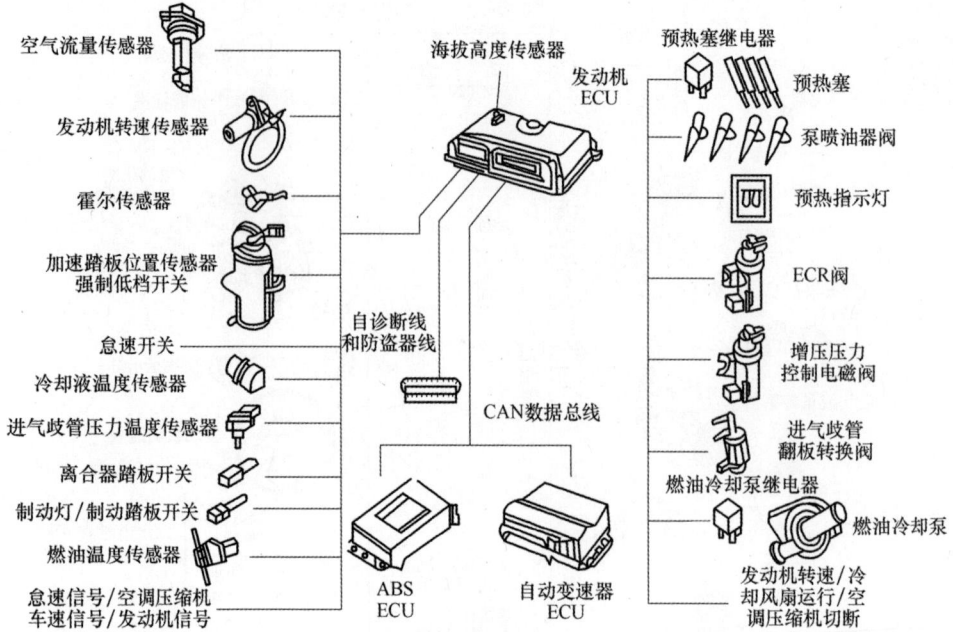

图 6-21　博世电子控制泵喷油器燃油喷射系统

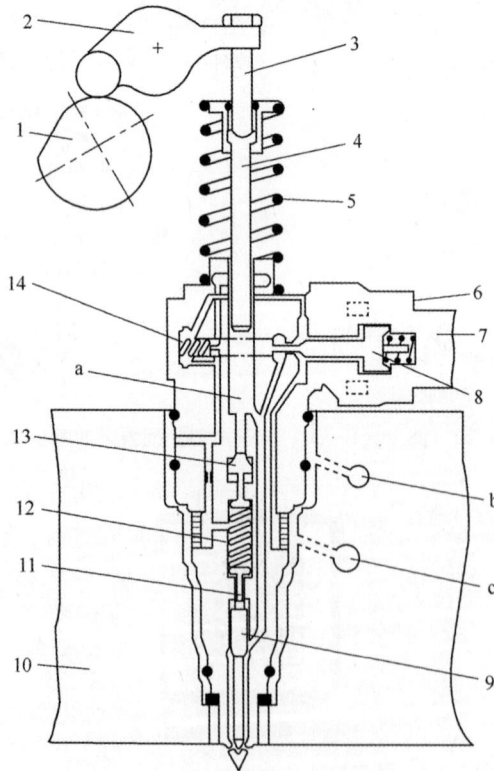

图 6-22　泵喷油器结构示意图

1—喷油凸轮　2—摇臂　3—球头螺栓　4—泵油柱塞　5—泵油柱塞回位弹簧　6—电磁控制阀　7—电磁控制阀阀体
8—电磁控制阀针阀　9—喷油针阀　10—泵喷油器壳体　11—喷油针阀阻尼器　12—喷油针阀回位弹簧
13—辅助柱塞　14—电磁控制阀针阀回位弹簧　a—高压油腔　b—回油道　c—低压油道

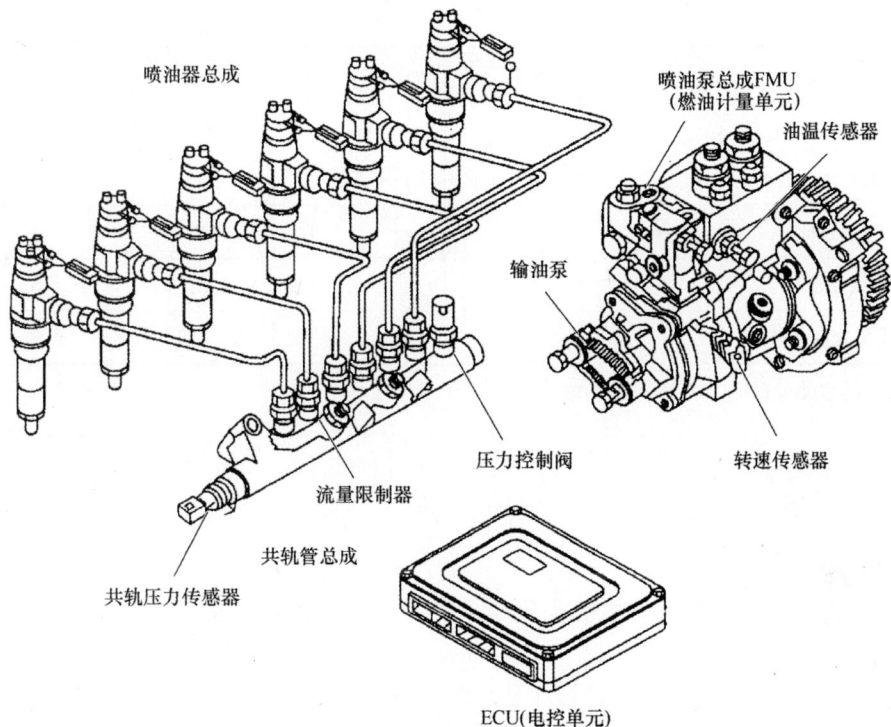

图 6-23　高压共轨燃油喷射系统

电子控制共轨式燃油系统具有以下优点。

1）可用于轿车、轻型货车、重型货车的柴油机，应用领域广阔。

2）更高的喷油压力，可达到 200MPa。

3）喷油的始点、喷油的终点可以方便地改变。

4）可以实现预喷射、主喷射和后喷射，可以根据排放等要求实现多段喷射。

5）喷油压力与实际使用工况相适应。在电子控制共轨式燃油系统中，喷油压力的建立与燃油喷射之间无互相依存关系，喷油压力不取决于发动机转速和喷油量。在高压燃油存储器即"共轨"中，始终充满喷射用的具有一定压力的燃油。喷油量由电子控制单元通过计算决定，受到的其他制约条件很少。

6）喷油正时和喷油压力在 ECU 中由存储的特性曲线谱（MAP）计算得出。然后，电磁阀控制装在每个发动机气缸上的喷油器（喷油单元）予以实现。

7）与其他电子控制燃油系统相比，电子控制高压共轨燃油系统具有较高的技术和经济优势，见表 6-1。

表 6-1　轿车柴油机三种燃油喷射系统的比较

系 统 类 型	共 轨 系 统	分 配 泵	泵 喷 油 器
喷油压力			

（续）

系 统 类 型	共 轨 系 统	分 配 泵	泵 喷 油 器
预喷射	优	一般	良
多段喷射	优	差	一般
发动机设计	良	良	差
喷油泵驱动	优	一般	差
系统成本（含发动机）	良	一般	差

注：P 的单位为 bar（$1bar = 10^5 Pa$）　n 的单位为 r/min。

【小　结】

1. 柴油的使用性能指标主要有发火性、蒸发性、黏度和凝点。

2. 柴油机燃油供给系统一般由柴油箱、柴油粗滤器、输油泵、柴油细滤器、喷油泵、调速器、喷油器及油管等部件组成。

3. 柴油机可燃混合气的形成与燃烧包括四个阶段：备燃期、速燃期、缓燃期和后燃期。

4. 柴油机燃烧室分两大类：统一式燃烧室和分隔式燃烧室。统一式燃烧室包括 ω 形、球形燃烧室；分隔式燃烧室包括涡轮室式和预燃室式燃烧室。

5. 喷油泵是柴油机燃油供给系统中最重要的一个总成，它的功用是根据发动机的不同工况，定时、定量地向喷油器输送高压柴油。目前应用较广的有柱塞式喷油泵和轴向压缩式分配泵。柱塞式喷油泵由分泵、传动机构、油量调节机构和泵体组成，轴向压缩式分配泵由联轴器、二级滑片式输油泵、高压泵头、供油提前调节器和调速器等组成，均可实现油压的建立、供油量及供油时刻的调节。

6. 调速器的作用是根据柴油机负荷的变化，自动地调节喷油泵的供油量，以保证柴油机在各种工况下稳定运转。在车用柴油机上应用最广泛的是机械离心式调速器。按其调节作用的范围不同，可分为两速调速器和全速调速器。两速调速器能保持柴油机稳定怠速并防止发动机超速，至于在中间转速，调速器不起作用，柴油机的工作转速由油量调节机构来调整。全速调速器不仅能保持柴油机的最低稳定转速和限制最高转速，而且能根据负荷的大小保持和调节在任一选定的转速下稳定工作。

7. 电子控制柴油机喷射系统具有一定的优点。其结构形式很多，根据其直接控制的方式分为位置控制、时间控制和时间—压力控制系统；根据其产生高压燃油的机构，可分为直列泵电控喷射系统、分配泵电控喷射系统、泵喷油器电控喷射系统和共轨电控喷射系统等。电子控制柴油机喷射系统主要控制燃油喷射量和燃油喷射时刻。

8. 共轨实际上是一个高压燃油存储器。储存在共轨内的燃油在适当的时刻通过喷油器喷入发动机气缸内。电子控制共轨喷射系统中的喷油器是由电磁阀控制的。

【课后练习题】

1. 柴油的使用性能指标有哪些？对柴油机的工作有何影响？
2. 柴油机燃烧室有几种类型？各有何特点？
3. 柱塞式喷油泵供油量及供油时刻是如何调节的？
4. 调速器的功用是什么？两速调速器与全速调速器有何区别？
5. 电子控制柴油机喷射系统有几种类型？各有何特点？

第 7 章

CHAPTER 7

发动机冷却与润滑系统

【学习目标】

1. 掌握汽车冷却系统的作用、水冷系统的组成及水路循环。
2. 能够说明水冷系统主要部件的功用与结构。
3. 能够叙述发动机润滑系统的组成及润滑油路。
4. 能够说明润滑系统主要部件的功用与结构。

【学习导入】

发动机燃烧会产生大量的热量，这部分热量因为热传导的问题也会传给发动机本身，从而导致发动机过热，这就需要一个系统来为发动机散热。这个系统就是冷却系统。所以该同学表示，发动机燃烧燃油产生热量，通过热量传导到活塞而产生机械能，现在又将热量散发出去，是否意味着浪费呢？

7.1 发动机冷却系统

7.1.1 概述

1. 冷却系统的作用

发动机工作时，气缸内燃烧气体的温度可高达 1927～2527℃（汽油机），如果不对发动机采取必要的冷却措施，将不能保证其正常工作。发动机冷却系统的任务就是使发动机得到适度的冷却，从而保持在最适宜的温度范围内工作。

发动机的冷却要适度。

若冷却不足，会使发动机过热，从而造成充气效率下降，早燃和爆燃的倾向加大，致使发动机功率下降；运动机件间正常的间隙受到破坏，使零件不能正常运动，甚至卡死、损坏；零件因力学性能下降而导致变形和损坏；因润滑油黏度减小、润滑油膜易破裂而加剧零件的磨损。

若冷却过度，会使发动机过冷，从而导致进入气缸的可燃混合气（或空气）因温度过低而使点燃困难或燃烧延迟，造成发动机功率下降及油耗上升；润滑油黏度增大，造成润滑不良而加剧零件的磨损；因温度低而未汽化的燃油冲刷摩擦表面（气缸壁、活塞等）上的油膜；同时因混合气与温度较低的气缸壁接触，其中原已汽化的燃油重又凝结而流入曲轴箱内，不仅增加油耗，且使机油变稀而影响润滑，从而导致发动机功率下降，磨损增加。

2. 冷却系统的分类

发动机冷却系统按冷却介质的不同，可分为水冷系统和风冷系统。

（1）水冷系统　水冷系统是通过冷却液在发动机水套中循环流动而吸收多余的热量，再将此热量散入大气而进行冷却的一系列装置。水冷系统因冷却强度大、易调节、便于冬季起动，而广泛用于汽车发动机上。采用水冷系统时，气缸盖内冷却液的温度应保持在 353～363K 范围内，气缸壁的温度则不超过 197～277℃。

扫一扫

冷却系统的
组成与功用

（2）风冷系统　风冷系统是将发动机中高温零件的热量，通过装在气缸体和气缸盖表面的散热片直接散入大气中而进行冷却的一系列装置。风冷系统因冷却效果差、噪声大、功耗大等缺点，仅用于部分小排量及军用汽车发动机。采用风冷系统时，气缸体和气缸盖的允许温度分别为 150～180℃ 及 160～200℃。

风冷系统利用高速空气流直接流过气缸体及气缸盖表面，而将热量散入大气。

如图 7-1 所示为发动机风冷系统示意图。气缸体 11 和气缸盖 6 通常用导热性好的铝合金分别铸出，然后装到整体的曲轴箱上。为增大散热面积，在气缸体和气缸盖的表面布满了散热片。曲轴通过风扇平带 15 驱动风扇叶轮 14 旋转，将环境温度下的冷却空气 5 吸入，经导风板 7 将其引向气缸体及气缸盖，并将发动机的热量带走，然后经热风出口 10 排出。

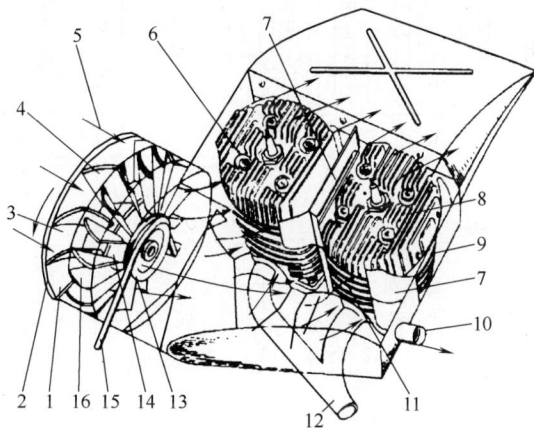

图 7-1　发动机风冷系统示意图

1—风扇　2—风扇壳体　3—风扇导流定子　4—风扇导流叶片　5—冷却空气　6—气缸盖
7—导风板　8—气缸盖散热片　9—气缸体散热片　10—热风出口　11—气缸体　12—排气歧管
13—风扇带轮　14—风扇叶轮　15—风扇平带　16—风扇叶片

3. 冷却液和防冻液

水冷汽车发动机中使用的冷却液应该是清洁的软水。井水、河水、海水等因含有大量的矿物质而称之为硬水。在高温作用下，这些矿物质会从水中沉淀析出而产生水垢，这些水垢积附在水套的内壁和软管的接口处，影响了水的循环，造成高温零件散热困难而使发动机过热。

在冬季寒冷地区，往往因冷却液结冰而发生散热器、气缸体、气缸盖变形、胀裂的现象。为适应冬季行车的需要，可在冷却液中加入一定量的防冻剂以达到降低冰点、提高沸点的目的。

现代汽车普遍使用防冻液。防冻液通常由一定比例的乙二醇和蒸馏水混合而成，其冰点可达 -35℃，沸点则高达127℃左右。在优质的防冻液中还常含有水泵润滑剂、防尘剂、防腐剂和酸度中和剂，以减少保养维修工作量，延长发动机的使用寿命。

因防冻剂的膨胀系数比水受热时的膨胀系数略高，为避免因为膨胀而造成冷却液溢流损失，冷却液不能加得太满。在带有膨胀水箱的冷却系统中，冷却液的液面高度应与膨胀水箱上的标记对齐。

7.1.2 水冷系统的组成及水路循环

目前汽车发动机上普通采用的是强制循环式水冷系统（图7-2）。它利用水泵12将冷却液提高压力，使其在发动机冷却系统中循环流动。

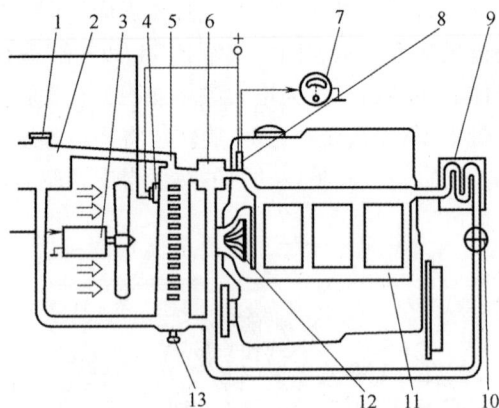

图 7-2　强制循环式水冷系统示意图

1—散热器盖　2—膨胀箱　3—风扇　4—温控开关　5—散热器　6—节温器
7—冷却液温度表　8—温度传感器　9—暖气水箱　10—暖气阀门　11—水套
12—水泵　13—放水开关

水冷发动机的气缸盖和气缸体中都铸有相互连通的水套。冷却液在水泵的作用下，流经气缸体及气缸盖的冷却水套而吸收热量，然后沿水管流入散热器5。利用汽车行驶的速度及风扇3的强力抽吸，而使空气流由前向后高速通过散热器，不断地将流经散热器的高温冷却液的热量散到大气中去而使冷却液温度下降。冷却后的水流至散热器的底部后，被水泵再次压入发动机的水套中，如此循环而将发动机工作时产生的大量热量被不断带走，保证发动机正常工作。

为使发动机在低温时减少热量损失、缩短暖机时间，在低速大负荷情况下加快散热，冷却系统中设有调节温度的装置，如节温器6、风扇离合器及百叶窗等。为便于驾驶人能及时掌握冷却系统的工作情况，在仪表板上还设有冷却液温度表7和高温警告灯等。

图7-3 和图7-4 所示为丰田威驰轿车发动机的冷却系统冷却液循环路线图。

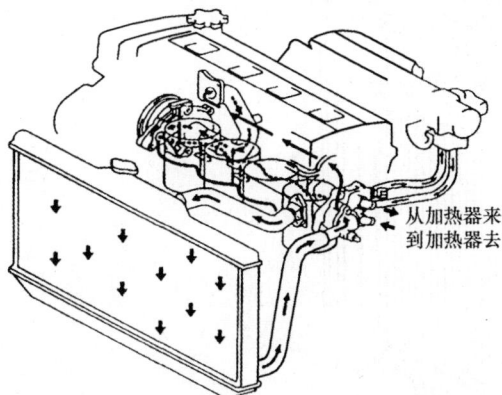

图 7-3　威驰轿车发动机冷却液循环路线示意

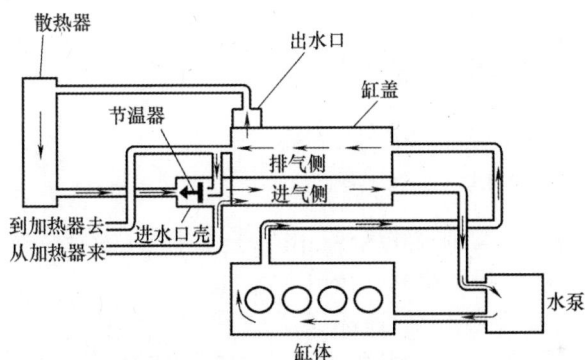

图 7-4　威驰轿车发动机冷却液循环路线

7.1.3　水冷系统的主要部件

1. 散热器

散热器俗称水箱，安装在发动机前的车架横梁上。其作用是将冷却液在水套中所吸收的热量传给外界大气，使冷却液温度下降。散热器要用导热性能良好的材料制造，并应保证足够的散热面积。

散热器主要由上、下水箱 2、10，散热器芯 11 和散热器盖 3 等组成（图7-5）。在上、下水箱上分别装有进水管口 1 及出水管口 9，它们分别与发动机气缸盖上的出水管口及水泵的进水管口用软管连接。下水箱中还常设有放水开关。

常用散热器芯的结构形式有管片式和管带式两种，如图7-6 所示。

1）管片式（图7-6a）。管片式散热器芯由若干扁形冷却管 1 构成，也有使用圆管的，如上海桑塔纳轿车和南京依维柯轻型汽车就采用了全铝合金圆形冷却管散热器。散热片 3 套装在扁形冷却管周围以增大散热面积及增加整个散热器的刚度和强度。空气吹过扁形冷却管和散热片，使管内流动的冷却液得到冷却。管片式散热器因结构刚度较好而广泛为汽车发动机所采用。

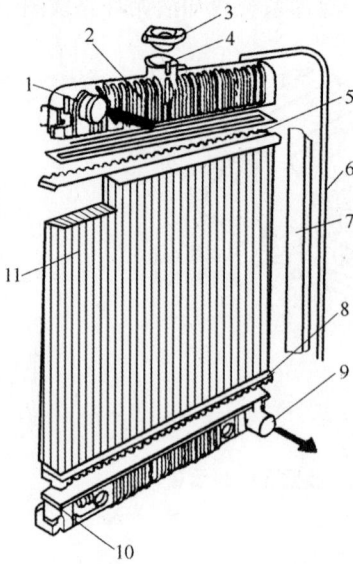

图 7-5　散热器的组成

1—进水管口　2—上水箱　3—散热器盖　4—加水口
5—上管栅　6—溢水管　7—侧固定夹板　8—下管栅
9—出水管口　10—下水箱　11—散热器芯

扫一扫

散热器盖

2）管带式（图 7-6b）。管带式散热器芯由扁平冷却管 1 及波纹状薄金属散热带 2 焊接成蜂巢状。冷却管与散热带相间排列，在散热带上常开有形似百叶窗的孔 A，以破坏气流在散热带表面上的附面层，提高散热能力。管带式散热器芯的优点是散热能力强、制造工艺简单、质量轻。随着路况的不断改善，其应用将日益增多。

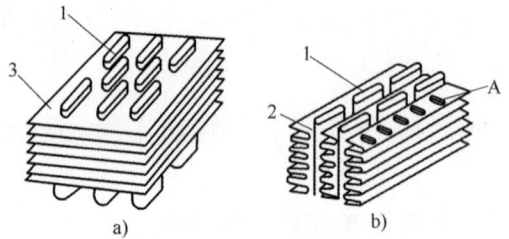

散热器芯多采用导热性、焊接性和耐腐蚀性均好的黄铜制造。为减轻质量、节约铜材，铝制散热器芯目前广泛用于许多使用条件较好的轿车上。也有些汽车发动机的散热器芯，其冷却管仍用黄铜，而散热片则改用铝锰合金材料制成。

图 7-6　散热器芯的结构

a）管片式　b）管带式
1—冷却管　2—散热带　3—散热片　A—孔

散热器一般为竖流式，即冷却液从顶部流向底部。为降低汽车发动机舱盖轮廓的高度，有些轿车（如奥迪轿车）采用了横流式散热器，即冷却液从一侧的进水口进入水箱，然后水平横向流动到另一侧的出水口。

正确的冷却液液面对冷却系统的有效工作极其重要。因此，有些汽车上装有冷却液回收装置，可将受热溢出的冷却液回收在膨胀箱内。这时，检查液面和加注冷却液都在膨胀箱上进行，安全方便。发动机处于冷态时，冷却液液面应在膨胀水箱的 MIN 和 MAX 两标记之间；发动机处于暖态时其液面应略高于 MAX 标记。

汽车上广泛采用闭式水冷系统，该水冷系统的散热器盖具有空气—蒸汽阀作用（图 7-7），可自动调节冷却系统内压力，提高冷却效果。

发动机热状态正常时，两阀在弹簧力作用下均关闭而使冷却系统与大气隔绝。因水蒸气的产生而使冷却系统内的压力稍高于大气压力，提高了冷却液的沸点，改善了冷却效能。当散热器内压力达到 126～137kPa 时（此压力下，水的沸点达 108℃），蒸汽阀开启而使水蒸气从通气孔 1 排出（图 7-7b）；当冷却液的温度下降，冷却系统内的真空度低于 1kPa 时，空气阀打开，空气从通气孔 1 进入冷却系统（图 7-7a），以防散热器及芯管被大气压瘪。

2. 水泵

水泵安装在发动机前端（图 7-2 中 12），通常与风扇一起用带轮同轴驱动。水泵的作用是对冷却液加压，使之在冷却系统中循环流动。

汽车发动机广泛采用离心式水泵。它具有结构紧凑、泵水量大及因故障而停止工作时不会妨碍冷却液在冷却系统内自然循环等优点。其工作原理如图 7-8 所示。当叶轮 2 旋转时，水泵内的冷却液被叶片推动一起旋转，在离心力的作用下甩向叶轮边缘，在轮廓线为对数螺旋线的水泵壳体 1 内将动能转变为冷却液的压力能，经与叶轮成切线方向的出水口压入发动机的水套。与此同时，叶轮中心因具有负压而使散热器中的冷却液经进水管被吸入水泵。

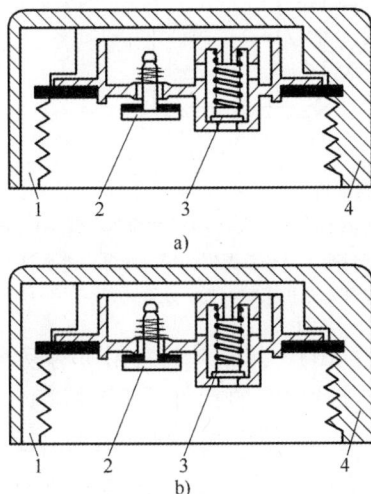

图 7-7 具有空气—蒸汽阀作用的散热器盖
a）空气阀开启 b）蒸汽阀开启
1—通气孔 2—空气阀 3—蒸汽阀 4—散热器盖

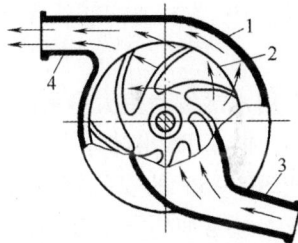

图 7-8 离心式水泵工作原理
1—水泵壳体 2—叶轮 3—进水管 4—出水管

图 7-9 所示为上海桑塔纳轿车发动机水泵的纵剖面图。水泵轴 5 通过球轴承 7 支承在水泵壳体 11 上。水泵轴左端通过水泵轴凸缘 6，用紧固螺栓 4 与水泵带轮 3 相连，右端则连接水泵叶轮 18。为防止泵内高压冷却液沿泵轴向外渗漏，在叶轮的前端装有密封装置（通常由水封环、密封圈或填料等组成）。

扫一扫

水泵

3. 风扇

风扇通常安装在散热器的后面并与水泵同轴驱动（图 7-2 中 3），用来提高流经散热器的空气流速和流量，增强散热器的散热能力，同时对发动机其他附件也有一定的冷却作用。

风扇的扇风量主要取决于风扇的直径、转速、叶片形状及安装角度等。

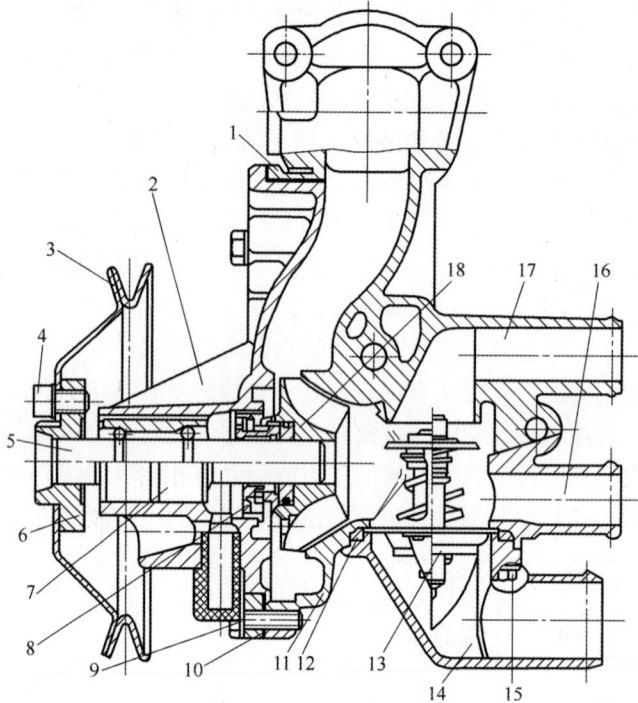

图7-9 水泵的纵剖面图

1、10—密封垫 2—水泵前壳体 3—水泵带轮 4、15—紧固螺栓 5—水泵轴 6—水泵轴凸缘 7—球轴承
8—水封 9—水泵壳连接螺栓 11—水泵壳体 12—密封圈 13—节温器 14—水泵主进水管
16—热交换器（暖气）回水进水口 17—小循环水泵进水口 18—水泵叶轮

目前车用水冷发动机大多采用轴流式风扇（图7-10）。风扇叶片多用薄钢板压制而成，数目为4~6片。为减小叶片旋转时的振动和噪声，叶片之间的夹角一般不相等。叶片与其旋转平面成30°~45°的安装倾斜角，借以产生吸风能力，使空气沿轴向流动。在轿车及轻型载货汽车上还常使用翼形断面的整体风扇，由铝合金、尼龙等材料制成（图7-10c），可提高风扇的效率、减小功率消耗、降低噪声。

风扇常和发电机一起由曲轴带轮通过平带驱动。为调节平带的张紧程度，通常将发电机的支架做成可调节的（图7-11）。

部分汽车采用风扇离合器（见后）驱动发动机冷却风扇，还有一小部分汽车采用液压电动机驱动冷却风扇，如图7-12所示。

变量油泵输出高压油给电动机，由液压电动机直接驱动冷却风扇。智能控制就是由温度传感器及电子控制单元（ECU）等部件组成的智能电子控制系统，通过控制程序根据实际需要无级调节风扇的转速，使其与发动机转速没有直接联系。这样不仅可以在发动机需要加大散热时提高风扇转速，而且还能在发动机不需要冷却时让风扇停转，既避免了散热过度导致的能量浪费，又能确保发动机在高负载下的可靠运行及清洁燃烧。采用变量泵开式回路，既要满足中小功率性价比的需求，同时要借鉴闭式静液压传动的优点，采用元件少、可靠性高、整个回路没有其他额外阀件的系统，还要满足当电控失效时，风扇以最高转速运转进行冷却，更要满足电动机反向功能使风扇吹扫被困的灰尘和碎片，自动恢复冷却效率。

在轿车上普遍采用以蓄电池为动力的电动风扇，其转速与发动机的转速无关。电动机的

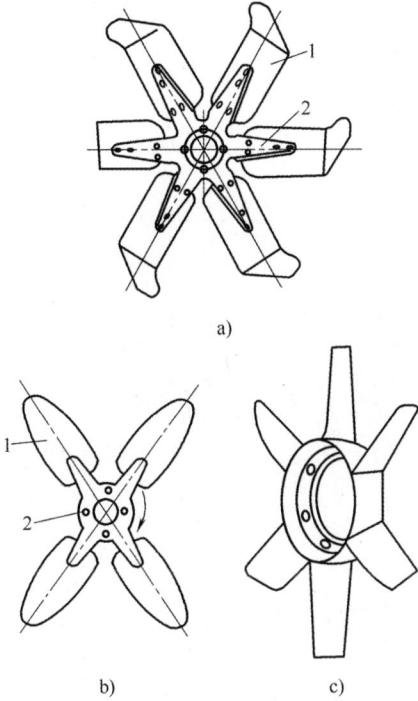

图 7-10　风扇的类型

a）叶尖前弯的风扇　b）尖窄根宽的风扇　c）尼龙压铸整体风扇
1—叶片　2—连接板

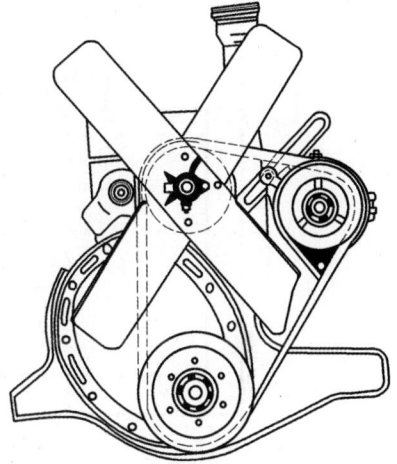

图 7-11　风扇的驱动及平带张紧装置

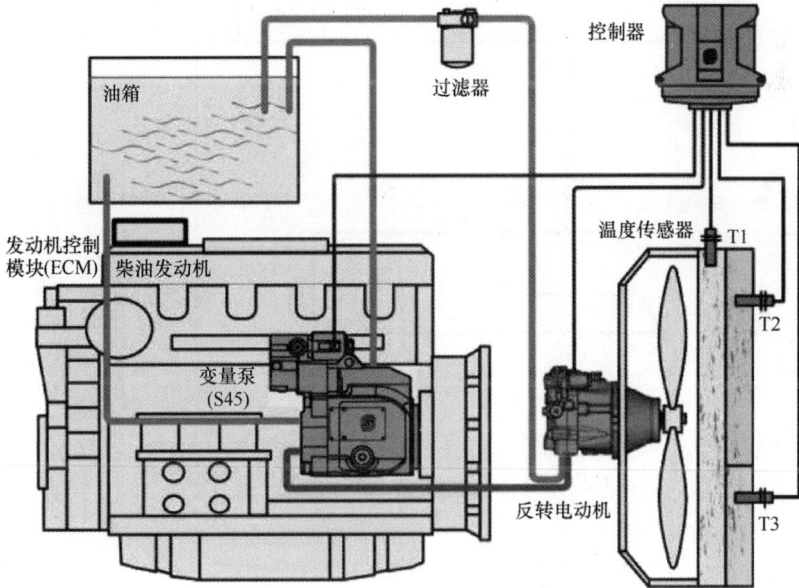

图 7-12　液压电动机驱动的冷却风扇系统

开关由位于散热器的温度传感器控制，需要风扇工作时自行起动。这种风扇无动力损失，结构简单，布置方便。图 7-13 所示为捷达轿车电子冷却风扇系统电路。

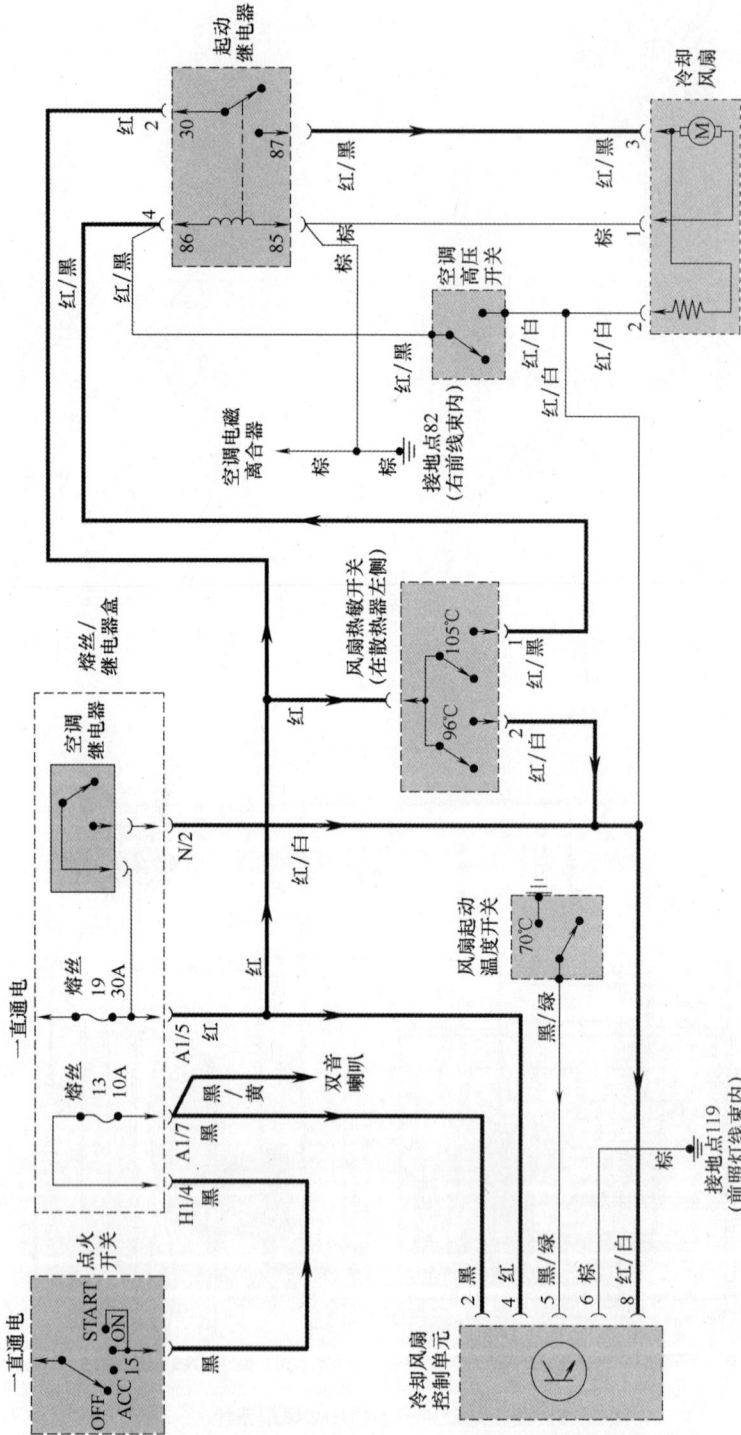

图 7-13　捷达轿车电子冷却风扇系统电路

注意：采用电动风扇的汽车行驶一段时间热车时，即使发动机停止工作，风扇也很有可能自行工作，在检查维修时要特别注意，以免伤及手部！

4. 节温器

节温器安装在水泵的进水口或气缸盖的出水口。其作用是根据发动机冷却液温度的高低，自动改变冷却液的循环路线及流量，以使发动机始终在最合适的温度下工作。目前汽车上多采用蜡式节温器，其核心部分为蜡质感温元件，如图7-14所示。反推杆1的一端固定于支架上，另一端插入橡胶套4的中心孔内，橡胶套与金属外壳2间装有精制石蜡3，利用石蜡受热后由固态变为液态时体积膨胀的性质进行控制。

图7-15所示为上海桑塔纳轿车冷却系统所用的蜡式双阀门节温器。发动机工作后，因温度逐渐升高而使石蜡10逐渐变为液态，体积开始膨胀。在发动机冷却液温度低于85℃时，因石蜡产生的膨胀力小于主阀门弹簧12的预紧力，主阀门8在主阀门弹簧的作用下压在出水口上，从散热器来的低温冷却液不能进入发动机水套内。此时，从发动机气缸盖出水口流出的高温冷却液可以不经散热器而直接进入水泵，于是，未经散热的冷却液被水泵重新压入发动机水套内，因而减少了热量损失。此时冷却液的循环路线称为小循环，如图7-16a所示。当发动机冷却液温度超过85℃时，石蜡产生的膨胀力克服了主阀门弹簧的预紧力，主阀门开始打开。水温达到105℃时，主阀门完全打开，而副阀门14则彻底关闭了小循环通路。这时来自气缸盖出水口的高温冷却液全部进入散热器进行冷却，之后再由水泵重新压入发动机的水套内。此时冷却液的循环路线称为大循环，如图7-16b所示。当冷却液的温度在85～105℃时，主、副阀门都打开一定的开度，此时，冷却系统中的大小循环同时进行。

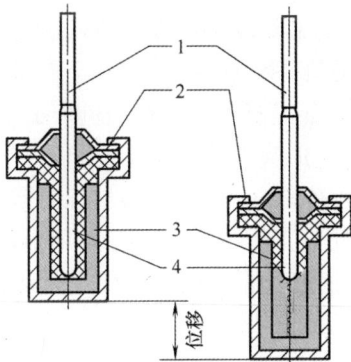

图 7-14　蜡质感温元件

1—反推杆　2—金属外壳　3—石蜡　4—橡胶套

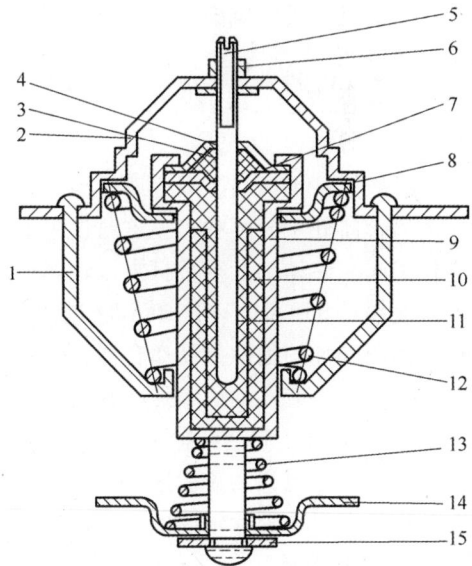

图 7-15　蜡式双阀门节温器

1—下支架　2—上支架　3—密封橡胶圈　4—节温器盖
5—反推杆　6—螺母　7—隔圈　8—主阀门　9—节温器外壳
10—石蜡　11—橡胶套　12—主阀门弹簧　13—副阀门弹簧
14—副阀门　15—垫圈

147

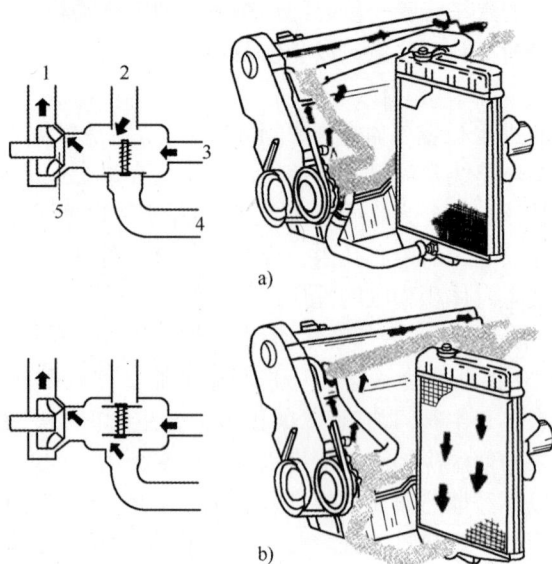

图 7-16　发动机冷却液循环工作示意图

a）小循环　b）大循环

1—到发动机　2—从发动机来　3—从暖风水箱来　4—自散热器来　5—水泵

5. 风扇离合器和温控开关

为减少发动机功率损失，减小风扇噪声，改善低温起动性能，节约燃料及降低排放，在有些汽车发动机上采用风扇离合器或风扇温控开关来控制风扇的转速，自动调节冷却强度，以达到上述目的。

（1）风扇离合器　风扇离合器有硅油式及电磁式等多种形式。如图 7-17 所示为硅油风扇离合器。

当冷却液温度不高时，双金属感温器 4 不带动阀片 6 偏转，进油孔 A 关闭，工作腔内无油，风扇离合器处于分离状态。这时仅由于密封毛毡圈 3 和轴承 10 的摩擦，使风扇随同离合器壳体一起在主动轴上空转打滑，转速很低。当发动机的负荷增加而使吹向双金属感温器的气流温度超过 65℃时，阀片转到将进油孔 A 打开的位置，于是硅油从储油腔进入工作腔。主动板 7 利用硅油的黏性带动离合器壳体和风扇 15 转动。此时离合器处于接合状态，风扇转速得到提高以适应发动机增强冷却的需要。若发动机的负荷减小，流经双金属感温器的气流温度低于 35℃时，双金属感温器复原，阀片将进油孔关闭。工作腔内油液继续从回油孔 B 流向储油腔，直至甩空为止。这时风扇离合器又回到分离状态。漏油孔 C 的作用是防止风扇离合器在静态时从阀片轴周围泄漏硅油。

（2）风扇温控开关　图 7-18 所示为上海桑塔纳轿车的双温蜡质热敏温控开关。它由蜡质感温驱动元件及两档触点动作机构组成，利用石蜡 9 受热由固态变为液态时体积突然变大移动推杆 7，控制触点 4、5 闭合。它装在散热器的水箱上。

随着冷却液温度的升高，石蜡开始膨胀，通过橡胶密封膜 8 推动推杆 7 而压动拉簧架 6。当冷却液温度升至 95℃时，低速触点闭合，散热器电动机风扇接通电源，以 1600r/min 低速运转。

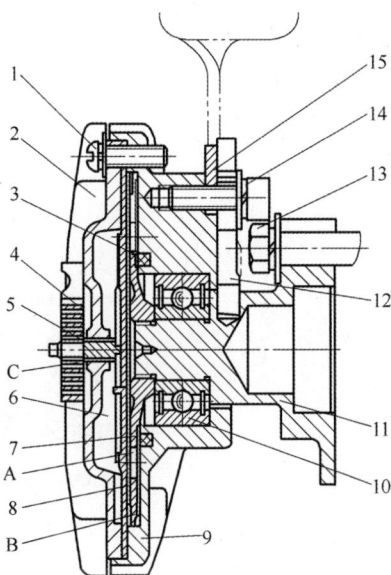

图 7-17　硅油风扇离合器

1—螺钉　2—前盖　3—密封毛毡圈　4—双金属感温器
5—阀片轴　6—阀片　7—主动板　8—从动板　9—壳体
10—轴承　11—主动轴　12—锁止板　13—螺栓
14—圆柱头内六角螺钉　15—风扇　A—进油孔
B—回油孔　C—漏油孔

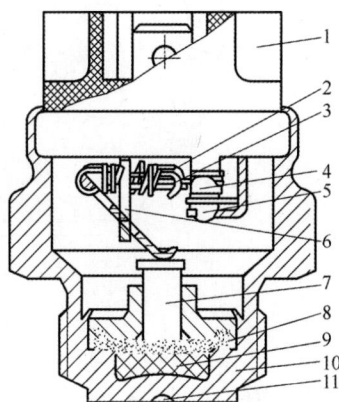

图 7-18　双温蜡质热敏温控开关

1—接线杆座　2—触点 1 拉簧　3—触点 2 拉簧
4—触点 1　5—触点 2　6—拉簧架　7—推杆
8—橡胶密封膜　9—石蜡　10—外壳　11—调整坑

当冷却液温度继续上升至 105℃ 时，因石蜡继续膨胀而使高速触点闭合，使散热器电动机风扇以 2400r/min 的高速运转，以增加冷却强度。当冷却液温度下降时，石蜡体积收缩，推杆在触点拉力的作用下回缩而使触点断开，实现了对散热器电动机风扇的控制。

6. 百叶窗

在某些汽车发动机散热器的前面还装有起辅助调节冷却强度作用的百叶窗。它通过调节流经散热器的空气量来调节冷却系统的冷却强度，使发动机保持在适宜的温度下工作。

百叶窗是由许多片活动挡板组成，可由驾驶人通过手柄在驾驶室内操纵、控制；也可由节温器根据冷却液温度的高低自动调节百叶窗挡风板的开度。

拓展知识：先进技术

1. 宝马 N62 发动机冷却系统

图 7-19 所示为宝马 N62 发动机冷却系统回路。

图 7-20 所示为宝马 N62 发动机缸体中冷却液的分布。水泵输送的冷却液经过发动机 V 形区域中的进流管路 1 流向发动机缸体后端。这个区域装有一个铸铝盖，冷却液从这里流向气缸外壁，并从那里流进气缸盖。蓝色箭头冷却液从气缸盖中流入发动机缸体的 V 形区域，红色箭头冷却液经接口 3 流向节温器。较冷的冷却液从节温器流出后，直接由水泵送回到发动机缸体中形成小循环回路。在发动机工作温度达到 85～110℃ 时节温器关闭这个小冷却系统。

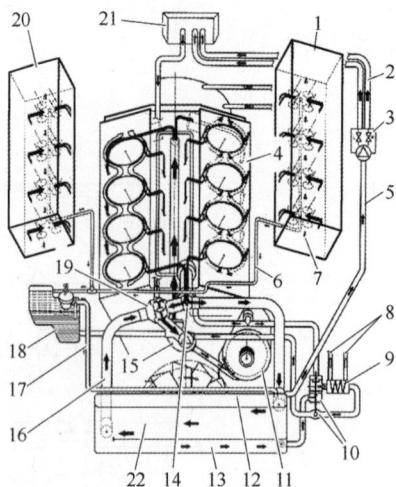

图 7-19　宝马 N62 发动机冷却系统回路

1—气缸盖/气缸列（5—8）　2—供暖装置进流管路（热交换器的左半部和右半部）
3—带电动水泵的暖水阀　4—气缸盖密封件　5—供暖装置进流管路
6—气缸盖排气管路　7—曲轴箱排气孔　8—变速器油管
9—自动变速器的油-水热交换器　10—变速器油-热交换器的节温器
11—发电机壳体　12—散热器　13—散热器低温部分　14—温度传感器　15—水泵
16—散热器出水管　17—散热器排气管路　18—热膨胀平衡罐　19—节温器
20—气缸盖/气缸列（1—4）　21—车辆暖风装置　22—散热器高温部分

图 7-20　宝马 N62 发动机缸体中冷却液的分布

1—冷却液从水泵经过进流管路流向发动机后端
2—冷却液从气缸壁流向节温器　3—至水泵/节温器的接口

扫一扫

宝马 N62 发动机
冷却系统回路彩图

扫一扫

宝马 N62 发动机
缸体中冷却液的
分布彩图

　　图 7-21 所示是宝马 N62 发动机冷却系统中的水泵。水泵与节温器壳组合在一起并用螺栓固定在下正时链箱盖上。通过电子节温器，发动机冷却系统能精确地与发动机当前工作状态进行适配，这样耗油量能降低大约 1%～2%。

　　图 7-22 所示是宝马 N62 发动机冷却系统中的冷却模块，主要由水箱、空调冷凝器、带调节单元的变速器油-水热交换器、液压油冷却器、机油冷却器、嵌入式电动风扇、硅油离合器风扇的集风罩等构成。

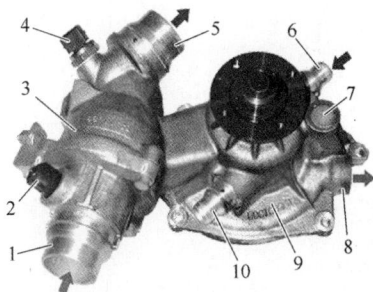

图7-21　宝马 N62 发动机冷却系统中的水泵

1—电子节温器-水箱出水管　2—电子节温器-加热
元件电气接头　3—节温器-混合室（在水泵中）　4—温度
传感器（发动机出水口温度）　5—水箱进水管　6—变速器油热
交换器回流管路　7—泄漏室/汽化室　8—发电机进流管路
9—水泵　10—接口/热膨胀平衡罐

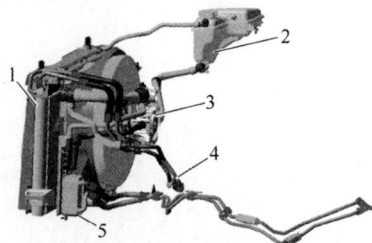

图7-22　宝马 N62 发动机冷却
系统中的冷却模块

1—水箱　2—热膨胀平衡罐　3—水泵
4—机油-空气热交换器接口
5—变速器油　6—水热交换器

水箱由铝制成并由一个隔板分隔成高温部分和低温部分，这两个部分串接在一起。冷却液首先流入高温部分并在那里冷却后流回到发动机内，冷却液流入高温部分后，一部分冷却液通过冷却器隔板上的孔到达低温部分并在那里继续冷却。从低温部分流出后，冷却液到达油-水热交换器。

热膨胀平衡罐已从冷却模块中移出，现安装在发动机室中右侧轮罩边。

变速器油-水热交换器首先快速提升变速器油的温度，随后确保变速器油充分冷却。当发动机冷机起动时，节温器把变速器油-水热交换器切换到发动机的小循环回路，这样可以尽快使变速器油升温，节温器回流管路的冷却液温度在82℃以上时节温器把变速器油-水热交换器切换到水箱的低温回路，这样变速器油将冷却下来。

电动风扇集成在冷却模块内，并设计成嵌入到水箱上，其转速由 DME（发动机电子控制系统）进行无级调节。系统中的硅油离合器风扇通过水泵驱动，风扇离合器和风扇轮已在声学和功率方面进行了优化。

2. 宝马 N73 发动机冷却系统

图7-23 所示为宝马 N73 发动机冷却系统回路。

宝马 N73 发动机的冷却液循环回路按照 NG V 形发动机系列的模块化原理开发，其布置与宝马 N62 相同。

图7-24 所示为宝马 N73 发动机带特性曲线式节温器的水泵。图7-25 所示为特性曲线冷却的调节特性。

带特性曲线式节温器的水泵与 N62 相同。特性曲线式节温器和水泵集成在一个共同的壳体内。冷却液温度根据发动机负荷信号和车速信号，通过特性曲线式节温器进行调节。通过这种调节可以有针对性地提高部分负荷范围内的冷却液温度。特性曲线式节温器由 DME 根据特性曲线进行调节。这个特性曲线由发动机负荷、发动机转速、车速、进气温度和冷却液温度等因素决定。

通过提高部分负荷区域（即发动机节温器调节区域）内的冷却液温度和部件温度可以显著降低耗油量和尾气排放。

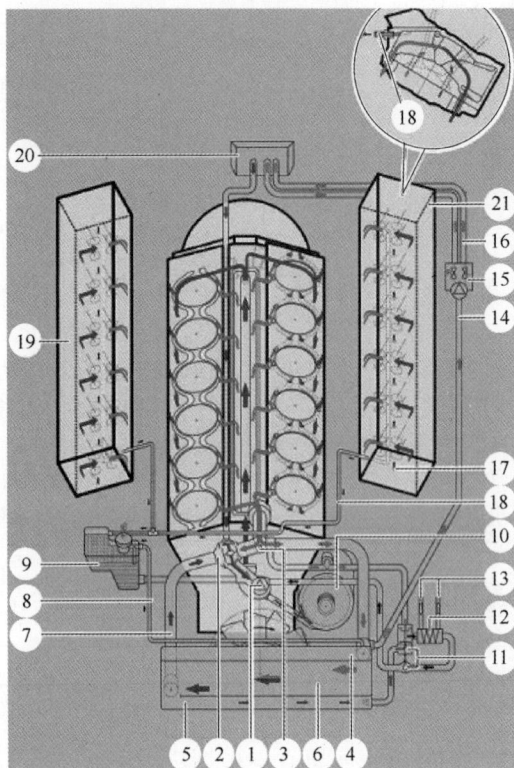

图 7-23　宝马 N73 发动机冷却系统回路

1—水泵　2—带特性曲线式节温器的节温器壳体　3—温度传感器
4—冷却液热交换器　5—散热器低温区　6—散热器高温区　7—散热器回流管路
8—散热器通风管路　9—补液罐　10—水冷式发电机
11—变速器油-水热交换器的节温器　12—变速器油-水热交换器
13—变速器油-水热交换器/变速器油接口　14—加热供给管路
15—带电动水泵的加热阀　16—暖风装置热交换器供给管路　17—曲轴箱通风孔
18—气缸盖通风管路　19—气缸盖/气缸列（1—6）　20—暖风装置热交换器
21—气缸盖/气缸列（7—12）

扫一扫

宝马 N73 发动机冷却
系统回路彩图

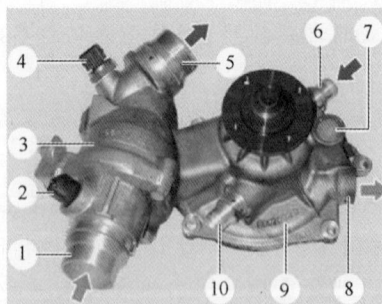

图 7-24　宝马 N73 发动机带特性曲线式节温器的水泵

1—特性曲线式节温器（散热器回流管路）　2—特性曲线式节温器加热元件的电气接口　3—节温器混合室（水泵内）
4—温度传感器（发动机出口温度）　5—散热器供给管路　6—变速器油-水热交换器回流管路　7—泄漏室（蒸发空间）
8—发电机供给管路　9—水泵　10—补液罐接口

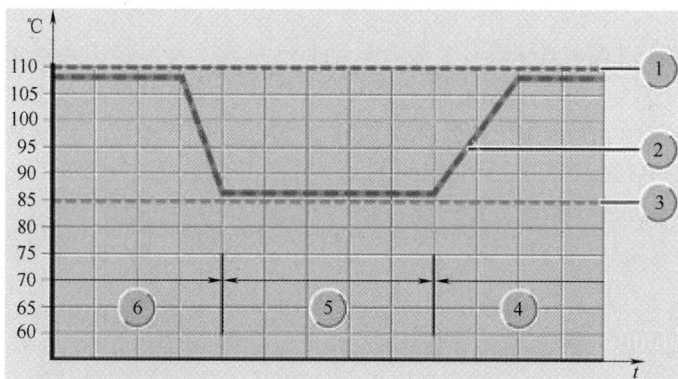

图7-25 特性曲线冷却的调节特性

1—110℃节温器 2—特性曲线式节温器 3—85℃节温器 4、6—部分负荷
5—满负荷

图7-26所示为宝马N73发动机特性曲线式节温器。

传统节温器只能通过冷却液温度确定是否调节发动机冷却系统。这种调节可以分为三个运行范围。

1）节温器关闭：所有冷却液只在发动机内流动。冷却循环回路关闭。

2）节温器最大调节（开启）：所有冷却液都经过散热器。因此可使用冷却系统的最大冷却能力。

3）节温器调节范围：部分冷却液经过散热器。节温器在调节范围内将发动机进口温度调节到恒定值。

特性曲线式节温器的功能和基本机械结构与传统节温器相同。但是在膨胀元件（蜡制元件）内还集成有一个加热元件。特性曲线式节温器是

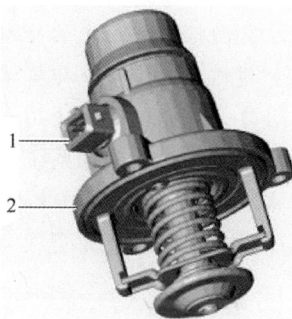

图7-26 宝马N73发动机特性曲线式节温器
1—加热元件的电气接口 2—节温器盖

一体式节温器，就是说节温器与节温器盖构成一个单元。特性曲线式节温器的节温器盖2采用压铸铝合金制成。节温器盖内还集成有一个用于特性曲线式节温器膨胀元件与加热元件连接的电气接口1。

特性曲线式节温器已经过调整，即在不受集成式加热装置干扰的情况下，节温器处的冷却液温度达到103℃时打开（这个温度值打制在节温器铭牌上）。因为节温器安装在发动机进口处，所以此温度就是冷却液进入发动机时的温度。由于冷却液在发动机内加热，在这个运行时刻发动机出口（用于DME和组合仪表的冷却液温度传感器的安装位置）处测得的温度约为110℃。发动机在此运行温度时，特性曲线式节温器在不调节干预的情况下开始打开。DME进行调节干预时系统将接通节温器内集成的膨胀加热元件（12V），膨胀元件根据温度决定节温器的开启程度。与没有附加加热装置时相比，通过加热膨胀元件可以使节温器在冷却液温度较低时打开（节温器调节范围80～103℃）。因此，在进行调节

干预时，特性曲线式节温器的膨胀元件加热后的温度高于当前流过的冷却液的温度。如果发动机出口处冷却液温度超过113℃，那么无论其他参数多大，DME 都会启用特性曲线式节温器的加热装置。特性曲线控制功能失灵时（例如导线断路），发动机在上部温度范围内运行。在这种运行状态下通过 DME 的其他调节功能（例如爆燃控制、辅助风扇控制）来防止发动机损坏。

图 7-27 所示为宝马 N73 发动机冷却模块。

E62 的冷却模块在 N73 上使用时增加了一个机油冷却器6。机油冷却器位于发动机冷却液散热器1前、空调冷凝器2的上方。机油从机油泵经过曲轴箱内的一个通道到达发电机托架上的一个接口处。发电机托架上有一个机油节温器。机油温度在100～130℃之间时，机油节温器内的蜡制元件持续打开至机油冷却器的通路。部分机油不断从机油节温器旁流过（即使机油节温器完全打开）并在未经过冷却的情况下流过发动机。使用机油冷却器时机油温度不会超过150℃。冷却机油可确保机油温度均匀并提高机油的使用寿命。

图 7-27　宝马 N73 发动机冷却模块
1—发动机冷却液散热器　2—空调冷凝器　3—变速器油冷却器　4—转向助力系统冷却器　5—风扇罩　6—机油冷却器

3. 奥迪 A3 发动机冷却系统

奥迪 A3 发动机冷却系统中的核心技术是旋转滑阀和水泵模块。

下面以图片的形式介绍奥迪 A3 发动机冷却系统（图 7-28～图 7-32）。

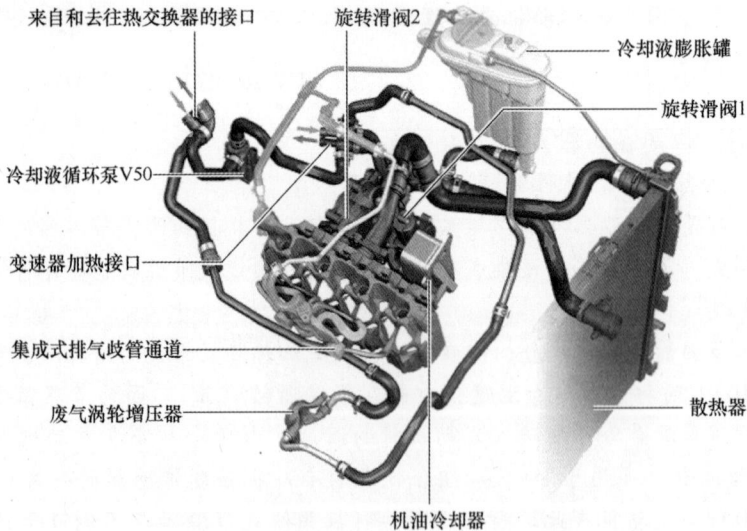

图 7-28　奥迪 A3 发动机冷却系统概述

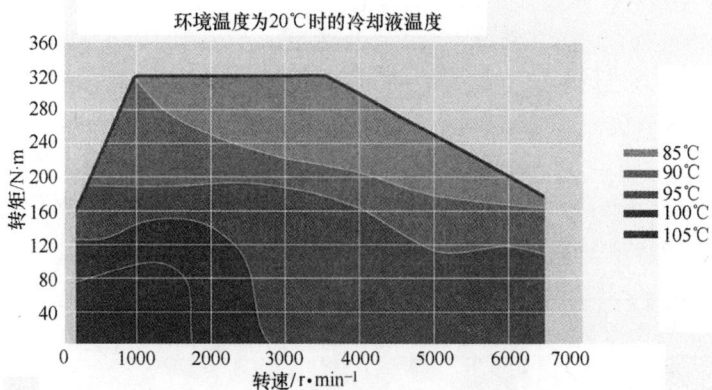

图 7-29 奥迪 A3 发动机冷却系统温度管理图（ITM）

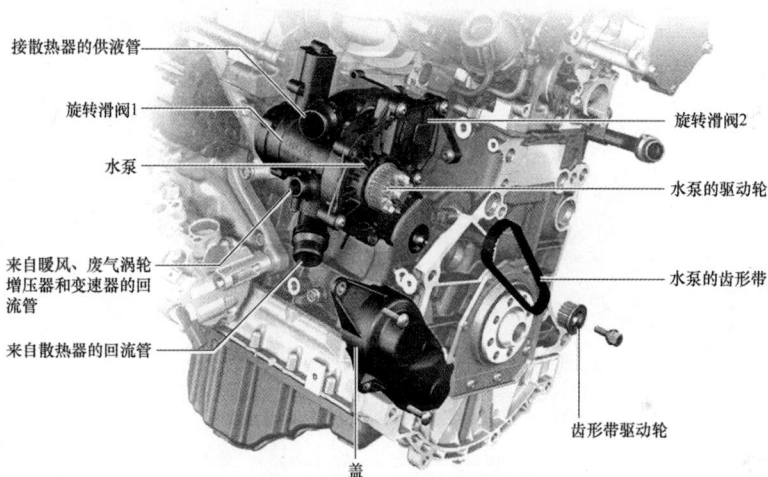

图 7-30 奥迪 A3 发动机冷却系统的旋转滑阀和水泵模块

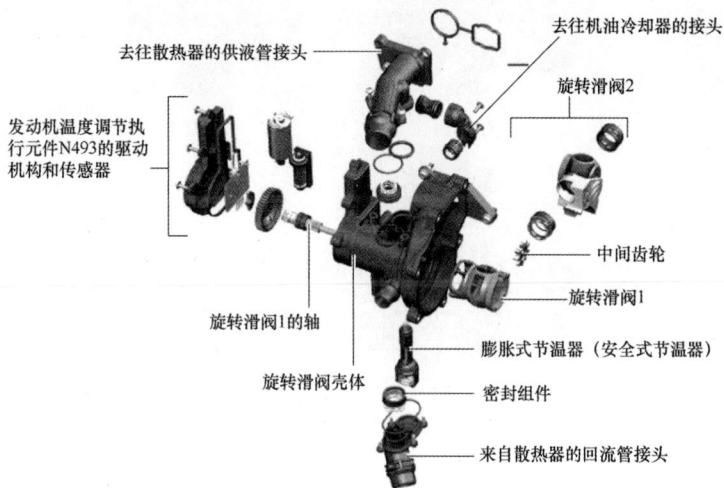

图 7-31 奥迪 A3 发动机温度调节执行元件（旋转滑阀）

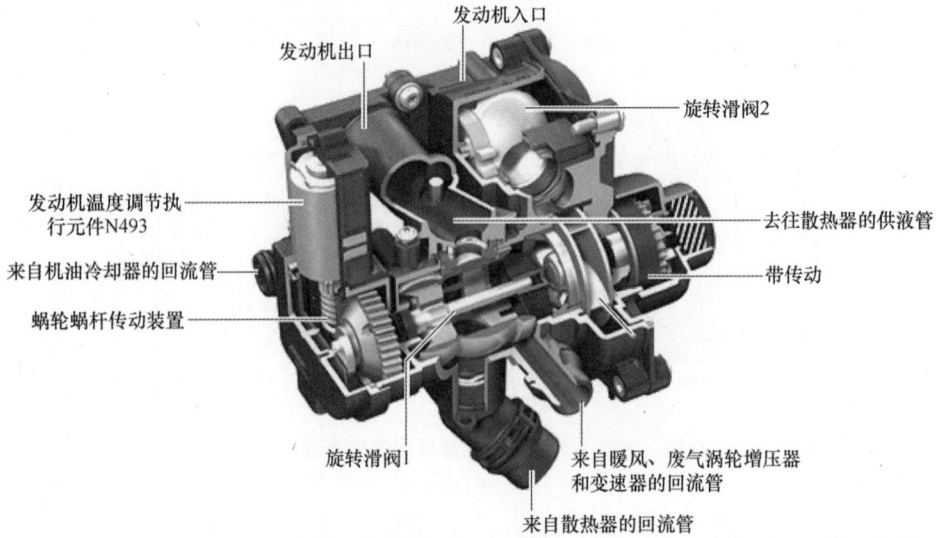

图 7-31　奥迪 A3 发动机温度调节执行元件（旋转滑阀）（续）

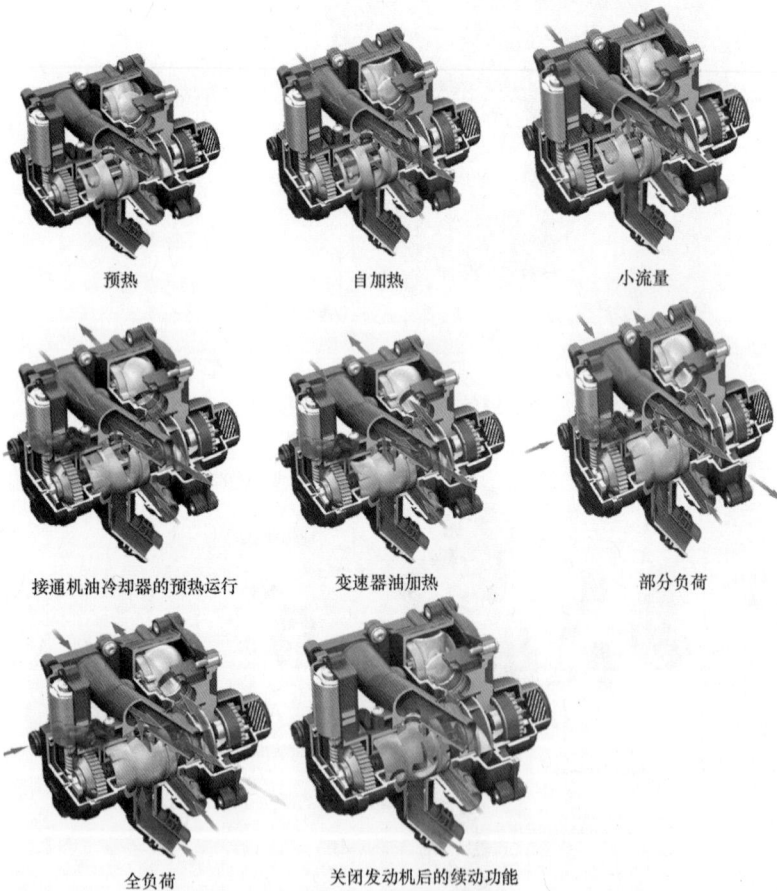

预热　　　　　　　　　自加热　　　　　　　　　小流量

接通机油冷却器的预热运行　　　变速器油加热　　　　　　　部分负荷

全负荷　　　　　　　　关闭发动机后的续动功能

图 7-32　奥迪 A3 发动机温度调节执行元件操控策略

扫一扫

奥迪 A3 发动机温度
调节执行元件操控
策略彩图

7.2　发动机润滑系统

7.2.1　概述

1. 润滑系统的功用

发动机的润滑是由润滑系统来实现的。发动机润滑系统的功用就是在发动机工作时连续不断地将数量足够、压力和温度适当的洁净润滑油输送到全部运动副的摩擦表面，并在摩擦表面之间形成油膜，实现液体摩擦。从而减小摩擦阻力、降低功率消耗、减轻机件磨损，以达到提高发动机工作可靠性和耐久性的目的。此外，流动的润滑油还能起到清洁、吸热、密封、减振、降噪、防锈的功能。

2. 润滑方式

由于发动机运动副的工作条件不尽相同，因此，对负荷及相对运动速度不同的运动副采用不同的润滑方式。

1）压力润滑。压力润滑是将润滑油以一定压力供入摩擦表面的润滑方式。主要用于主轴承、连杆轴承及凸轮轴承等负荷较大、相对运动速度较高的摩擦表面的润滑。

2）飞溅润滑。飞溅润滑是利用发动机工作时运动零件溅泼起来的油滴或油雾润滑摩擦表面的润滑方式。主要用来润滑负荷较轻的气缸壁面和配气机构的凸轮、挺柱、气门杆以及摇臂等零件的工作表面。

3）润滑脂润滑。通过润滑脂加注口定期加注润滑脂来润滑零件的工作表面，如水泵及发电机轴承等。

3. 润滑剂的种类及选用

汽车发动机润滑系统所用的润滑剂包括润滑油和润滑脂两种。

汽车发动机润滑油（以下简称机油）在润滑系统内循环流动，循环次数每小时可达100次。机油的工作条件十分恶劣，在循环过程中，机油与高温的气缸金属壁面及空气频频接触，不断氧化变质。窜入曲轴箱内的燃油蒸气、废气以及金属磨屑和积炭等，使机油受到严重污染。另外，机油的工作温度变化范围很大：在发动机起动时为环境温度；在发动机正常运转时，曲轴箱中机油的平均温度可达95℃或更高。同时，机油还与180~300℃的高温零件接触，受到强烈的加热。因此，作为汽车发动机的机油，必须具备优良的使用性能。目前，汽车发动机广泛使用的机油，是以从石油中提炼出来的润滑油为基础油，再加入各种添加剂混合而成的。

关于机油的分类，目前国际上广泛采用美国SAE黏度分类法和API用途分类法，并已被国际标准化组织（ISO）确认。

美国汽车工程师学会（SAE）按照机油的黏度等级，将机油分为冬季用机油和夏季用机油。冬季用机油有六种牌号：SAE 0W、SAE 5W、SAE 10W、SAE 15W、SAE 20W、SAE 25W。夏季用机油有五种牌号：SAE 20、SAE 30、SAE 40、SAE 50、SAE 60。数字较大的机油黏度较大，适合于在较高的环境温度下使用。

上述牌号的机油只有单一的黏度等级，称为单级油，当使用这种机油时，汽车驾驶人需根据季节和气温的变化随时更换机油。目前使用的机油大多数具有多黏度等级，称为多级油或稠化机油,其牌号有 SAE 5W-20、SAE 10W-30、SAE 15W-40、SAE 20W-40 等。例如,SAE 5W-20 在低温下使用时,其黏度与 SAE 5W 一样;而在高温下,其黏度又与 SAE 20 相同,因此,可以冬夏通用。根据使用环境温度,机油型号的选用如图 7-33 所示。

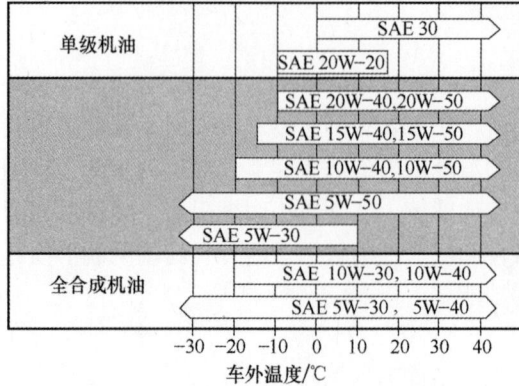

图 7-33 机油型号的选用

API 用途分类法是美国石油学会(API)根据机油的性能及其最适合的使用场合,把机油分为 S 系列和 C 系列两类。S 系列为汽油机油,目前有 SA、SB、SC、SD、SE、SF、SG、SH、SJ 九个级别。C 系列为柴油机油,目前有 CA、CB、CC、CD、CD-2、CE、CF-4 和 CG-4 八个级别。级号越靠后,使用性能越好,适用的机型越新或强化程度越高。其中 SA、SB、SC 和 CA 级油已很少使用。

我国的机油分类法参照采用国标分类方法。

润滑脂是将稠化剂掺入液体润滑剂中所制成的一种稳定的固体或半固体产品,其中可以加入旨在改善润滑脂某种特性的添加剂。

润滑脂在常温下可附着于垂直表面而不流淌,并能在敞开或密封不良的摩擦部位工作,具有其他润滑剂所不能代替的特点。因此,在汽车的许多部位都使用润滑脂润滑。

目前,进口汽车和国产新车普遍推荐使用汽车通用锂基润滑脂,这种润滑脂具有良好的高低温适应性,可在 -30~120℃ 的宽广温度范围内使用;具有良好的抗水性和防锈性能,可用于潮湿和与水接触的摩擦部位;具有良好的安定性和润滑性,在高速运转的机械部位使用,不变质、不流失,保证润滑效果。

扫一扫

润滑系统的作用

7.2.2 润滑系统的组成

汽车发动机润滑系统的组成如图 7-34 所示,由以下部件组成。

1)油底壳。储存润滑油的装置,加密封垫后固定在气缸体底面上。

2)机油泵。能够建立足够的油压,以保证机油循环,实现压力润滑。

3)限压阀及旁通阀。限压阀用来限制最高油压,旁通阀用来避免因机油粗滤器堵塞而造成主油道供油中断。

4)机油滤清器。用来防止润滑油中混入的金属磨屑、机械杂质及润滑油本身氧化生成的胶质进入主油道。

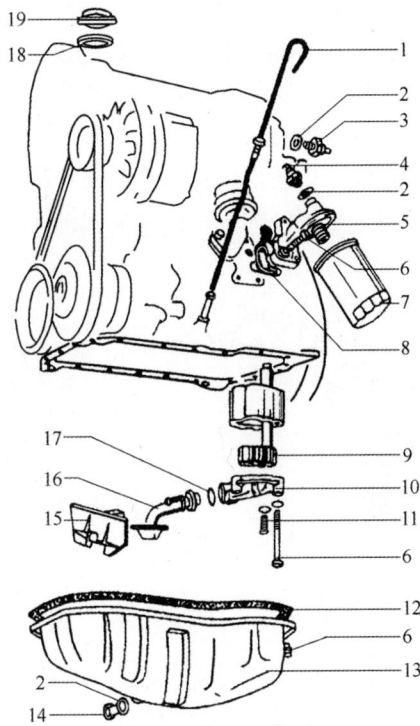

图 7-34　发动机润滑系统的组成

1—机油标尺　2—密封圈　3—0.03MPa 油压开关　4—0.18MPa 油压开关　5—机油滤清器支架
6—紧固螺栓　7—机油滤清器　8—机油滤清器盖密封垫　9—机油泵齿轮　10—机油泵盖
11—螺栓　12—油底壳密封垫　13—油底壳　14—放油螺栓　15—隔板　16—吸油管
17—O 形环　18—密封垫　19—机油加油口盖

5）机油散热器。用来加强润滑油冷却，使润滑油温度保持在正常工作范围内（70~90℃），用于热负荷较高的发动机。

6）机油压力表、温度表和机油标尺。用来使驾驶人随时掌握润滑系统工作状况。

此外，发动机润滑系统还包括油管、油道等组成的润滑油引导、输送、分配装置。

7.2.3　润滑系统油路

润滑系统主要由油底壳、机油泵、滤清器、油道、油孔等组成。

图 7-35 所示为本田轿车发动机润滑系统结构及油路示意图。该发动机曲轴主轴承、连杆轴承及凸轮轴和摇臂轴上各轴承等均采用压力润滑；摇臂、活塞、活塞环、气缸壁等部位则采用飞溅润滑。机油泵装在发动机前面，由曲轴直接驱动。发动机工作时，机油泵 4 由曲轴带动运转，机油从油底壳 2 经集滤器 1 被吸进机油泵。机油在通过集滤器时，夹杂在机油中的一些较大的机械杂质被过滤。被机油泵压出的由限压阀 3 限制且具有一定压力的机油经过机油滤清器 5 将一些在机油中较细的机械杂质和胶质进一步过滤。机油在润滑系统中不断地循环，从而不断地被滤清器过滤、清洁。被滤清器过滤并具有一定压力的机油从滤清器流出进入主油道，然后分两路，一路经油道润滑曲轴主轴承、连杆轴承和平衡轴轴承；另一路经缸体油道，通过机油控制节流孔 7 进行流量调节后送到缸盖上的油道，润滑凸轮轴 8 和摇

臂轴9上各轴承。飞溅起来的润滑油则润滑凸轮、摇臂等其他零件，活塞和气缸壁是靠连杆大头轴瓦油孔喷出来的润滑油润滑的，各润滑部位的机油最后经气缸体回油道流回油底壳，在机油泵的作用下经过过滤再次循环，不断润滑各零件摩擦表面。

在发动机润滑系统油路中还装有机油压力传感器和油压过低信号器，并分别通过导线与驾驶室的机油压力指示装置和机油压力警告灯相接，以便驾驶人可以随时监视系统油压，保证发动机正常工作。限压阀3和旁通阀分别装在机油泵和机油滤清器中。

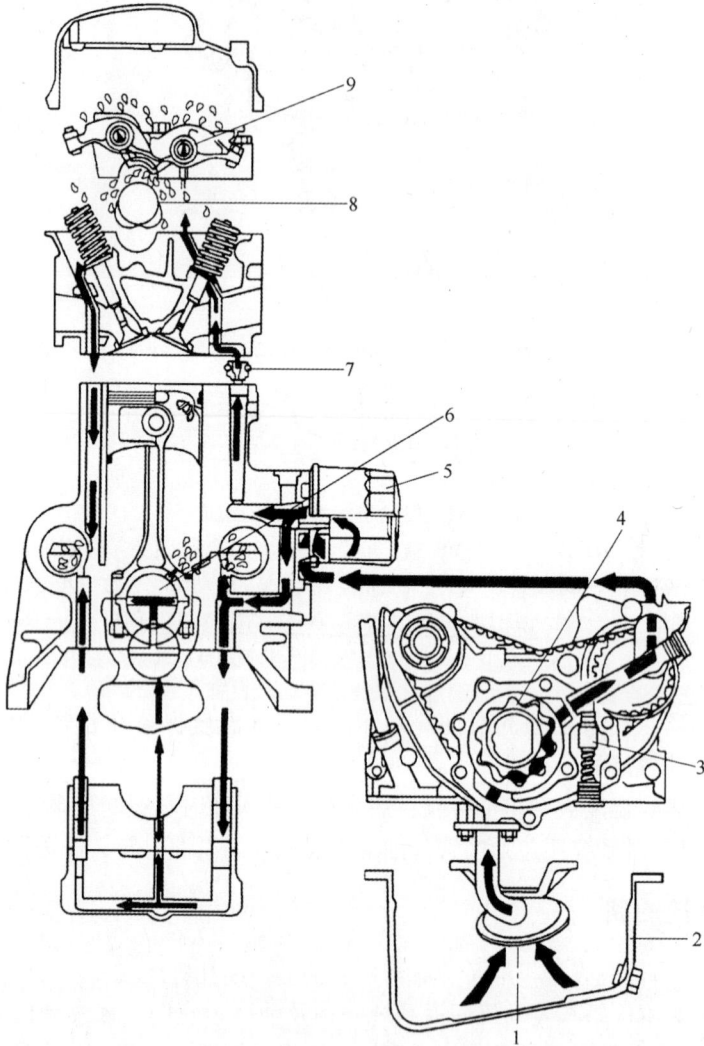

图7-35　本田轿车发动机润滑系统结构及油路示意图
1—机油集滤器　2—油底壳　3—限压阀　4—机油泵　5—机油滤清器　6—曲轴
7—机油控制节流孔　8—凸轮轴　9—摇臂轴

图7-36所示为捷达轿车1.6L发动机润滑系统油路。在润滑油道装有机油压力报警开关4。当发动机起动之后，机油压力较低，低压报警开关触点闭合，机油警告灯亮。当机油压力超过规定值（一般为30kPa左右）时，低压报警开关触点断开，机油报警灯熄灭。当发动机转速超过一定数值（2000r/min）时，机油压力若低于规定值（一般为180kPa），这时

开关触点闭合，机油警告灯闪亮，同时蜂鸣器鸣响报警。

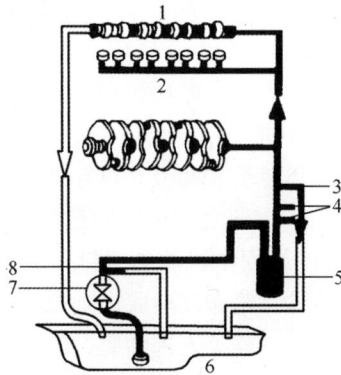

图 7-36　捷达轿车发动机润滑油路

1—凸轮轴　2—液压挺杆　3—限压阀　4—油压报警开关　5—带旁通阀的机油滤清器
6—油底壳　7—机油泵　8—安全阀

现代汽车发动机润滑系统的油路大致相同。图 7-37 所示为带有一些辅助装置的发动机润滑系统油路。与图 7-36 所示的润滑油路相比，在系统中设有机油冷却器（也称机油散热器），还增加了对废气涡轮增压器和真空泵（为制动助力器提供真空源）进行润滑的油路。

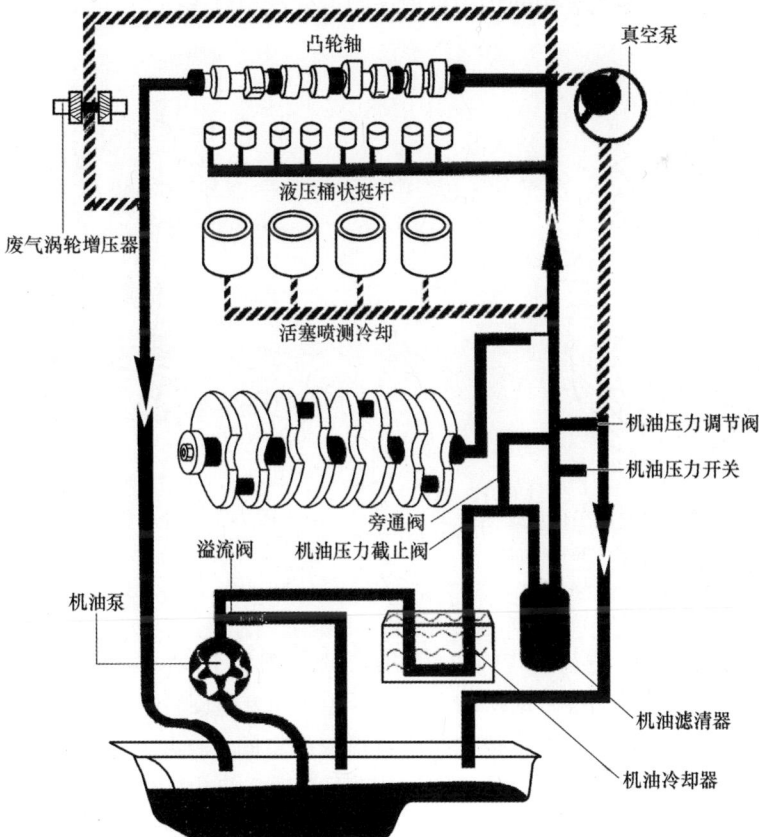

图 7-37　带有一些辅助装置的发动机润滑系统油路

7.2.4 润滑系统的主要部件

1. 机油泵

机油泵的功用是保证机油在润滑系统内循环流动，并在发动机任何转速下都能以足够高的压力向润滑部位输送足够数量的机油。

机油泵结构形式可分为齿轮式和转子式两类。齿轮式机油泵又分内齿轮式和外齿轮式。

（1）外齿轮式机油泵　外齿轮式机油泵的工作原理如图 7-38 所示。在机油泵泵体 6 内装有一对外啮合齿轮 2 和 5，齿轮的端面由机油泵盖封闭。泵体、泵盖和齿轮的各个齿槽组成工作腔。当齿轮按图示方向旋转时，轮齿逐渐脱离啮合而使进油腔 1 的容积增大，腔内产生一定的真空，机油从油底壳经进油口被吸入进油腔，随后又被轮齿带到出油腔 3。轮齿逐渐进入啮合而使出油腔的容积减小，使机油压力升高，机油经出油口被压入发动机机体上的油道。在发动机工作时，机油泵齿轮不停地旋转，机油便连续不断地流入油道，经过滤清之后被送到各润滑部位。

当轮齿进入啮合时，封闭在轮齿径向间隙内的机油压力急剧升高，使齿轮受到很大的推力，并使机油泵轴衬套的磨损加剧。所以在泵盖上加工一道卸压槽 4，使轮齿径向间隙内被挤压的机油通过卸压槽流入出油腔，以降低油压。

外齿轮式机油泵结构如图 7-39 所示。齿轮式机油泵结构简单、制造方便、工作可靠、效率高，故应用广泛。但是需要中间传动机构，制造成本相对较高。

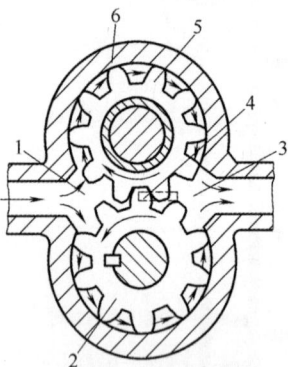

图 7-38　外齿轮式机油泵工作原理图
1—进油腔　2—主动齿轮　3—出油腔
4—卸压槽　5—从动齿轮　6—泵体

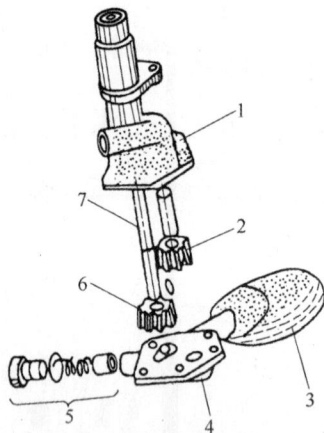

图 7-39　外齿轮式机油泵
1—泵体　2—从动齿轮　3—集滤器　4—泵盖
5—限压阀　6—主动齿轮　7—齿轮轴

（2）内齿轮式机油泵　内齿轮式机油泵工作原理如图 7-40 所示。当发动机工作时，主动齿轮 2 随驱动轴 1 一起转动并带动从动齿轮 4 以相同的方向旋转。内、外齿轮在转到进油口 6 处时开始逐渐脱离啮合，并沿旋转方向两者形成的空间逐渐增大，产生一定的真空度，将油从机油泵进油口吸入。随着齿轮的继续旋转，月牙块 3 将内、外齿轮隔开，齿轮旋转时把齿间所存的油带往出油口 5。在靠近出油口处，内、外齿轮间的空间逐渐减少，油压升高，油从机油泵出油口送往发动机油道中，内、外齿轮又重新啮合。

（3）转子式机油泵　转子式机油泵的工作原理如图 7-41 所示。当机油泵工作时，主动轴带动内转子旋转，内转子则带动外转子朝同一方向转动。内、外转子工作面的轮廓是一对共轭曲线，可以保证两个转子相互啮合时既不干涉也不脱离。内、外转子将外转子的内腔分成四个工作腔。当某一工作腔转过进油口时，容积增大，油压减小，机油经进油口被吸入工作腔。当该工作腔转过出油口时，容积减小，油压升高，机油经出油口被压出。

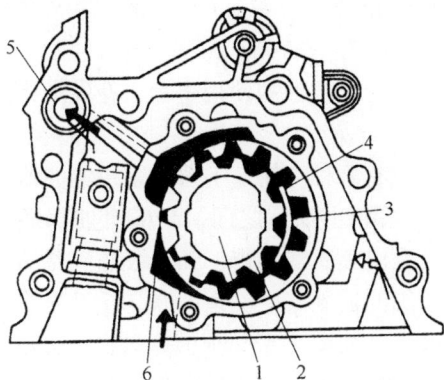

图 7-40　内齿轮式机油泵工作原理图
1—驱动轴　2—主动齿轮　3—月牙块
4—从动齿轮　5—出油口　6—进油口

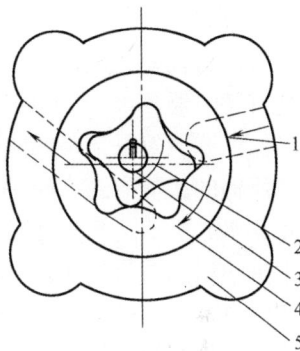

图 7-41　转子式机油泵工作原理
1—传动轴　2—进油口　3—内转子
4—外传子　5—出油口

转子式机油泵结构如图 7-42 所示。转子式机油泵结构紧凑，供油量大，供油均匀，噪声小，吸油真空度较高。因此，当机油泵安装在曲轴箱以外或安装位置较高时，采用转子式机油泵比较合适。但是内、外转子啮合表面的滑动阻力比齿轮泵大，因此，功率消耗较大。

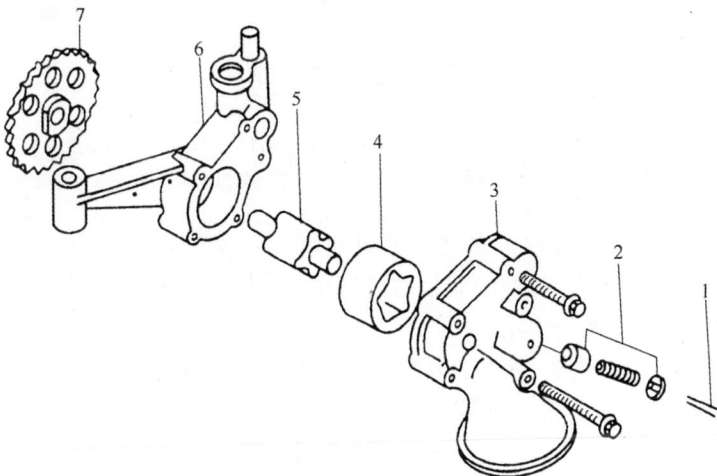

图 7-42　转子式机油泵结构
1—开口销　2—限压阀　3—泵盖　4—外转子　5—内转子　6—泵壳　7—链轮

机油泵必须在发动机各种转速下都能供给足够数量的机油，以保持足够的机油压力，保证发动机的润滑。机油泵供油量的多少与其转速有关，而机油泵的转速又与发动机转速成正比。因此，在设计机油泵时，都是保证其在低速时有足够大的供油量。但是，在高速时机油泵的供油量偏大，机油压力明显偏高。另外，在发动机冷起动时，机油黏度大，流动性差，机油压力也会大幅度升高。为了防止油压过高，在润滑油路中设置了安全阀或限压阀。安全阀一般装在机油泵上或机体的主油道上。当安全阀安装在机油泵上时，如果油压达到规定值，安全阀开启，多余的机油返回机油泵进口。如果安全阀安装在主油道上，则当油压达到规定值时，多余的机油经过安全阀流回油底壳。

2. 机油滤清器

汽车发动机在运转过程中，为了保持机油清洁，延长机油的使用寿命，在发动机润滑系统中都装有滤清器。

为了保证滤清效果，一般使用多级滤清器，方式有两种：轿车上普遍采用集滤器加全流式机油滤清器的滤清方式，机油滤清器串联于机油泵和主油道之间，全部机油都经过它滤清，如图7-43a所示。货车特别是重型货车上一般采用集滤器加粗、细双级滤清器的滤清方式，其中机油粗滤器与主油道串联，而分流式机油细滤器则与主油道并联，经过粗滤器的机油进入主油道，而流过细滤器的机油直接返回油底壳，如图7-43b所示。粗滤器滤除机油中粒径为0.05mm以上的杂质，细滤器则用来滤除粒径为0.01mm以上的细小杂质。

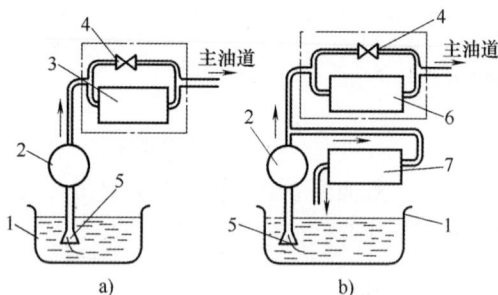

图7-43　机油滤清方式

a）全流式　b）分流式

1—油底壳　2—机油泵　3—全流式机油滤清器　4—旁通阀　5—集滤器
6—机油粗滤器　7—分流式机油细滤器

（1）集滤器　集滤器装在机油泵之前的吸油口端，多采用滤网式，防止粒度大的杂质进入机油泵，汽车发动机使用的集滤器目前分为浮式集滤器和固定式集滤器两种。

浮式集滤器工作时漂浮于机油油面上，以保证油泵总是吸入最上层较清洁的机油，但油面上的泡沫易被吸入，造成机油压力降低，润滑可靠性差。固定式集滤器装在油面下方，吸入的机油清洁度略逊于浮式集滤器，但可防止泡沫吸入，润滑可靠，结构简单，使用广泛。

（2）机油粗滤器　机油粗滤器用来过滤机油中粒度较大（直径在0.1mm以上）的杂质。它对润滑油流动的阻力较小，一般串联在机油泵与主油道之间，属于全滤式机油粗滤器。

国产汽车发动机机油粗滤器一般采用纸质滤芯或锯末滤芯。EQ6100-1型发动机的纸质滤芯机油粗滤器如图7-44所示。壳体由上盖17和外壳15组成。纸质滤芯14用经过树脂处理的微孔滤纸制成。纸质滤清器质量轻，体积小，结构简单，滤清效果好，过滤阻力小，成本低，保养方便，目前在国内外应用广泛。

滤芯的两端由滤芯密封圈 12 和 16 密封。机油由上盖 17 上的进油孔流入，通过滤芯滤清后，经上盖上的出油孔流入发动机主油道。当滤芯被污物堵塞，其内、外压差达到 0.15 ~ 0.17MPa 时，旁通阀的球阀 6 即被顶开，大部分机油不经滤芯滤清，直接进入主油道，以保证足够的润滑油量。

纸质滤芯的构造如图 7-45 所示。

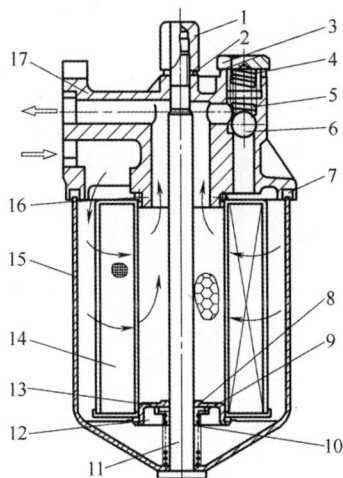

图 7-44　机油粗滤器
1—螺母　2、4—密封垫圈　3—阀座　5—旁通阀弹簧　6—球阀
7—外壳密封圈　8—拉杆密封圈　9—压紧弹簧垫圈
10—滤芯压紧弹簧　11—拉杆　12、16—滤芯密封圈
13—托板　14—纸质滤芯　15—外壳　17—上盖

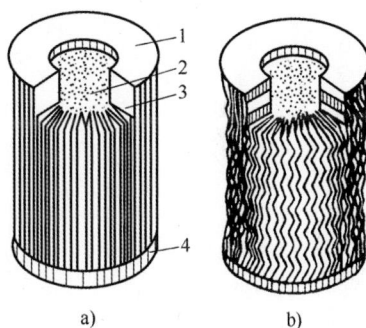

图 7-45　纸质滤芯构造
a）折扇型　b）波纹型
1—上端盖　2—芯筒
3—微孔滤纸　4—下端盖

（3）机油细滤器　机油细滤器可以滤除直径为 0.01mm 以上的细小机械杂质及胶质。因为这种滤清器对机油的流动阻力较大，所以与主油道并联，只有 10% ~ 15% 的润滑油通过。

机油细滤器有过滤式和离心式两种类型。目前离心式机油滤清器应用较广泛。

离心式机油细滤器滤清能力高，通过能力好，且不受沉淀物影响，无须更换滤芯，只需定期清洗即可，但对胶质滤清效果较差。

解放 CA6102 型发动机采用的 FL100 型离心式机油细滤器结构如图 7-46 所示，由底座 4、转子体 15、外罩 6 等部分组成。底座 4 上设有低压限压阀 1。带中心孔的转子轴 9 装在底座上，并用转子轴止推片 2 锁紧。转子体 15 通过上、下两个转子衬套套在转子轴 9 上，可以自由转动，并由上、下两个弹簧挡圈作轴向定位，转子下端装有两个按中心对称水平安装的喷嘴 3。导流罩 8 套装在转子体 15 上，紧固螺母 12 将转子罩 7 与转子体紧固在一起，形成一个空腔，通过导流罩、转子体及转子轴上对应的径向油孔与转子轴中心孔相通。整个转子用外罩 6 盖住，并通过盖形螺母 14 和垫片 13 将其固定在底座 4 上。

发动机工作时，从机油泵来的机油进入细滤器进油口 D，若油压低于 0.147MPa，低压限压阀 1 不开启，机油不进入机油细滤器而全部供给主油道，以保证发动机可靠润滑。当油

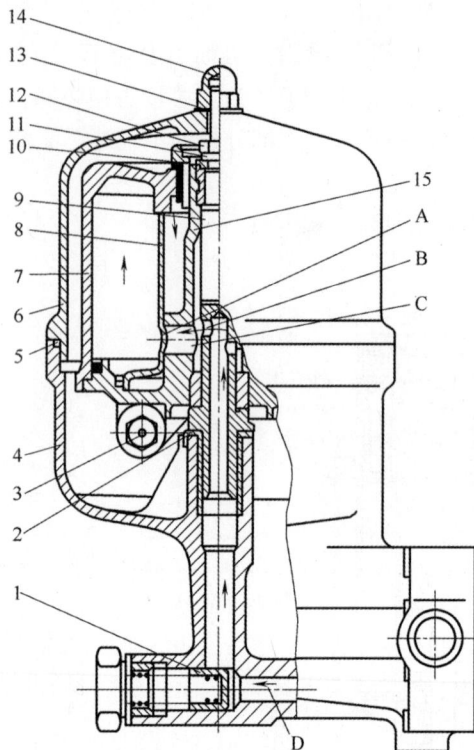

图 7-46 FL100 型离心式机油细滤器

1—低压限压阀 2—转子轴止推片 3—喷嘴 4—底座 5—外罩密封圈 6—外罩
7—转子罩 8—导流罩 9—转子轴 10—止推垫 11—垫圈 12—紧固螺母
13—垫片 14—盖形螺母 15—转子体 A—导流罩油孔 B—转子轴油孔
C—转子体进油孔 D—细滤器进油孔

压高于此值时，低压限压阀被顶开，机油沿转子轴内的中心油道，经转子轴油孔 B、转子体进油孔 C、导流罩油孔 A 流入转子罩 7 内腔后，又经导流罩 8 导流从两个喷嘴 3 喷出，此时转子在喷射反作用力推动下高速旋转。当油压在 0.3MPa 时，转子转速可高达 5000～6000r/min。由于转子内腔的机油随着转子高速旋转，机油中的机械杂质在离心力的作用下被甩向转子壁，洁净的机油不断从喷嘴喷出，并经出油口流回油底壳。

（4）全流式机油滤清器 现代汽车发动机所采用的全流式机油滤清器多为过滤式，其结构如图 7-47 所示。主要由壳体、外壳、滤芯和旁通阀等零件组成。在壳体中设有进、出油口，机油泵工作时压出的压力机油经过进油口进入滤清器外壳 1 与滤芯 2 之间的空间，穿过滤芯，从出油口流出，然后进入主油道或流回油底壳中。在壳体 4 中装有旁通阀 3，当滤芯被杂质堵塞时，机油则不能穿过滤芯流向出油口，这时滤芯周围的机油压力升高，于是推开旁通阀直接流到出油口进入主油道，以确保机件润滑。

滤清器的过滤能力、过滤效果和机油的流通阻力主要决定于滤芯的材料和结构。轿车上一般都采用纸质滤芯。

有些发动机的机油滤清器除设置旁通阀之外还加装止回阀。当发动机停机后，止回阀将滤清器的进油口关闭，机油不能从滤清器流回油底壳。在这种情况下，当重新起动

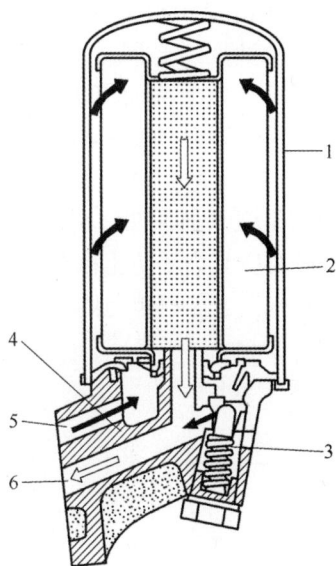

图 7-47　全流式机油滤清器结构

1—外壳　2—滤芯　3—旁通阀　4—壳体　5—进油道　6—出油道

扫一扫

机油滤清器

发动机机时，润滑系统能迅速建立起油压，从而可以减轻由于起动时供油不足而引起的零件磨损。

3. 机油散热器

在高性能大功率的强化发动机上，由于热负荷大，必须装设机油散热器。机油散热器布置在润滑油路中，其工作原理与发动机散热器相同。

发动机机油散热器分为风冷式和水冷式两种。

风冷式机油散热器利用汽车行驶时的迎面风对机油进行冷却。这种机油散热器散热能力强，多用于赛车及热负荷大的增压汽车上。但是风冷式机油散热器在发动机起动后需要很长的暖机时间才能使机油达到正常的工作温度，所以普通轿车上很少采用。

水冷式机油散热器（图 7-48）外形尺寸小，布置方便，且不会使机油冷却过度，机油温度稳定，因而在轿车上应用较广。机油经滤清器滤清之后直接进入散热器，机油在散热器芯内流动，从散热器出水管引来的冷却液在散热器芯外流过。两种流体在散热器内进行热交换，使高温机油得以冷却降温。

7.2.5　曲轴箱强制通风系统

发动机工作时，存在着一定的燃气下窜现象。漏到曲轴箱内的汽油蒸气凝结后将稀释机

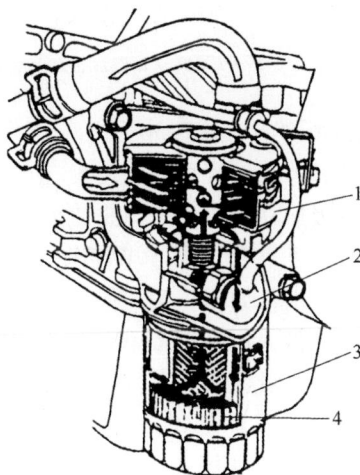

图 7-48　水冷式机油散热器

1—机油散热器　2—机油压力开关
3—机油滤清器　4—机油滤芯

油，使机油黏度变小；废气中的水蒸气凝结于润滑油中形成泡沫，破坏润滑油的供给。废气中的水蒸气和酸性物质将侵蚀零件并使润滑油变质。同时，漏入曲轴箱内的气体使曲轴箱压力和温度升高，将造成机油从油封、衬垫处泄漏而流失。因此，曲轴箱必须设有曲轴箱通风装置，排出漏入的气体并加以利用，同时使新鲜的空气进入曲轴箱，形成不断的对流。

为了减少对大气的污染，现代发动机采用的是强制通风法。图 7-49 所示为发动机曲轴箱强制通风系统。强制通风的动力来自进气管的真空。为了防止在发动机低速小负荷时进气管的真空度太大而将机油从曲轴箱内吸出，在抽气管上装有单向阀（PCV 阀）。

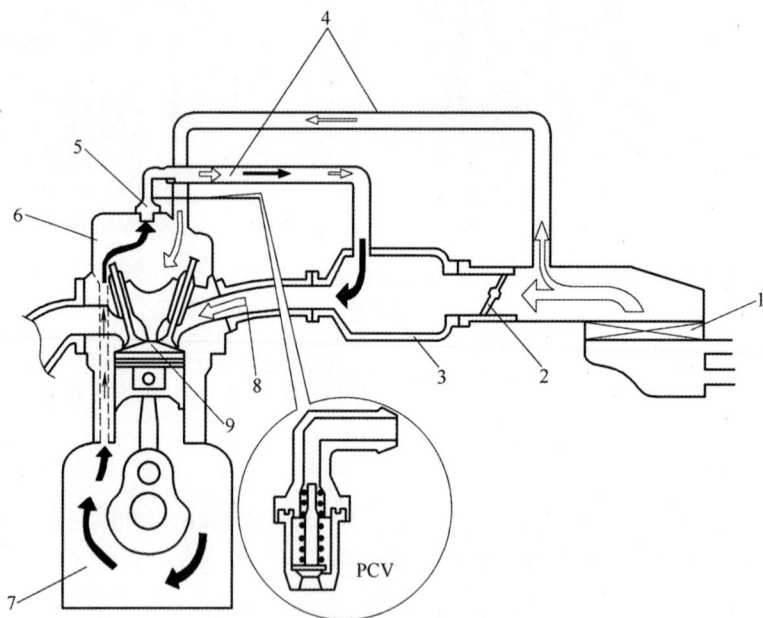

图 7-49　发动机曲轴箱强制通风系统

1—空气滤清器　2—节气门　3—窜气降压室　4—换气管
5—PCV 阀（窜气流量调节）　6—气门室　7—曲轴箱　8—进气管　9—燃烧室

PCV 阀构造如图 7-50 所示。当发动机在小负荷低转速运转时，进气管真空度较大。此时阀 4 克服弹簧 3 的压力被吸靠在阀座 2 上，曲轴箱内的废气经阀 4 的中心小孔进入进气管。由于节流作用，防止了曲轴箱内的机油被吸出，如图 7-51a 所示。当负荷增大时，进气管真空度降低，阀在弹簧张力的作用下离开阀座而逐渐打开，通风量逐渐加大，如图 7-51b 所示。当发动机在大负荷时，阀 4 全开，通风量最大，如图 7-51c 所示。因此，该阀既更新了曲轴箱内的气体，又使机油消耗降低到最低限度。

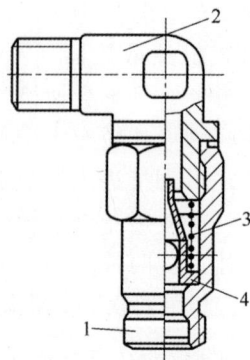

图 7-50　PCV 阀

1—阀体　2—阀座　3—弹簧　4—阀

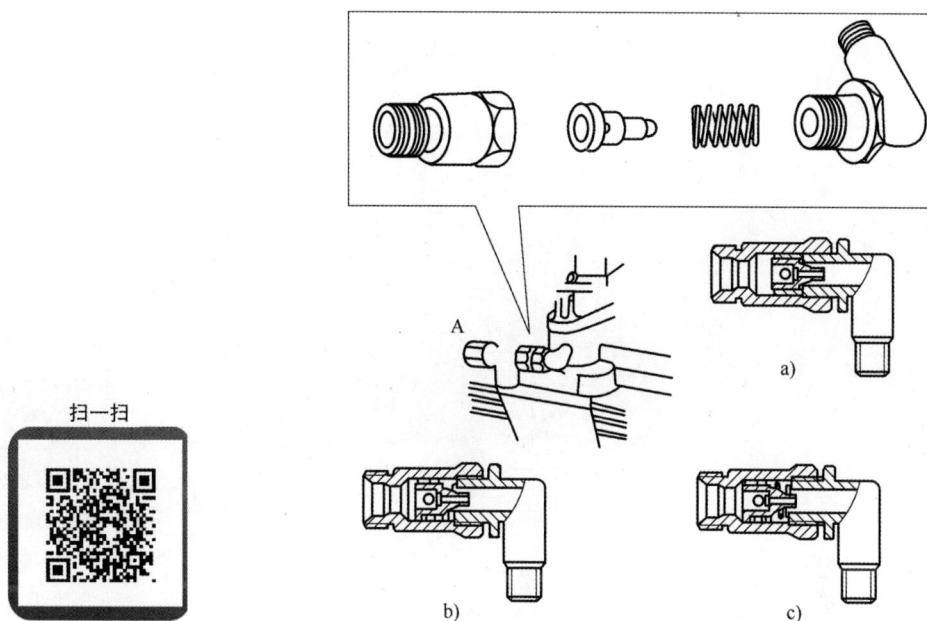

图 7-51　曲轴箱通风单向阀工作过程
a）小负荷　b）中等负荷　c）大负荷

扫一扫

曲轴箱通风

拓展知识：先进技术

1. 宝马 N73 发动机润滑系统

图 7-52 所示为宝马 N73 发动机润滑系统中的机油回路。图 7-53 所示为宝马 N73 发动机的机油泵。

机油泵用一个斜螺栓固定在曲轴轴承盖上，由曲轴通过链条驱动。机油泵为两级齿轮泵，带有两个并联的齿轮对。压力约 200kPa 时以液压方式停用第二级。第二级仅在转速低于约 2000r/min 的下部区域处于启用状态，以便在机油温度较高时始终为 VANOS（可变气门正时机构）提供足够的机油压力。

2. 宝马 N52 发动机润滑系统

宝马 N52 发动机润滑系统中的核心技术就在于宝马独特的体积流量调节式机油泵。图 7-54 所示为宝马 N53 发动机的机油回路。

润滑系统要满足发动机系统提出的提高效率、减轻重量、优化耗油量和减少排放量等要求。尤其是机油泵，消耗了用于附属总成的大部分发动机功率。这就说明，设计一个流量可调节的机油泵十分重要。

机油有润滑发动机内的摩擦面、冷却高负荷部件、带走磨损颗粒、执行液压控制介质的功能和防腐蚀等任务。

VANOS 调节凸轮轴角度时需要大量机油。但当 VANOS 保持住凸轮轴角度后便不再需要机油。因此机油需求量取决于调节过程的情况。传统机油泵可产生发动机内最大机油流量所需的机油压力。在很多运行状态下，这会造成机油泵的无用能量消耗和机油过量损

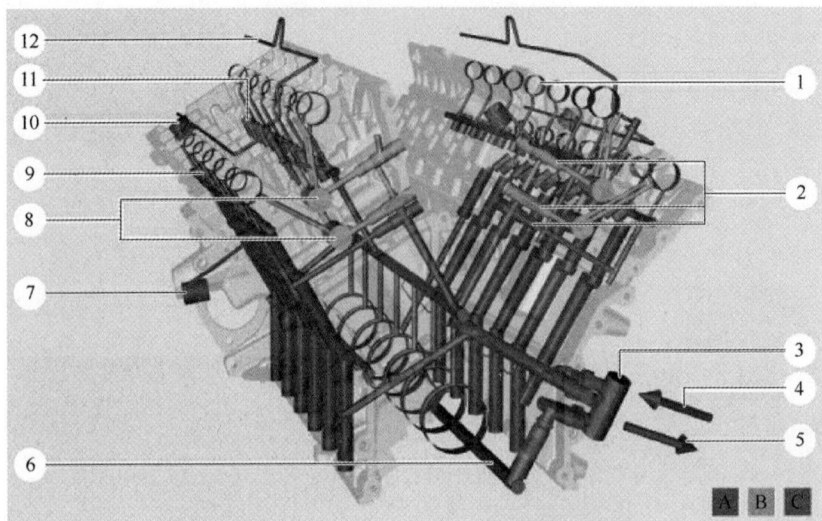

图7-52 宝马N73发动机润滑系统中的机油回路

A—机油泵的机油压力 B—VANOS单元供油 C—机油回流管路

1—进气凸轮轴供油 2—机油单向阀 3—机油节温器内的机油回路

4—自机油冷却器的机油 5—至机油冷却器的机油 6—自机油泵的机油

7—链条张紧器供油 8—VANOS电磁阀供油 9—排气凸轮轴供油

10—高压喷射泵供油 11—HVA元件供油 12—Valvetronic（电子气门技术）偏心轴供油

扫一扫

宝马N73发动机润滑
系统中的机油
回路彩图

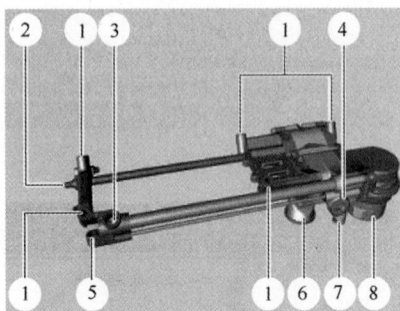

图7-53 宝马N73发动机的机油泵

1—固定螺纹 2—机油泵驱动轴 3—从机油泵至发动机的机油压力

4—调节阀 5—从发动机至调节阀的机油压力控制管路

6—吸油滤网 7—安全阀 8—机油滤清器

图7-54 宝马N53发动机的机油回路

耗。Valvetronic Ⅱ和热怠速运行（即发动机运行时机油温度较高且转速较低时）需要一种经过优化的新型泵系统，如图7-55所示。怠速运行和气门行程较小时双VANOS的调节需求最高。在这些运行条件下，针对开始开启气门（准确的发动机控制）的调节需求也最高。

因此对于机油泵来说，必须在转速相对较低时向VANOS单元输送流量较大的机油。相对于N52上使用的机油泵，传统机油泵的尺寸需要达到前者的三倍才能满足上述要求，相应地也会消耗更多的驱动能量。N52装有一个体积流量调节式机油泵。这种类型的机油泵根据相应的发动机运行区域输送所需要的机油量，负荷较小时不会输送过量机油。这就减小了发动机耗油量和机油损耗。机油泵采用了滑阀式叶片泵。在供给模式下，泵轴在壳体中处于偏心位置处，叶片在旋转过程中呈放射状移动。因此，叶片构成了体积不同的腔。体积增大时吸入机油，体积减小时将机油排入机油通道内。

　　体积流量调节式机油泵有结构体积/效率比有利、根据需要产生液压功率、显著降低所需发动机功率等优点，从而提高了效率，体积流量变化较小，尽可能减少了通过供给系统产生的机油泡沫，不会将液压能量转化为损耗热，减少了油提前老化现象，减少了噪声，具有较高的控制动态性（即使是在冷起动期间也没有压力峰值）以及对污物不敏感等。

　　曲轴通过一根链条驱动机油泵。产生的机油压力克服压力弹簧的弹力，作用在带有倾斜止动面（摆动支撑）的控制活塞上。摆动支撑改变滑阀的位置，如图7-56所示。泵轴位于滑阀中间位置时，体积流量变化和供给量都较小。泵轴偏离中心位置时，体积流量变化和供给量都较大。机油需求增大，例如VANOS进行调节干预时，润滑系统内的压力减小，控制活塞上的压力也随之减小。机油泵相应增大供给量并重新建立起之前的压力比。机油需求减小时，机油泵相应地向供给方向调节供给量。

图 7-55　宝马 N52 发动机体积流量调节式机油泵
1—叶片　2—滑阀　3—带有摆动支撑的控制活塞
4—压力弹簧　5—泵轴　6—转子　7—转轴

图 7-56　带有摆动支撑的控制活塞

【小结】

　　1. 发动机冷却系统的任务就是使发动机得到适度的冷却，从而保持在最适宜的温度范围内工作。

　　2. 发动机冷却系统按冷却介质的不同，可分为水冷系统和风冷系统。

　　3. 汽车发动机上普通采用的是强制循环式水冷系统。它利用水泵将冷却液提高压力，使其在发动机冷却系统中循环流动。

　　4. 为使发动机在低温时减少热量损失、缩短暖机时间，在低速大负荷情况下加快散热、冷却系统中设有调节温度的装置，如节温器、风扇离合器及百叶窗等。

　　5. 节温器安装在水泵的进水口或气缸盖的出水口。其作用是根据发动机冷却液温度的高低，自动改变冷却液的循环路线及流量，以使发动机始终在最合适的温度下工作。

6. 发动机温度低时，冷却液可以不经散热器而直接进入水泵，未经散热的冷却液被水泵重新压入发动机水套内，从而减少了热量损失。此时冷却液的循环路线称为小循环。当发动机冷却液温度达到一定值时，高温冷却液全部进入散热器进行冷却，之后再由水泵重新压入发动机的水套内。此时冷却液的循环路线称为大循环。

7. 汽车使用的防冻液通常由一定比例的乙二醇和蒸馏水混合而成，其冰点可达 −35℃，沸点则高达127℃左右。

8. 润滑系统的功用是在发动机工作时连续不断地将数量足够、压力和温度适当的洁净润滑油输送到全部运动副的摩擦表面，并在摩擦表面之间形成油膜，实现液体摩擦，减轻机件磨损；此外，还能起到清洁、吸热、密封、减振、降噪和防锈的功能。

9. 润滑方式有压力润滑、飞溅润滑、润滑脂润滑。

10. 润滑系统主要部件有机油泵、机油滤清器、机油散热器等。机油泵分为齿轮式和转子式两种；机油滤清器包括集滤器、机油粗滤器和机油细滤器；机油散热器分为风冷式和水冷式两类。

11. 曲轴箱通风系统可以排出漏入曲轴箱内的气体并加以利用，同时使新鲜的空气进入曲轴箱，形成不断的对流。

【课后练习题】

1. 水冷系统由哪些部件组成？各有何作用？
2. 冷却液的大、小循环路线有何区别？
3. 润滑系统一般由哪些零部件组成？各有何功用？
4. 单级机油和多级机油有何不同？
5. 采用双级机油滤清器时，它们是并联还是串联于润滑油路中？为什么？
6. PCV阀是怎样工作的？它堵塞后会有什么后果？

第 8 章

CHAPTER 8

发动机点火与起动系统

【学习目标】

1. 能够叙述点火系统的组成及工作原理。
2. 能够说明微机控制点火系统的组成及控制过程。
3. 能够叙述起动系统的组成和工作过程。

【学习导入】

一日，该同学在观看电影《雷锋》时，发现雷锋驾驶的解放汽车在起动时是用人工摇把进行驱动的，而现在的汽车是用钥匙转动驱动或按键驱动的，所以该同学提出，钥匙转动的力量有这么大吗？可以带动汽车前进。同时，汽油机是点燃混合气燃烧的，那混合气是如何点燃的？什么时候点燃混合气呢？为此，他开始了汽车点火与起动系统的学习。

8.1　汽油机点火系统

8.1.1　点火系统的功用

能够按时在火花塞两电极之间产生电火花的全部装置，称为汽油机点火系统。点火系统的作用是适时地为汽油发动机气缸内已压缩的可燃混合气提供足够能量的电火花，使发动机能及时、迅速地做功。点火系统性能好坏对发动机的工作有十分重要的影响。

8.1.2　点火系统的分类与组成

点火系统种类较多，主要有传统点火系统、无触点电子点火系统、微机控制点火系统等。

1. 传统点火系统

由蓄电池或发电机供给的 12V 低压电，经点火线圈和断电器转变为高压电，再经配电器分送到各缸火花塞，使其电极间产生电火花。

传统点火系统的组成如图 8-1 所示，主要包括下述部件。

1）电源：供给点火系统所需的电能，由蓄电池和发电机提供。

2）点火线圈：将电源 12V 的低压电变成 15～20kV 的高压电。

3）分电器：它包括断电器、配电器、电容器和点火提前机构等部分。各部分作用如下。

　①断电器：接通与切断点火线圈初级电路。

　②配电器：将点火线圈产生的高压电按气缸的工作顺序送至各缸火花塞。

　③电容器：减小断电器触点火花，延长触点使用寿命并提高次级电压。

　④点火提前机构：随发动机转速、负荷和汽油辛烷值变化改变点火提前角。

4）火花塞：将高压电引入气缸燃烧室产生电火花点燃混合气。

5）点火开关：控制点火系统的初级电路。

6）附加电阻：改善点火性能和起动性能。

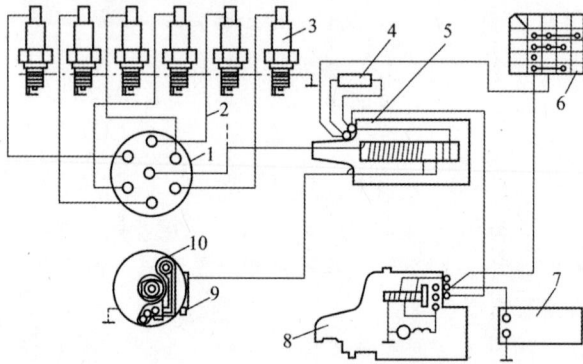

图 8-1　传统点火系统的组成

1—配电器　2—高压导线　3—火花塞　4—附加电阻　5—点火线圈
6—点火开关　7—蓄电池　8—起动机　9—电容器　10—断电器

2. 无触点电子点火系统

无触点电子点火系统如图 8-2 所示。它取消了传统点火系统中断电器的触点，用点火信号发生器产生点火信号，控制点火系统工作。它可以避免由触点引起的各种故障，减少了保养和维护工作。还可以增大初级电流，提高次级电压和点火能量，改善混合气的燃烧状况，提高发动机的动力性和经济性，并减少排气污染。

3. 微机控制点火系统

由微机控制装置根据各传感器提供的信号，确定点火时刻，并发出点火控制信号，可使发动机实际点火提前角接近理想点火提前角。在各种运转条件下，点火提前角可获得复杂而精确的控制。在怠速时，最佳点火提前角的主要目标是运转平稳、排放污染最低、油耗最小；在部分负荷时，主要要求降低油耗和提高行驶特性；在大负荷时，重点是提高最大转矩和避免工作中产生爆燃。

现代汽车普遍采用电控燃油喷射系统，将燃油喷射控制与点火控制结合在一起，实行集中控制，共用很多传感器信号。

图 8-3 所示为微机控制点火系统的基本结构。

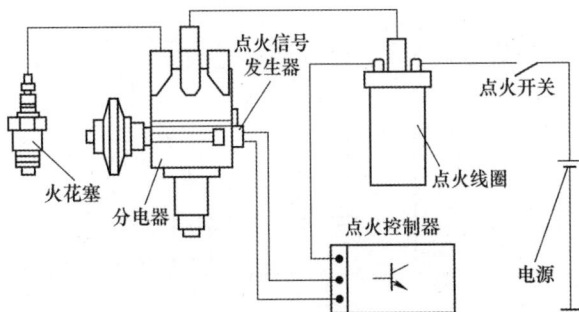

图 8-2 无触点电子点火系统

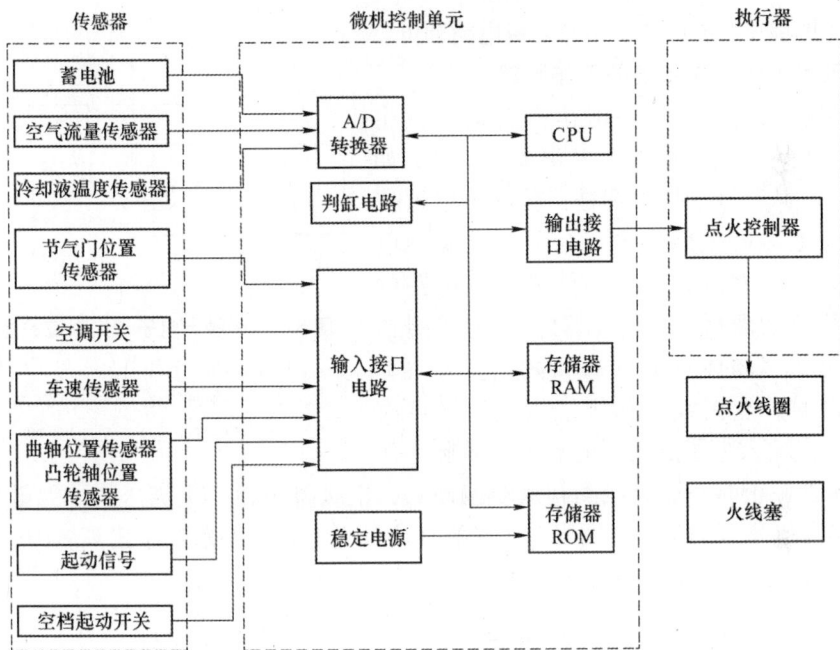

图 8-3 微机控制点火系统的基本结构

8.1.3 点火系统的工作原理

1. 传统点火系统的工作原理

在传统点火系统中，蓄电池或发电机供给的 12V 低压电，经点火线圈和断电器转变为高压电，再经配电器分送到各缸火花塞，使其电极间产生电火花。其工作原理如图 8-4 所示。

发动机工作时，断电器轴连同凸轮一起在发动机凸轮轴的驱动下旋转。凸轮转动时，断电器触点交替地闭合和打开。当触点闭合时，接通点火线圈初级绕组的电路；当触点分开时，切断初级绕组的电路，使点火线圈的次级绕组中产生高压电；当火花塞的电极间隙被击穿时，产生电火花，点燃混合气。

发动机工作期间，断电器凸轮每转一转各缸按点火顺序轮流点火一次。若要停止发动机

扫一扫

电控点火系统的
组成及类型

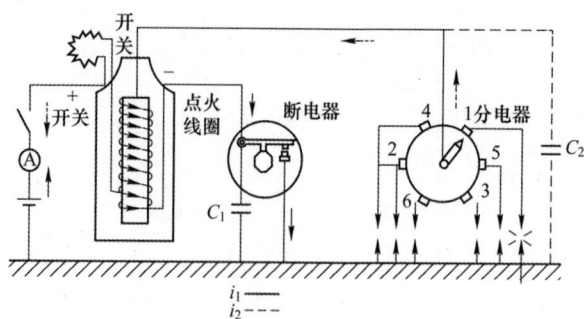

图8-4 传统点火系统的工作原理

的工作，只要断开点火开关，切断初级电路即可。

2. 无触点电子点火系统的工作原理

无触点电子点火系统一般由点火信号发生器、电子点火器、点火线圈、火花塞等组成，如图8-5所示。其基本工作原理是：转动分电器使点火信号发生器产生脉冲电压信号，此脉冲电压信号经电子点火器大功率晶体管前置电路的放大、整形等处理后，控制串联于点火线圈初级回路的大功率晶体管的导通和截止。大功率晶体管导通时，点火线圈初级绕组通路，点火系统储能；当输入电子点火器的点火信号脉冲使

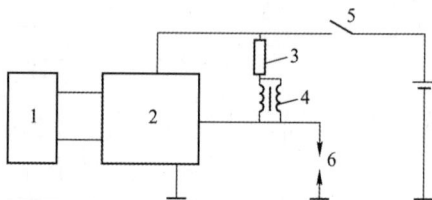

图8-5 无触点电子点火系统的基本组成
1—点火信号发生器 2—电子点火器
3—附加电阻 4—点火线圈
5—点火开关 6—火花塞

大功率晶体管截止时，点火线圈初级绕组断路，次级绕组便产生高压电。无触点电子点火系统按信号发生器的类型不同可分为磁脉冲式、光电式、霍尔效应式等多种，如图8-6所示。

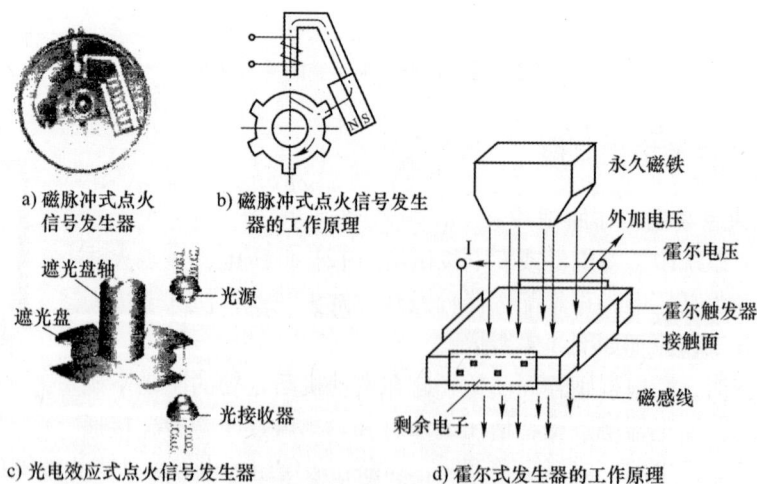

a) 磁脉冲式点火信号发生器

b) 磁脉冲式点火信号发生器的工作原理

c) 光电效应式点火信号发生器

d) 霍尔式发生器的工作原理

图8-6 信号发生器的类型

3. 微机控制点火系统的工作原理

微机控制点火系统主要由传感器、电子控制器、点火器、点火线圈等组成，如图 8-7 所示。

1）传感器（包括各种开关）主要有曲轴位置传感器、空气流量传感器（或绝对压力传感器）、冷却液温度传感器、进气温度传感器、氧传感器、节气门位置传感器、车速传感器、爆燃传感器、空调开关信号等。

2）电子控制器的作用是根据发动机各传感器输入的信息及储存的数据，进行运算、处理、判断，然后输出指令（信号）控制有关执行器（如点火器）的动作，达到快速、准确控制发动机工作的目的。

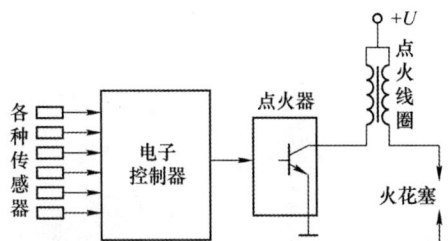

图 8-7　微机控制点火系统原理图

3）点火器的作用是根据电子控制器输出的指令，通过内部的大功率晶体管的导通和截止，控制初级电流的通断，完成点火工作。

采用微机点火控制以后，可以进一步取消分电器，由控制系统直接进行高压电的分配，成为无分电器电子点火系统。

无分电器电子点火系统分两种，一种为每两缸装一个点火线圈，两缸同时点火，如图 8-8 所示；另一种为每缸一个点火线圈，各缸独立进行控制，如图 8-9 所示。

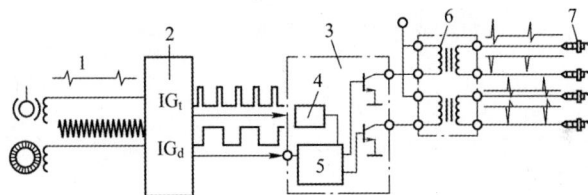

图 8-8　两缸一个点火线圈的点火系统

1—曲轴位置传感器　2—电子控制装置　3—点火器　4—点火基准判断

5—点火分配器　6—点火线圈　7—火花塞

8.1.4　点火系统的主要部件

1. 分电器

（1）传统分电器　分电器由断电器、配电器、电容器和点火提前机构等组成，如图 8-10 所示。

1）断电器。断电器由固定在断电器底板上的断电器触点和断电器凸轮组成。断电器的触点是由钨制成的，一个触点固定，另一个触点活动。固定触点搭铁，它固定在活动底板上，可借助转动偏心螺钉调整触点间隙。

2）配电器。配电器安装在断电器的上方，它由胶木制的分电器盖和分火头组成。分电器盖的中央有一高压线座孔（中央电极），其内装有带弹簧的炭柱，压在分火头的导电片上。分电器盖的四周均布有与发动机气缸数相等的旁电极，可通过高压分线与各缸火花塞相连。分火头装在分电器凸轮的顶端，随凸轮一起旋转，当断电器触点分开时，分火头上的导

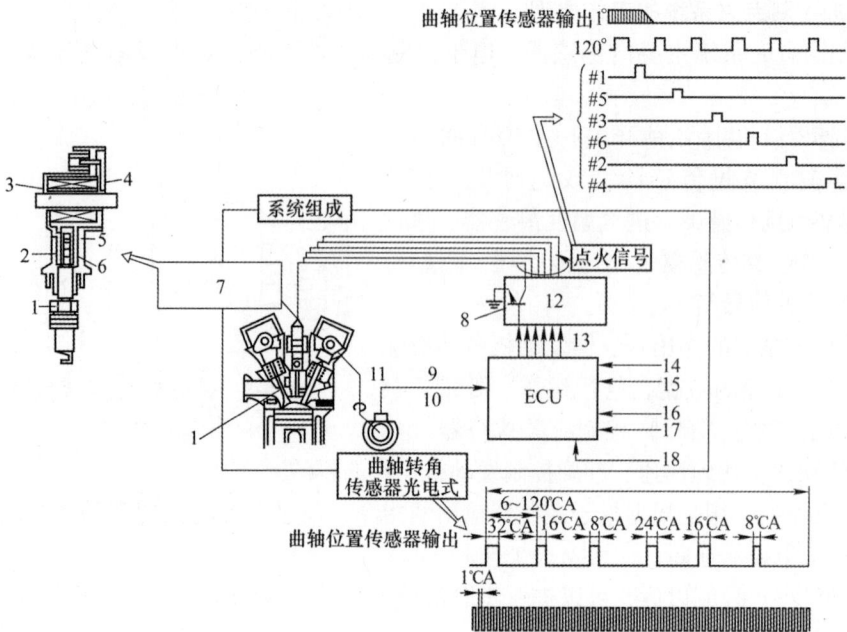

图 8-9 每缸一个点火线圈的点火系统

1—火花塞 2—护套 3—初级绕组 4—次级绕组 5—弹簧 6—高压接点 7—点火线圈（每缸一个）
8—功率放大 9—转速信号 10—曲轴转角信号 11—直接接凸轮 12—功率管 13—点火正时控制信号
14—空气流量信号 15—冷却液温度信号 16—起动信号 17—爆燃信号 18—节气门开度信号

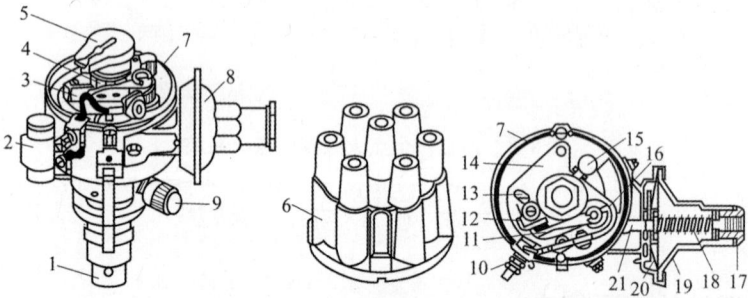

图 8-10 分电器的结构

1—联轴节 2—电容器 3—触点及断电器底板总成 4—凸轮 5—分火头 6—分电器盖 7—分电器壳体
8—真空提前调节器 9—油杯 10—接线柱 11—活动触点臂 12—固定触点及支架
13—偏心螺钉 14—活动底板 15—油毡及夹圈 16—触点臂弹簧片 17—螺母 18—弹簧
19—真空提前调节器外壳 20—真空提前调节器膜片 21—拉杆

电片总是正对某一旁电极。发动机工作时，断电器触点分开瞬间，来自点火线圈的高压电经中央电极的炭柱、分火头上的导电片，以火花形式跳到旁电极上，再经高压导线送往火花塞。

3）点火提前调节机构。点火时刻对发动机的工作影响很大，应当在活塞达到上止点前点火，使气体压力在活塞位置相当于曲轴转到上止点后 $10° \sim 15°$ 时达到最高值。

点火时，曲轴的曲拐位置与压缩行程结束、活塞在上止点时曲拐位置之间的夹角为点火提前角。最佳点火提前角最主要的影响因素是发动机转速和混合气的燃烧速度。当转速一定时，随着负荷的增大，点火提前角应适当减少；发动机负荷减少时，点火提前角应当加大。当负荷一定时，点火提前角应随转速提高适当增大。

在分电器中一般设有两套自动调节点火提前角的装置。一套能随发动机转速的变化而自动调节点火提前角的离心式点火提前角调节装置，另一套是按发动机负荷不同而自动调节点火提前角的真空式点火提前角调节装置。

（2）无触点分电器 主要由点火信号发生器、配电器和点火提前调节装置组成。配电器和离心式点火提前调节装置与传统分电器相似。磁脉冲式分电器的内部结构如图 8-11 所示。

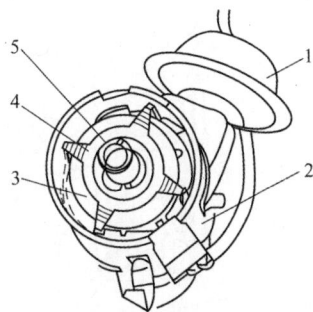

图 8-11 磁脉冲式分电器结构
1—真空点火提前调节装置 2—分电器壳
3—托板 4—信号转子 5—转子轴

扫一扫

分电器

扫一扫

分电器的拆解

2. 点火线圈

（1）点火线圈的分类 点火线圈由初级绕组、次级绕组和铁心等组成。

1）按磁路的结构形式不同，可分为开磁路式点火线圈和闭磁路式点火线圈。

① 开磁路式点火线圈。开磁路式点火线圈的结构如图 8-12 所示。点火线圈的中心是用硅钢片叠成的铁心，在铁心外面套上绝缘的纸板套管，套管上绕有次级绕组，它用直径为 0.06 ～ 0.10mm 的漆包线绕 11000 ～ 23000 匝。初级绕组用直径为 0.5 ～ 1.0mm 的高强漆包线，绕在次级绕组的外面，以利于散热，一般绕 230 ～ 370 匝。绕组绕好后在真空中浸以石蜡和松香的混合物，以增强绝缘性。绕组和外壳之间装有导磁钢套，底部有瓷质绝缘支座，上部有绝缘盖，外壳内充满沥青或变压器油等绝缘物，以加强绝缘并防止潮气侵入。

扫一扫

点火线圈

三接线柱式点火线圈的绝缘盖上有接线柱"−""开关""＋开关"和高压插孔，它们分别接断电器、起动机附加电阻短路接线柱、点火开关和配电器。三接线柱式点火线圈与两接线柱式点火线圈的主要区别是外壳上装有一个附加电阻。附加电阻接在标有"开关"和"＋开关"的两接线柱上，与点火线圈的初级绕组串联。附加电阻可用低碳钢丝、镍铬丝或纯镍丝制成，具有受热时电阻迅速增大，而冷却时电阻迅速降低的特性。因此，在发动机工作时，可自动调节初级电流，改善高速时的点火特性。

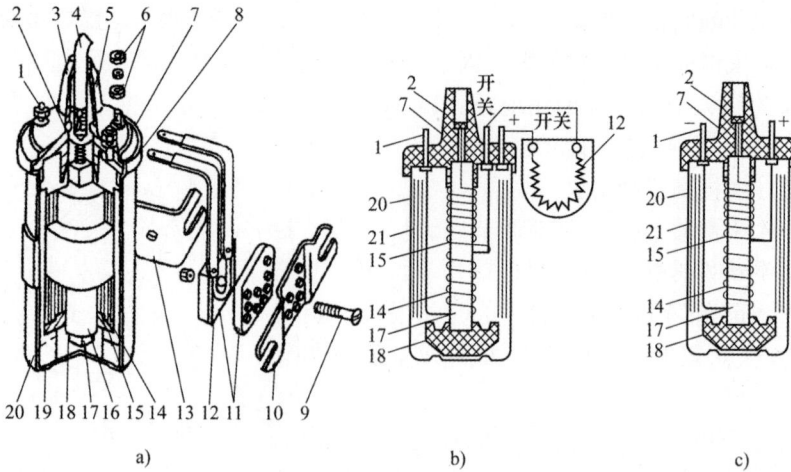

图 8-12　开磁路式点火线圈

a）结构示意图　b）三接线柱式点火线圈原理图　c）二接线柱式点火线圈原理图

1—"－"接线柱　2—次级绕组引出头及弹簧　3—橡胶罩　4—高压阻尼线　5—高压线插座　6—螺母及垫片

7—绝缘盖　8—橡胶密封圈　9—螺钉及螺母　10—附加电阻盖　11—附加电子瓷质绝缘体

12—附加电阻及接线片　13—固定夹　14—初级绕组　15—次级绕组　16—绝缘纸　17—铁心

18—瓷绝缘体　19—沥青材料　20—外壳　21—导磁钢套

② 闭磁路式点火线圈。闭磁路式点火线圈的结构如图 8-13 所示。在"口"字形或"日"字形铁心内绕有初级绕组，在初级绕组外面绕有次级绕组，初级绕组在铁心中的磁通，通过铁心形成闭合磁路，故称其为闭磁路式点火线圈。

与开磁路式点火线圈相比，闭磁路式点火线圈具有漏磁少、转换效率高、体积小、质量轻、铁心裸露易于散热等优点，故已在电子点火系统中广泛采用。

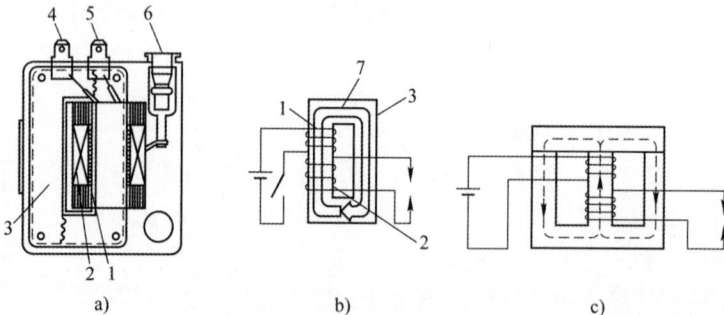

图 8-13　闭磁路式点火线圈

a）闭磁路点火线圈　b）"口"字形铁心　c）"日"字形铁心

1—初级绕组　2—次级绕组　3—铁心　4—正接线柱　5—负接线柱

6—高压接线柱　7—磁力线

2）按作用于气缸数的不同，可分为双缸点火线圈和单独点火线圈。

① 双缸点火线圈。双缸点火方式指两个气缸合用一个点火线圈（图 8-14），因此这种点火方式只能用于气缸数目为偶数的发动机上。如果在四缸机上，当两个缸活塞同时接近上

止点时（一个是压缩行程另一个是排气行程），两个火花塞共用同一个点火线圈且同时点火，这时一个是有效点火另一个则是无效点火，前者处于高压低温的混合气之中，后者处于低压高温的废气中，因此两者的火花塞电极间的电阻完全不同，产生的能量也不相同，导致有效点火的能量大得多，约占总能量的80%左右。

② 单独点火线圈。单独点火方式是每一个气缸分配一个点火线圈（图8-15），点火线圈直接安装在火花塞上的顶上，这样还取消了高压线。这种点火方式通过凸轮轴传感器或通过监测气缸压缩来实现精确点火，它适用于任何缸数的发动机，特别适合每缸四气门的发动机使用。因为火花塞点火线圈组合可安装在双顶置凸轮轴（DOHC）的中间，充分利用了间隙空间。由于取消了分电器和高压线，能量传导损失及漏电损失极小，没有机械磨损，而且各缸的点火线圈和火花塞装配在一起，外用金属包裹，大幅减少了电磁干扰，可以保障发动机电控系统的正常工作。

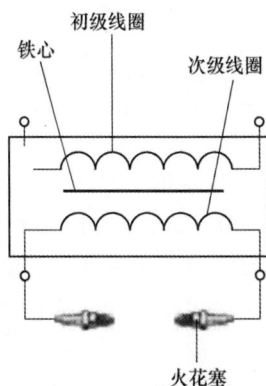

图8-14 双缸点火线圈

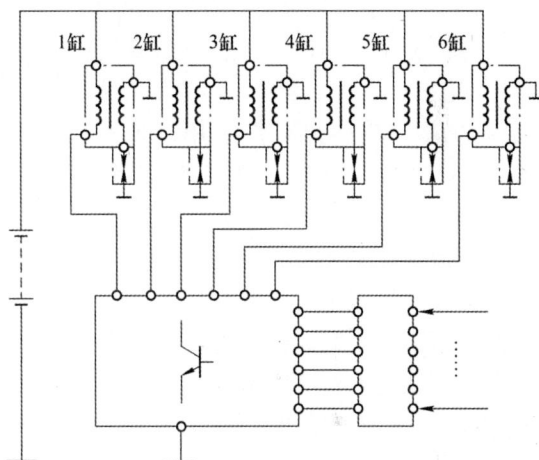

图8-15 独立点火线圈

（2）点火线圈的型号　根据QC/T 73—1993《汽车电气设备产品型号编制方法》的规定，点火线圈的型号应由下面的几个部分组成。

产品代号：D表示点火，Q表示线圈，如果DQ后面还有字母，G表示干式点火线圈，D表示电子点火系统用点火线圈。

电压等级代号：用数字表示点火线圈的额定电压，即1——12V；2——24V；6——6V。

用途代号：用数字表示点火线圈的用途，1——单、双缸发动机，2——四、六缸发动机，3——四、六缸发动机（带附加电阻）；4——六、八缸发动机（带附加电阻）；5——六、八缸以上缸发动机；6——八缸以上发动机；7——无触点分电器；8——高能点火；9——其他（包括三、五、七缸）。

设计序号：以数字表示。

变型代号：以A/B/C……顺序表示。

例如：DQ1244表示电压为12V，用于四、六缸发动机，设计序号为4的点火线圈。

3. 火花塞

火花塞的结构如图8-16所示。在钢制壳体5的内部固定有高氧化铝陶瓷绝缘体2，使中心电极与侧电极之间保持足够的绝缘强度。绝缘体孔的上部装有金属杆3，通过接线螺母与高压导线相连，下部装有中心电极10。金属杆与中心电极之间用导电玻璃6密封。中心电极用镍锰合金制成，具有良好的耐高温、耐腐蚀和导电性能。火花塞借壳体下部的螺纹旋入气缸盖中，旋紧时密封垫圈受压变形保证壳体与缸盖之间密封良好。为了适应不同发动机的需要，火花塞因下部的形状和绝缘体裙部长度的不同有多种形式。

火花塞的热特性主要取决于绝缘体裙部的长度。绝缘体裙部长的火花塞，受热面积大，传热距离长，散热困难，裙部温度高，称为热型火花塞；反之，裙部短的火花塞，称为冷型火花塞。热型火花塞适用于低速、低压缩比、小功率发动机；冷型火花塞适用于高速、高压缩比、大功率发动机。

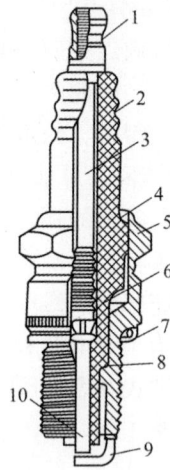

图 8-16　火花塞的构造

1—接线柱　2—绝缘体　3—金属杆　4—垫圈　5—壳体
6—导电玻璃　7—多层密封垫圈　8—内垫
9—侧电极　10—中心电极

火花塞热值包括 1～9 九个数字，其中 1～3 为低热值，4～6 为中热值，7～9 为高热值。原厂备件的火花塞热值一般有 5、6、7 三种，对于火花塞的工作环境温度要求是非常高的，火花塞的散热既不能太大，也不能太小，要确保火花塞的工作温度，就必须与原厂热值相匹配。一般情况下上、下差值控制在 1 之内，如果差值过大，轻则影响发动机功率输出，重则导致火花塞损坏，进而损坏发动机。

火花塞按照电极材料来分，有镍合金、银合金和铂合金等。如果按照电极形状来分，火花塞的类型大体上有如下几种。

1）标准型火花塞：其绝缘体裙部略缩入壳体端面，侧电极在壳体端面以外，是使用最广泛的一种。

2）绝缘体突出型火花塞：绝缘体裙部较长，突出于壳体端面以外。它具有吸热量大、抗污能力好等优点，且能直接受到进气的冷却而降低温度，因而也不易引起炽热点火，故热适应范围宽。

3）电极型火花塞：其电极很细；特点是火花强烈，点火能力好，在严寒季节也能保证发动机迅速可靠地起动，热范围较宽，能满足多种用途。

4）座型火花塞：其壳体和旋入螺纹制成锥形，因此不用垫圈即可保持良好的密封，从而缩小了火花塞体积，对发动机的设计更为有利。

5）极型火花塞：侧电极一般为两个或两个以上；优点是点火可靠，间隙不需经常调整，故在电极容易烧蚀和火花塞间隙不能经常调节的一些汽油机上经常采用。

6）面跳火型火花塞：即沿面间隙型，它是一种最冷型的火花塞，其中心电极与壳体端面之间的间隙是同心的。

此外，为了抑制汽车点火系统对无线电的干扰，又生产了电阻型和屏蔽型火花塞。电阻型火花塞是在火花塞内装有 5～10Ω 的陶瓷电阻器，屏蔽型火花塞是利用金属壳体把整个火花塞屏蔽密封起来。屏蔽型火花塞不仅可以防止无线电干扰,还可用于防水、防爆的场合。

不同国家生产的火花塞采用不同的型号表示方法。我国生产的火花塞型号各部分代表的含义如下。

第一部分:英文字母,表示火花塞的结构和类型及主要尺寸。

第二部分:阿拉伯数字,表示火花塞的热值。

第三部分:英文字母,表示火花塞的特性。

例:K6RTC

K 表示螺纹规格是 M14×1.25,平座,螺纹长度 19mm,壳体六角对变长度 16mm。其他字母表示含义见表8-1。

表8-1 第一部分英文字母的含义

字 母	螺纹规格	座 形 式	螺纹长度	壳体六角对边
A	M10×1	平座	12.7	16.0
B	M10×1	平座	19.0	16.0
C	M10×1.25	平座	12.7	17.5
D	M10×1.25	平座	19.0	17.5
E	M10×1.25	平座	12.7	20.8
F	M10×1.25	平座	19.0	20.8
K	M10×1.25	平座	19.0	16.0
Q	M10×1.25	锥座	17.5	16.0

6 表示火花塞的热值。

R、T、C 表示火花塞特征。R 表示火花塞为电阻型,T 表示火花塞绝缘体为突出型,C 表示火花塞中心电极为镍铜复合型,B 表示半导体型,G 表示贵重金属电极,J 表示多极型,V 表示 V 形火花塞。

4. 汽车发动机电子控制单元

电子控制单元(ECU),又称"行车电脑""车载电脑"等。从用途上讲则是汽车专用微机控制器。它和普通的电脑一样,由微处理器(CPU)、存储器(ROM、RAM)、输入/输出接口(I/O)、模数转换器(A/D)以及整形、驱动等大规模集成电路组成。用一句简单的话来形容,就是"ECU 就是汽车的大脑"。

8.1.5 北京现代悦动轿车点火系统

1. 悦动轿车点火系统的结构与原理

北京现代轿车发动机点火系统由监测发动机运行状况的各类传感器、电子控制器(电控单元 ECU)和电子点火器(点火模块)组成,如图8-17所示。

(1)各类传感器及其作用

1)发动机转速传感器:发动机转速传感器是由永久磁铁和传感线圈组成的磁脉冲式传感器,装在飞轮的侧面与飞轮上的 135 个齿相对应。发动机曲轴每转一周产生 135 个脉冲信号。转速传感器产生的电信号从电子控制器插脚进入,作为计算发动机转速和点火提前角的主要依据。

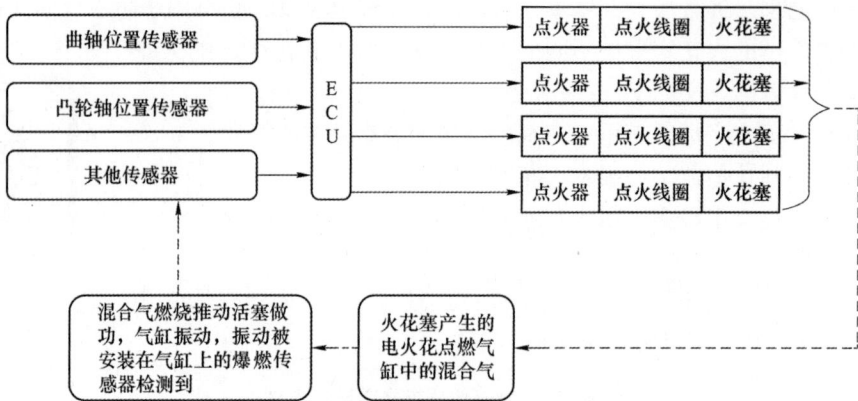

图 8-17　北京现代悦动轿车点火系统

2）曲轴位置传感器：用于检测发动机的曲轴转角（发动机转速）信号和凸轮轴位置（上止点）信号，并把这种信号转变为电信号传给 ECU 作为确定点火正时及工作顺序的基准信号。

3）节气门位置传感器：节气门位置传感器安装在节气门体上，其输出的模拟电压随节气门的开度而变化。用于检测发动机的节气门开度信号，并把这种信号转变为电信号传给 ECU 作为断油、控制燃油/空气比、点火提前角修正的基准信号。

4）空气流量传感器：通常安装于发动机室内，通过软管与进气歧管相连。用于检测发动机的进气量信号，并把这种信号转变为电信号传给 ECU 作为喷油时间的基准信号。

5）进气温度传感器：用于检测车辆的进气温度信号，并把这种信号转变为电信号传给 ECU。

6）冷却液温度传感器：安装在发动机冷却液出水管处，用于检测发动机的冷却液温度信号，并把这种信号转变为电信号传给 ECU。

7）车速传感器：用来检测车速信号，并把这种信号转变为电信号传给 ECU。

8）氧传感器：安装在排气管内，用于检测发动机废气中的氧离子含量，并把这种信号转变为电信号传给 ECU，ECU 由此来判断发动机空燃比的情况，从而实现闭环控制。

9）爆燃传感器：安装在气缸体上专门检测发动机的爆燃状况，并把这种信号转变为电信号传给 ECU 以调整点火提前角。

（2）电子控制器（电控单元 ECU）　电子控制器（ECU）的作用是接收各种传感器送来的信号，用内存的程序和数据进行运算、处理、判断后，输出最佳点火提前角和点火线圈初级电流导通时间的控制信号（点火信号），并发送给电子点火器（点火模块），控制点火模块动作，达到准确控制点火的目的。其基本构成包括输入回路、输出回路、A/D 转化器、微型计算器，以及电源电路、备用电路等，如图 8-18 所示。

点火系统的执行器主要包括点火控制器、点火线圈以及火花塞等，如图 8-19 所示。

点火控制器：根据电子控制器输出的指令（信号），通过内部大功率管的导通与截止，控制次级电流的通断，完成点火工作。

点火线圈：将电源的低压电转变为点火所需高压电的基本元件。

火花塞：将点火高压引入气缸燃烧室，并产生电火花，点燃混合气。

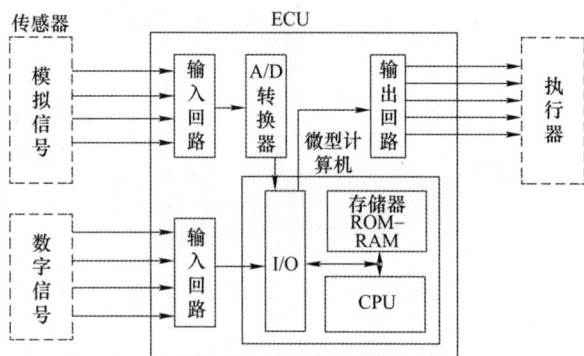

图 8-18　电控单元结构图

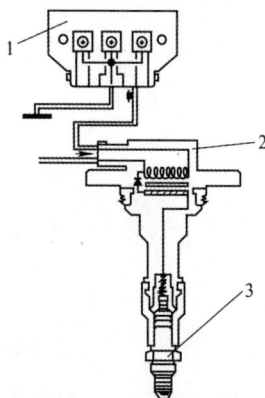

图 8-19　执行器的组成

1—点火控制器　2—点火线圈　3—火花塞

2. 悦动轿车点火系统的工作原理

悦动轿车的发动机采用的是电控单缸独立点火系统。基本的工作原理是：ECU 根据各传感器和开关信号计算每个缸的最佳点火提前角，控制点火器的搭铁状态，从而控制点火线圈初级线圈的切断时刻，此时在点火线圈的次级线圈回路上产生很高的感应电动势，在此回路上的火花塞处点火能量被瞬间释放，产生电火花，从而点燃气缸内的混合气，使发动机完成做功过程。悦动轿车点火系统控制的内容包括点火提前角的控制、通电时间的控制和爆燃控制。

（1）点火提前角的控制。在发动机起动工况，电控单元不进行最佳点火提前角调整控制，而是根据发动机转速信号和起动开关信号输入，以固定不变的点火提前角点火。当发动机转速超过一定值时，则自动转入由电控单元控制的最佳点火提前角计算及控制程序。发动机起动后，电控单元对最佳点火提前角的计算和控制按照以下步骤进行：首先根据 G 信号（凸轮轴位置信号）和 Ne 信号（曲轴位置信号）确定初始点火提前角；然后根据发动机转速和负荷确定基本点火提前角；最后根据有关传感器的信号确定修正点火提前角。这三项点火提前角的代数和为实际最佳点火提前角。即

最佳点火提前角 = 初始点火提前角 + 基本点火提前角 + 修正点火提前角

1）初始点火提前角：为了控制点火正时，电控单元根据上止点位置来确定点火提前角。发动机电控单元把 G1 或 G2 信号出现后第一个 Ne 信号过零点定为压缩行程上止点前10°，并以这个角度作为点火正时计算的基准点，称之为初始点火提前角。

2）基本点火提前角：发动机正常运转时，电控单元按怠速工况和非怠速工况两种情况，确定基本点火提前角。

① 发动机处于怠速工况时，电控单元根据节气门位置信号、发动机转速信号及空调开关信号，确定基本点火提前角，如图 8-20 所示。

② 发动机处于非怠速工况时，电控单元根据发动机转速和节气门位置信号，从预置在存储器中的数据表中查出相应的基本点火提前角，如图 8-21 所示。

3）修正点火提前角：除了转速和负荷外，其他对点火提前角有重要影响的因素均归入到修正点火提前角中。修正点火提前角包括的修正值有暖机修正、过热修正、空燃比修正、怠速稳定性修正。

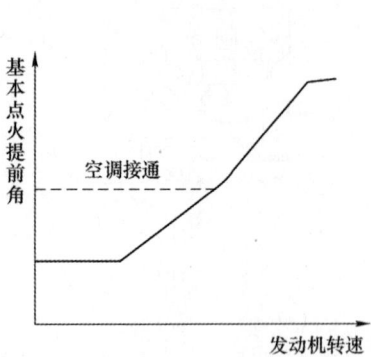

图 8-20　怠速工况下点火提前角变化规律

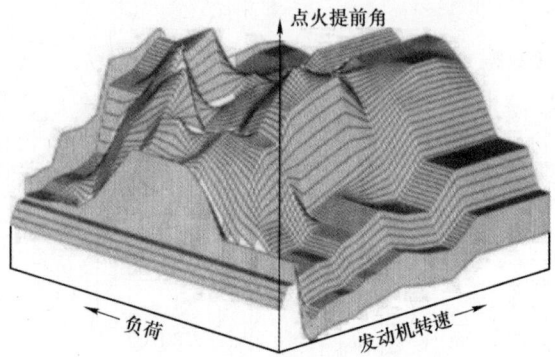

图 8-21　非怠速工况下点火提前角变化规律

① 暖机修正：发动机冷车起动后，冷却液温度较低时，为达到暖机目的电控单元选择增大点火提前角。在暖机过程中，随冷却液温度的升高，点火提前角修正值逐渐减小，如图 8-22 所示。修正值的变化规律及大小随发动机暖机修正的主要控制信号包括冷却液温度信号、空气流量信号、节气门开度信号等。

② 过热修正：发动机处于正常运行工况时，若冷却液温度过高，为了避免产生爆燃，电控单元选择将点火提前角推迟。发动机处于怠速工况时，若冷却液温度过高，为了避免发动机长时间过热，应将点火提前角增大。如图 8-23 所示。过热修正的主要控制信号包括冷却液温度信号、节气门开度信号等。

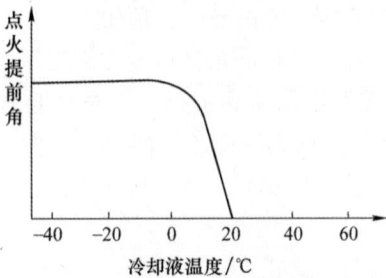

图 8-22　暖机修正

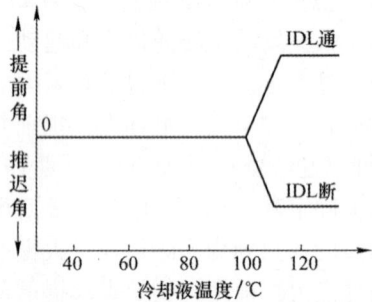

图 8-23　过热修正

③ 空燃比修正：电控单元根据氧传感器的反馈信号对空燃比进行修正。随着修正喷油的增加或减少，发动机转速在一定范围内波动。为了提高怠速的稳定性，在反馈修正油量减少时，点火提前角相应地增加，如图 8-24 所示。空燃比反馈修正的控制信号主要有氧传感器信号、节气门位置信号、冷却液温度信号、车速信号等。

④ 怠速稳定性修正：发动机处于怠速工况时，电控单元不断地计算发动机的平均转速，当发动机的转速低于规定的怠速转速时，电控单元根据实际转速与目标转速差值的大小相应地增大点火提前角；当发动机转速高

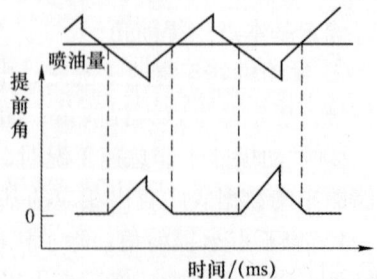

图 8-24　空燃比修正

于目标转速时，则减小点火提前角，如图 8-25 所示。

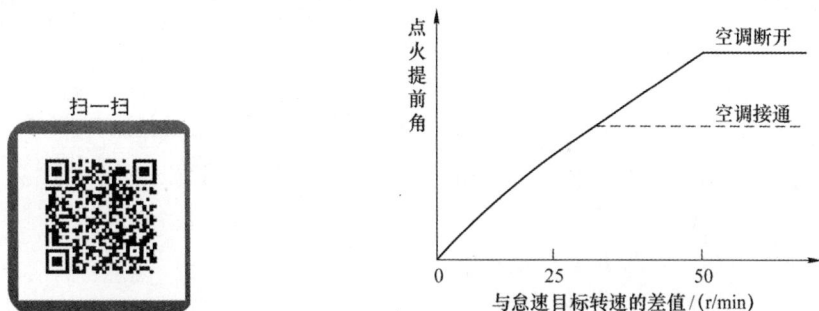

扫一扫

点火时刻的控制

图 8-25 怠速稳定性修正

（2）点火线圈通电时间的控制 通电时间的控制又称闭合角控制。次级线圈高压的最大值与初级断开电流成正比，而初级点火线圈被断开瞬间所能达到的断开电流值与初级线圈接通时长成正比。但是，如果通电时间过长，点火线圈又会发热，并使电能消耗增大。因此，需要控制一个最佳的通电时间，才能兼顾上述两个方面。影响初级线圈通过电流的主要因素有发动机转速和蓄电池电压。为了保证在不同的蓄电池供电电压和不同的转速下都有相同的初级断开电流，电控单元根据蓄电池电压和发动机转速信号，从预置的闭合角数据表中查出相应的数值，对闭合角进行控制。当发动机转速高时，适当增大闭合角，以防止初级线圈通过电流值下降，造成次级高压下降，点火困难。蓄电池电压下降时，基于相同的理由，也应适当增大闭合角，如图 8-26 所示。

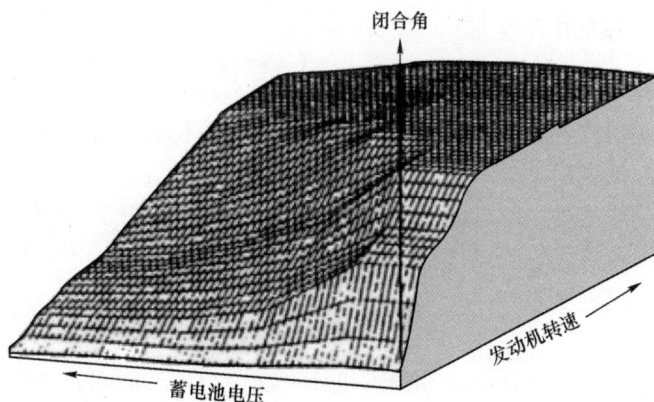

图 8-26 闭合角控制

（3）爆燃控制 通常爆燃传感器会检测发动机有无爆燃现象，并将信号送至发动机控制单元，控制单元根据此信号来调整点火提前角。爆燃发生时，会推迟点火，爆燃未发生时，则会适当提前点火，以保证在任何工况下的点火提前角都处于接近发生爆燃的最佳角度。爆燃控制过程中点火提前角的变化如图 8-27 所示。

3. 悦动轿车点火系统的优点

1）消除触点多带来的缺点，如触点烧蚀、触点间隙的变化对点火正时的影响；次级电压高且稳定，点火能量大，对火花塞积炭不敏感，故障少，寿命长，对无线电干扰小；可实现初级电流导通角的控制、点火提前角控制、爆燃限制等功能；提高了发动机的动力性、经济性和冷起动性。

2）点火能量强劲。传统的汽车点火系统将电源 12V 电压升高到数万伏后通过高压线传递给火花塞，实现点火。但单缸独立点火系统每个气缸都有单独的点火线圈，位于火花塞上端，电源 12V 的电压通过导线传递给点火线圈，点火线圈将 12V

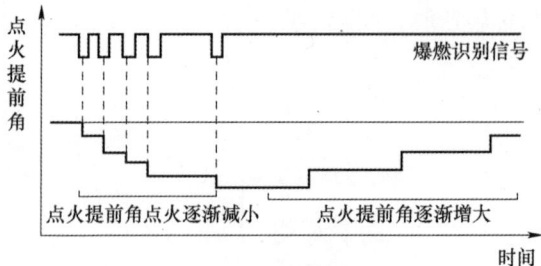

图 8-27　爆燃控制

电压升高至数万伏直接传递给火花塞，不需要通过高压线，这样将线损降到了最低，也就同时增大了火花塞的点火能量。

3）可靠性高。单缸独立点火系统每个气缸都有单独点火线圈，一个点火线圈出现故障，其他点火线圈仍能正常工作。虽然发动机工作会不稳定，但是车辆仍可以起动。因此，单缸独立点火系统可靠性更高。

4）抗干扰性强。传统的点火系统产生的高压电流在传输时会产生电子干扰，为了降低干扰，需采用很多材料进行屏蔽。单缸独立点火系统高压电不需要线束传输，导线中的电流都是低压传输的，因此干扰极小。

8.2　发动机起动系统

8.2.1　起动系统的功用与组成

起动机的作用就是起动发动机，发动机起动之后，起动机便立即停止工作。

发动机常用的起动方式有人力起动、辅助汽油机起动和电力起动机起动。目前大多数运输车辆都采用电力起动机起动。

电力起动系统一般由蓄电池、起动机、起动继电器、点火开关等组成，如图 8-28 所示。起动机安装在汽车发动机飞轮壳前端的座孔上。

8.2.2　起动机

起动机由直流电动机、传动机构和操纵机构三部分组成，如图 8-29 所示。

1. 直流电动机

电动机的作用是将蓄电池输入的电能转换为机械能，产生电磁转矩。直流电动机主要由电枢、磁极、电刷与电刷架等主要部件构成。

（1）电枢　电枢是直流电动机的旋转部分，包括电枢轴、换向器、电枢铁心、电枢绕组。为了获得足够的转矩，通过电枢绕组的电流一般为 200~600A，因此电枢绕组采用较粗的矩形裸铜线绕制成成型绕组。电枢绕组各线圈的端头均焊接在换向器片上，通过换向器和电刷将蓄电池的电流引进来。换向片和云母片迭压成换向器，为了避免电刷磨损的粉末落入换向片之间造成短路，起动机换向片间的云母一般不必割低。

（2）磁极　磁极一般是四个，两对磁极相对交错安装在电动机定子内壳上，低碳钢板

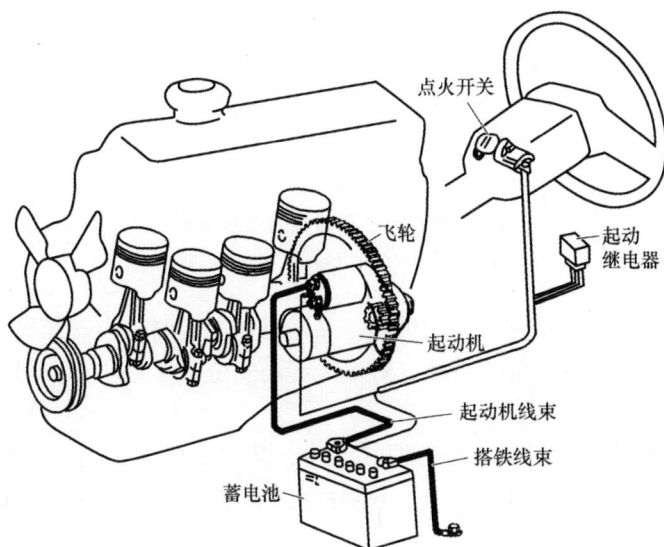

图8-28　起动系统的组成

点火开关
飞轮
起动继电器
起动机
起动机线束
搭铁线束
蓄电池

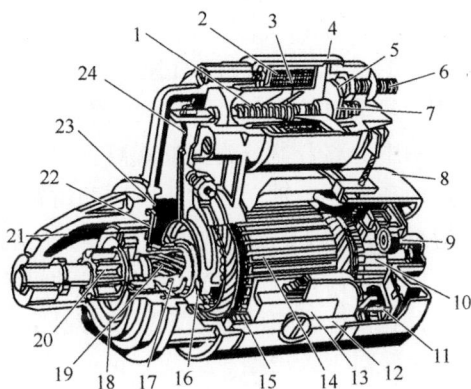

图8-29　起动机构造

1—回位弹簧　2—保持线圈　3—吸拉线圈　4—电磁开关壳体　5—触点　6—接线柱　7—接触盘
8—后端盖　9—电刷弹簧　10—换向器　11—电刷　12—磁极　13—磁极铁心　14—电枢
15—激磁绕组　16—移动衬套　17—缓冲弹簧　18—单向离合器　19—电枢轴花键
20—驱动齿轮　21—罩盖　22—制动盘　23—传动套筒　24—拨叉

制成的机壳也是磁路的一部分。也有用六个磁极的起动机。

电驱与磁极有三种连接关系，分别为串励式、并励式和复励式，如图8-30所示。

串励式起动机有以下两个优点。

① 在起动机起动发动机的瞬间，因发动机的阻力矩很大，起动机处于完全制动状态。此时电枢转速为零，反电动势为零，电枢电流达到最大值，转矩也相应地达到最大值。转矩与电枢电流的平方成正比，所以制动电流所产生的转矩很大，足以克服发动机的阻力矩，使发动机起动变得很容易。这就是汽车起动机采用串励式电动机的主要原因之一。

② 串励式起动机在输出转矩较大时，电枢电流较大，电动机转速随电流的增加而急剧

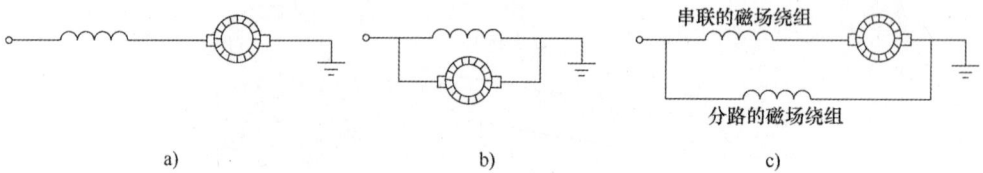

图 8-30 电驱与磁极的连接关系
a）串励式 b）并励式 c）复励式

下降；反之，在输出转矩较小时，电动机转速又随电枢电流的减小而很快上升。串励式电动机具有轻载转速高、重载转速低的特性，对保证起动安全可靠是非常有利的，是汽车上采用串励式起动机的又一重要原因。

（3）电刷与电刷架 电刷架一般为框式结构，其中正极电刷架与端盖绝缘地固装，负极电刷架直接搭铁。电刷置于电刷架中，电刷由铜粉与石墨粉压制而成，呈棕红色。电刷架上装有弹性较好的盘形弹簧。

（4）轴承 因为起动机工作时间短暂，每次工作时间仅几秒钟，所以一般都采用青铜石墨轴承或铁基含油轴承。

2. 传动机构

起动机的传动机构是起动机的主要组成部件，它包括离合器和拨叉两部分。离合器的作用是将电动机的电磁转矩传递给发动机使之起动，同时又能在发动机起动后自动打滑，保护起动机不致飞散损坏。传动机构中的离合器分为滚柱式离合器、摩擦片式离合器、弹簧式离合器等几种。而拨叉的作用是使离合器做轴向移动，将驱动齿轮啮入和脱离飞轮齿圈。

发动机起动时，按下按钮或起动开关，线圈通电产生电磁力将铁心吸入，于是带动拨叉转动，由拨叉头推出离合器，使驱动齿轮啮入飞轮齿圈。发动机起动后，只要松开按钮或开关，线圈即断电，电磁力消失，在回位弹簧的作用下，铁心退出，拨叉返回，拨叉头将打滑工况下的离合器拨回，驱动齿轮脱离飞轮齿圈。

（1）滚柱式离合器 滚柱式离合器是目前国内外汽车起动机中使用最多的一种，解放牌汽车、东风牌汽车、北京牌吉普车等均使用滚柱式离合器。滚柱式离合器的构造如图 8-31 所示。其中，驱动齿轮与外壳连成一体。外壳内装有十字块和四套滚柱及弹簧，十字块与花键套筒固定连接，壳底与外壳相互折合密封。花键套筒的外面装有缓冲弹簧及衬圈，末端固装着拨环与卡圈。整个离合器总成利用花键套筒套在起动机轴的花键部位上，可以做轴向移动和随轴移动。

滚柱式离合器的工作原理如下。在图 8-32a 中，发动机起动时，经拨叉将离合器沿花键推出，驱动齿轮啮入发动机飞轮齿圈。由于十字块处于主动状态，随电动机电枢一起旋转，促使四套滚柱进入槽的窄端，将花键套筒与外壳挤紧，于是电动机电枢的转矩就可由十字块经滚柱离合器外壳传给驱动齿轮，从而达到驱动发动机飞轮齿圈旋转、起动发动机运转的目的。在图 8-32b 中，发动机起动后，飞轮齿圈的转速高于驱动齿轮，十字块处于被动状态，促使滚柱进入槽的宽端而自由滚动，只有驱动齿轮随飞轮齿圈做高速旋转，起动机转速并不升高，在这种离合器打滑的功能下，防止了电枢超速飞散的危险。起动完毕，由于拨叉回位弹簧的作用，经拨环使离合器退回，驱动齿轮完全脱离飞轮齿圈。

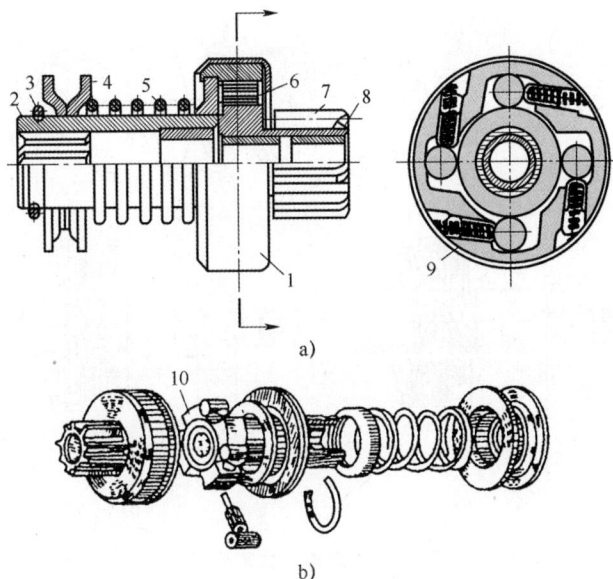

图 8-31　滚柱式离合器的结构

a）总成　b）构件

1—外壳　2—花键套筒　3—卡圈　4—拨环　5—弹簧　6—滚柱　7—驱动齿轮

8—铜衬套　9—弹簧　10—十字块

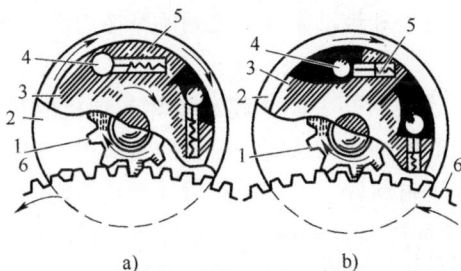

图 8-32　滚柱式离合器的工作原理

a）发动机起动时　b）发动机起动后

1—驱动齿轮　2—外壳　3—十字块　4—滚柱　5—弹簧　6—飞轮齿圈

　　这种滚柱式离合器具有结构简单、坚固耐用、体积小、质量轻、工作可靠等优点，因此得到广泛采用。其不足是不能用于大功率起动机上。

　　（2）摩擦片式离合器　该离合器的驱动齿轮与外接合鼓制成一个整体，如图 8-33 所示。在外接合鼓的内壁有四道轴向槽沟，钢质被动摩擦片利用外围四个齿插装其中。在花键套筒的一端表面亦有三条螺旋花键，其上套着内接合鼓。内接合鼓的表面也有四条轴向槽沟，用钢或青铜制造的主动摩擦片利用内圆四个齿套装在沟槽内。主动摩擦片和被动摩擦片彼此相间地排列组装。内接合鼓的外面装有缓冲弹簧，端部固装着拨环。

　　离合器总成在起动机不工作时，主、被动摩擦片之间处于放松无摩擦状态。发动机起动时，通过拨叉推动拨环使内接合鼓沿三条螺旋花键向外移动，主动和被动摩擦片相互压紧，

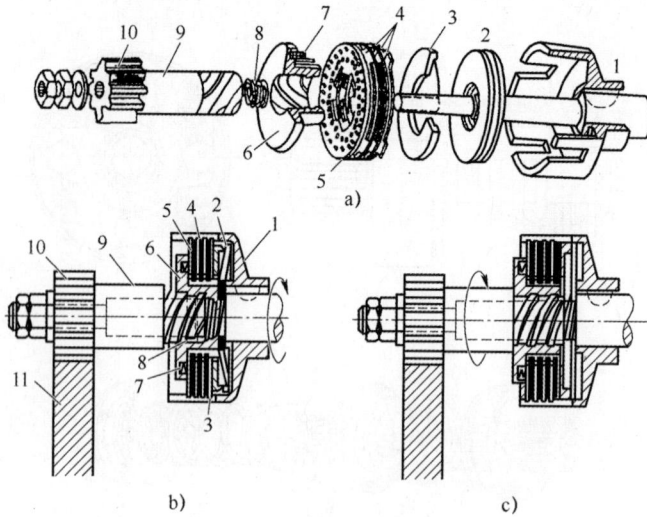

图 8-33　摩擦片式离合器

a）结构　b）压紧　c）放松

1—外接合鼓　2—弹性圈　3—压环　4—主动片　5—被动片　6—内接合鼓
7—小弹簧　8—减振弹簧　9—齿轮柄　10—驱动齿轮　11—飞轮

具有了摩擦力。当驱动齿轮啮入飞轮齿圈时，就能利用起动机转矩驱动曲轴旋转。发动机起动后，驱动齿轮被飞轮齿圈带动做高速旋转，在惯性力和拨叉反回的作用下，内接合鼓沿三条螺旋花键向内移动，于是主动和被动摩擦片之间的摩擦力消失而打滑，防止了电枢超速飞散的危险。

摩擦片式离合器具有传递大转矩，防止超载损坏起动机的优点，多用在大功率起动机上。但由于摩擦片容易磨损而影响起动性能，需要经常检查、调整或更换摩擦片。此外，这种离合器结构比较复杂，耗用材料较多，加工费时，而且不便于维修。

（3）弹簧式离合器　弹簧式离合器的主动套筒套装在电枢轴的花键上，如图 8-34 所示。小齿轮套筒套在电枢轴的光滑部分，在小齿轮套筒与主动套筒外圆上装有驱动弹簧，驱动弹簧内径略大于两套筒的外径。起动发动机时，传动叉拨动滑环，并压缩弹簧，推动离合器移向飞轮齿圈一端，使小齿轮啮入飞轮齿圈。电枢旋转时带动主动套筒，在摩擦力的作用下，驱动弹簧被扭紧，将两个套筒抱死，起动机转矩便由此传给飞轮。起动机起动后，驱动

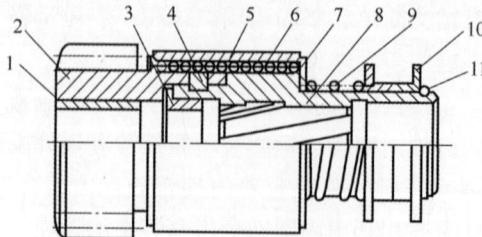

图 8-34　弹簧式离合器

1—衬套　2—驱动齿轮　3—挡圈　4—月形圈　5—扭力弹簧　6—护套
7—垫圈　8—传动套筒　9—缓冲弹簧　10—移动衬套　11—卡簧

小齿轮和飞轮齿圈的主动与从动关系改变，离合器因驱动弹簧被放松而打滑，从而使电枢轴避免了超速运转的危险。

弹簧式离合器具有结构简单、制造工艺简单、成本低等优点，但由于驱动弹簧所需圈数较多，其轴向尺寸增大。

3. 减速机构

在起动机的电枢轴与驱动齿轮之间装有齿轮减速器的起动机，称为减速起动机。串励式直流电动机的功率与其转矩和转速成正比，可见，当提高电动机转速的同时降低其转矩时，可以保持起动机功率不变，故当采用高速、低转矩的串励式直流电动机作为起动机，在功率相同的情况下，可以使起动机的体积和质量大大减小。但是，如起动机的转矩过低，则不能满足起动发动机的要求。为此，在起动机中采用高速、低转矩的直流电动机时，在电动机的电枢轴与驱动齿轮之间安装齿轮减速器，可以在降低电动机转速的同时提高其转矩。

减速起动机的齿轮减速器有外啮合式、内啮合式、行星齿轮式三种不同形式。

（1）外啮合式减速起动机　其减速机构在电枢轴和起动机驱动齿轮之间利用惰轮做中间传动，且电磁开关铁心与驱动齿轮同轴心，直接推动驱动齿轮进入啮合，不需要拨叉。因此，起动机的外形与普通的起动机有较大的差别。通常分为惰轮外啮合式减速起动机和无惰轮外啮合式减速起动机。外啮合式减速机构的传动中心距较大，因此受起动机构的限制，其减速比不能太大，一般不大于5，多用在小功率的起动机上。

（2）内啮合式减速起动机　其减速机构传动中心距小，可有较大的减速比，故适用于较大功率的起动机。但内啮合式减速机构噪声较大，驱动齿轮仍需拨叉拨动进入啮合，因此，起动机的外形与普通起动机相似。

（3）行星齿轮式减速起动机　减速机构结构紧凑、传动比大、效率高。由于输出轴与电枢轴同轴线、同旋向，电枢轴无径向载荷，振动轻，整机尺寸减小。另外，行星齿轮式减速起动机还具有如下优点。

① 负载平均分配在三个行星齿轮上，可以采用塑料内齿圈和粉末冶金的行星齿轮，使质量减轻、噪声降低。

② 尽管增加行星齿轮减速机构，但是起动机的轴向其他结构与普通起动机相同，故配件可以通用。

因此，行星齿轮式减速起动机应用越来越广泛，丰田系列轿车和部分奥迪轿车也都采用了行星齿轮式减速起动机。

起动机型号编制规则如图 8-35 所示。

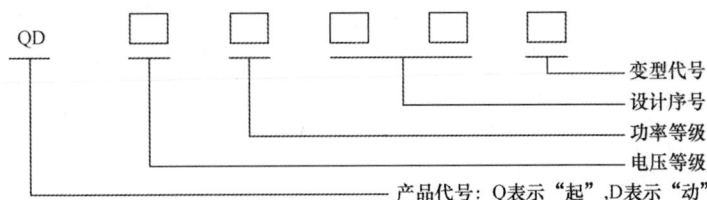

图 8-35　起动机型号编制规则

QDJ 表示减速起动机；QDY 表示永磁起动机（包括永磁减速起动机），J、Y 分别表示"减""永"。

电压等级：1—12V；2—24V。

功率等级：功率等级见表8-2。

表8-2　减速起动机功率等级

功率等级代号	1	2	3	4	5	6	7	8	9
功率（kW）	<1	1~2	2~3	3~4	4~5	5~6	6~7	7~8	>8

8.2.3　控制装置

控制装置的作用是接通和断开电动机与蓄电池之间的电路，同时还能接入和切断点火线圈的附加电阻。

起动机的控制装置分为直接操纵式和电磁操纵式两种形式。目前，电磁操纵式起动机的应用最为广泛。

QD124型起动机为电磁操纵式起动机，其控制电路如图8-36所示。

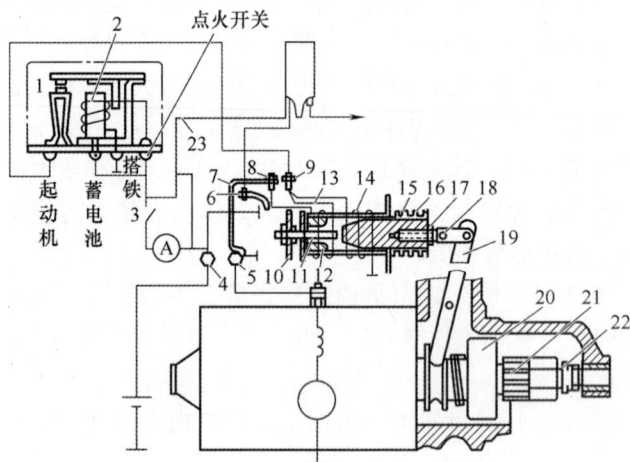

图8-36　QD124型起动机控制电路

1—起动继电器触点　2—起动继电器线圈　3—点火开关　4、5—主接线柱　6—辅助接线柱　7—导电片
8—吸引线圈接线柱　9—电磁开关接线柱　10—触盘　11—活动杆　12—固定铁心　13—吸引线圈
14—保持线圈　15—电磁铁心　16—回位弹簧　17—螺杆　18—连接头　19—拨叉　20—滚柱式离合器
21—驱动齿轮　22—止推螺母　23—点火线圈附加电阻线

发动机起动时，将点火开关钥匙旋至起动档位，起动继电器通电后，吸下可动臂使触点闭合，接通了电磁开关线圈电路，起动机开始工作。发动机起动后，只需松开点火开关钥匙，点火开关自动转回到点火工作档位，起动继电器线圈断电触点打开，电磁开关也随即断开，起动机停止工作。

利用起动继电器控制电磁开关，能减小通过点火开关起动触点的电流，避免烧蚀触点，延长使用寿命。有些汽车上的起动继电器在改进控制电路以后，还能起到自动停止起动机工作及安全保护的作用。

提示：对于装有自动变速器的车辆，起动机的工作电路还将受到变速器的档位开关信号的控制，只有在N档（空档）或P档（停车档）才允许起动机工作。

【小　结】

1. 点火系统的作用是适时地为汽油发动机气缸内已压缩的可燃混合气提供足够能量的电火花，使发动机能及时、迅速地做功。

2. 点火系统的分类主要有传统点火系统、无触点电子点火系统、微机控制点火系统等。

3. 传统点火系统主要由电源、点火线圈、分电器、火花塞、点火开关和附加电阻等组成，其中分电器包括断电器、配电器、电容器、离心式点火提前调节装置和真空式点火提前调节装置。

4. 无触点电子点火系统一般由点火信号发生器、电子点火器、点火线圈、火花塞等组成。点火信号发生器产生脉冲电压信号，经电子点火器大功率晶体管前置电路的放大、整形等处理后，控制串联于点火线圈初级回路的大功率晶体管的导通和截止，控制点火线圈初级电路的通与断。

5. 微机控制点火系统主要由传感器、电子控制器、点火器、点火线圈等组成。电子控制器根据发动机各传感器输入的信息及内存的数据，进行运算、处理、判断，然后输出指令（信号）控制点火器动作，由点火器控制初级电流的通断，达到快速、准确控制发动机工作的目的。

6. 起动机的作用就是起动发动机，起动机由直流电动机、传动机构和操纵机构三部分组成。

7. 电动机离合器的作用是将电动机的电磁转矩传递给发动机使之起动，同时又能在发动机起动后自动打滑，保护起动机不致飞散损坏。离合器分为滚柱式离合器、摩擦片式离合器、弹簧式离合器等几种。

8. 起动机按操纵机构分为直接操纵式起动机和电磁操纵式起动机两种。

9. 对于装有自动变速器的车辆，起动机的工作电路还将受到变速器的档位开关信号的控制，只有在N档（空档）或P档（停车档）才允许起动机工作。

【课后练习题】

1. 试述传统点火系统的结构。
2. 无触点电子点火系统的信号发生器有哪些类型？
3. 微机控制点火系统有什么优点？
4. 简述起动系统的组成。
5. 滚柱式、摩擦片式和弹簧片式三种离合器各有何特点？
6. 简述电磁控制强制啮合式起动机的工作过程。

汽车的排放净化

9.1　概述

9.1.1　汽车排放污染物及其危害

　　汽车排放物是汽车的排气排放物、蒸发排放物和曲轴箱排放物的总称，习惯上指的是其中的污染物。

　　汽车排放污染物是汽车排放物中污染环境的各种物质，主要有一氧化碳（CO）、碳氢化合物（HC）、氮氧化物（NO_x）和微粒物（PM）等。

1. 一氧化碳

　　一氧化碳是燃料中的碳在不完全燃烧下生成的一种气体。

　　CO 与人体红细胞中血红蛋白的亲和力为氧的 200 ~ 300 倍。当人们吸入 CO 后，CO 与人体血红蛋白亲和后形成碳氧血红蛋白，使血液的输氧能力大大降低，使心脏、脑部等器官严重缺氧，引起头晕、恶心、头痛等症状，轻者使中枢神经系统受损，慢性中毒，重者会危害血液循环系统，导致生命危险（表 9-1）。

表 9-1　CO 对人体的影响

CO 含量（10^{-6}）	对人体的影响
10	对呼吸道患者有影响
30	人滞留 8h，视力及神经机能出现障碍，血液中 CO – Hb = 5%
40	人滞留 8h，出现气喘
120	1h 接触，中毒，血液中 CO – Hb > 10%
250	2h 接触，头痛，血液中 CO – Hb = 40%
500	2h 接触，剧烈心痛，眼花、虚脱
3000	30min 即死亡

2. 碳氢化合物

碳氢化合物是由碳和氢形成的化合物的总称，指气缸内的燃料或润滑油未经燃烧，或经分解而生成的碳和氢的化合物以及燃料蒸气。

HC 对人的鼻、眼和呼吸道黏膜有刺激作用，可引起结膜炎、鼻炎、支气管炎等疾病（表 9-2）。

表 9-2　HC 对人体的影响

甲醛、丙烯酸等醛类气体含量（10^{-6}）	对人体的影响
>1	对眼、呼吸道和皮肤有强刺激作用
>25	引起头晕、呕吐、红白球减少、贫血
>1000	急性中毒

3. 氮氧化物

氮氧化物是气缸内的氮在高温下被氧化生成的气体，主要由一氧化氮（NO）和二氧化氮（NO_2）混合而成。

NO_x 能刺激人眼黏膜，引起结膜炎等疾病，还对呼吸系统有害，人在 NO_2 浓度为 5×10^{-6} 的空气中暴露 10min，即可使呼吸系统失调（表 9-3）。

表 9-3　NO_x 对人体的影响

NO_2 的含量（10^{-6}）	对人体的影响	O_3 的含量（10^{-6}）	对人体的影响
1	闻到臭味	0.02	开始闻到臭味
5	闻到强臭味	0.2	1h 就感到胸紧
10 ~ 15	10min 眼、鼻呼吸道受到刺激	0.2 ~ 0.5	3 ~ 6h 视力下降
50	1min 内呼吸困难	1	1h 引起气喘，2h 感到头痛
80	3min 感到胸痛、恶心	5 ~ 10	全身疼痛、麻痹、引起肺水肿
100 ~ 150	在 30 ~ 60min 内因肺水肿死亡	50	30min 即死亡
250	很快死亡		

4. 光化学烟雾

光化学烟雾是碳氢化合物和氮氧化物在太阳光紫外线照射下，发生光化学反应所生成的烟雾状物，它是一种强刺激性有害气体的二次污染。

光化学烟雾刺激人们的眼睛、鼻腔和咽喉，损害农作物。

5. 微粒物

微粒物是排气中各种直径大于 $0.001\mu m$ 的固体或液体微粒的总称。通常包括铅氧化物等重金属化合物、硫酸盐、有机物、烟灰和碳颗粒等。

微粒物除对人体呼吸系统有害外,由于微粒物存在孔隙而能粘附 SO_2、HC、NO_2 等有毒物质或苯丙芘等致癌物,因而对人体健康造成更大危害(表9-4)。

表9-4　颗粒物对人体的影响

颗粒的大小/μm	对人体的危害
<0.1	在空气中随机运动,进入肺部并附在肺细胞的组织中,有些会被血液吸收
0.1~0.5	深入肺部并粘附在肺叶表面的黏液中,随后被绒毛清除
>0.5	在鼻处受阻,不能深入呼吸道
>10	可排出体外
<0.3(柴油机)	数量比汽油机多30~60倍,成分复杂,危害更大

6. 柴油机排气可见污染物

柴油机排气可见污染物是指柴油机的排烟,即悬浮在柴油机排气流中的微粒和雾状物,它们阻碍光线通过使其变暗,并反射、折射光线。

汽油机污染物主要是 CO、HC 和 NO_x,而柴油机污染物主要是 PM 和 NO_x。汽油机与柴油机排放污染物的比较见表9-5。

表9-5　汽油机与柴油机排放污染物的比较

成　分	汽　油　机	柴　油　机	成　分	汽　油　机	柴　油　机
CO(%)	0.1~6	0.05~0.5	NO_x(10^{-6})	2000~4000	700~2000
HC(10^{-6})	2000	200~1000	微粒/(g/m^3)	0.005	0.15~0.30

9.1.2　汽车排放污染源

汽车排放污染源主要有三个,如图9-1所示。一是发动机排气管排出的发动机燃烧废气(俗称尾气),汽油车的主要污染成分是 CO、HC 和 NO_x,而柴油车除了这三种有害物外还排放大量的微粒物;二是曲轴箱排放物,由发动机在压缩和燃烧过程中未燃的 HC 由燃烧室漏向曲轴箱再排向大气而产生;三是燃料蒸发排放物,主要由发动机燃油供给系统的燃料蒸发而产生。

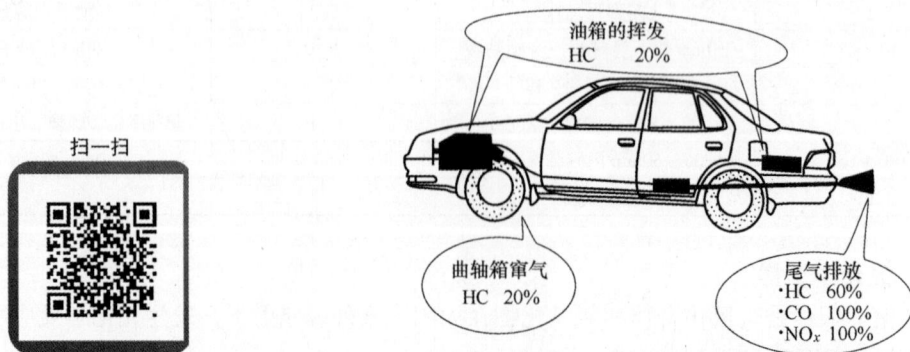

扫一扫

汽车排放污染

图9-1　汽车排放污染源

9.2 汽油车的排放净化

9.2.1 汽油机排放污染物的成因

1. 一氧化碳

1）燃料不完全燃烧。CO 是烃类燃料在燃烧过程中缺氧而不能完全燃烧的产物。

2）CO_2 和 H_2O 在高温时分解。当汽油机缸内温度超过 1800℃时，CO_2 和 H_2O 在高温时会产生分解，生成 CO。

2. 碳氢化合物

1）由于气缸壁对火焰的冷却作用、缝隙效应、油膜和沉积物对燃油蒸气的吸附作用，燃料未燃烧或未完全燃烧。

2）由于燃油供给系统的蒸发以及燃烧室等泄漏而产生。

3. 氮氧化物

1）混合气在高温燃烧过程中，空气中的分子氮被氧化为 NO，也称为高温 NO，是 NO 的主要来源。

2）燃料中的含氮化合物在燃烧过程中，分解成低分子氮化物被氧化生成 NO，也称为燃料 NO。

3）在燃烧过程中燃料中的碳氢化合物裂解出的 CH、CO_2、C 等与空气中的 N_2 反应生成 HCN 和 NH 等，并进一步与 OH、O 反应生成 NO，也称为激发或瞬发 NO。

9.2.2 汽油机排放污染物的主要影响因素

1. 混合气浓度

空燃比与汽油机排气污染物的关系如图 9-2 所示（假定发动机转速和负荷不变）。当空燃比在 16 以下时，随着空燃比的下降，混合气浓度增大，氧气不足，不完全燃烧现象严重，使 CO、HC 排放增多，NO_x 排放减少。当空燃比大于 17 时，随着空燃比增大，CO 排放减少。同时氧化反应速度减慢，燃烧温度下降，使 HC 排放增多，NO_x 排放减少。在混合气浓度稍稀处，HC、CO 排放浓度最小，而 NO_x 排放浓度最大。

2. 运行工况

汽车在不同运行工况下排放污染物的比较见表 9-6。

扫一扫

汽车排放污染物超标

表 9-6　汽车在不同运行工况下排放污染物的比较

机　型	运行工况	污染物排放量		
		CO（10^{-6}）	HC（10^{-6}）	NO_x（10^{-6}）
汽油机	怠速	2.0~8.0	300~2000	50~600
	加速 0→40km/h	0.7~5.0	300~600	1000~4000
	等速 40km/h	0.5~4.0	200~400	1500~3000
	减速 40→0km/h	1.5~4.5	1000~3000	5~50

（续）

机 型	运行工况	污染物排放量		
		CO（10^{-6}）	HC（10^{-6}）	NO$_x$（10^{-6}）
柴油机	怠速	0	300～500	50～70
	加速 0→40km/h	0.1	200	800～1000
	等速 40km/h	0	90～150	200～1000
	减速 40→0km/h	0	300～400	30～50

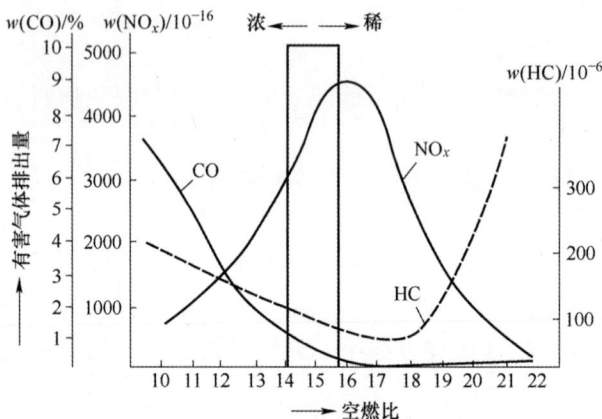

图 9-2　空燃比与汽油机排气污染物的关系

汽油机在怠速和小负荷工况运行时，供给的混合气偏浓，且燃烧室温度较低，燃烧速度慢，易引起不完全燃烧，使 CO 含量增多；又因为燃烧室温度低，燃烧室壁面激冷现象严重，不能燃烧的燃油量增多，使排出的 HC 增多。

在中等负荷时，供给经济混合气，混合气易于完全燃烧，CO、HC 排放减少；由于燃烧室温度增高，NO$_x$ 生成量增多。

在大负荷时，供给浓混合气，使燃烧气体压力、温度升高，有较多的 NO$_x$ 生成；同时也提高了排气温度，使 HC 在排气中继续燃烧，其排放量减少；但由于混合气较浓，CO 排放量增多。

3. 火花质量和点火提前角

汽油机点火系统的火花质量和点火提前角对汽车排气污染物有较大影响。

1）火花质量决定点燃混合气的能力。当点燃稀薄混合气时，火花的持续时间对汽车排气污染物的影响是很大的。火花越弱，出现失火现象越多，而失火将会造成大量的 HC 生成。现代发动机普遍采用高能点火系统，将点火初级电流从 3～4A 提高到 5～7A，增加了点火强度，加长了火花持续时间，从而改善了混合气燃烧质量，使 HC 排放量降低。

2）点火提前角推迟时，可降低燃烧气体的最高温度，使 NO$_x$ 排放量降低。点火提前角推迟还会延长混合气燃烧时间，在做功行程后期，未燃的 HC 会继续燃烧，使 HC 排放量降低。

点火提前角对 NO$_x$ 排放浓度的影响还与混合气空燃比有关，在理论空燃比附近，点火提前角影响最大。因此当采用电控汽油喷射加三元催化转化器进行闭环控制时，为了满足更严格的排放法规的要求，可通过推迟点火提前角降低 NO_x 排放浓度。

4. 配气相位

配气机构凸轮形状决定气门开启和关闭时刻及气门升程曲线，而这些参数影响发动机的充气过程。进入气缸新鲜混合气的数量，决定发动机的转矩和功率。留在气缸内未燃混合气的量和在排气门开启时未被排出的废气量会影响点火性能和燃烧状况，从而影响发动机效率、未燃 HC 的排放浓度。在进、排气门同时开启时，根据气缸内压力状况，新鲜混合气可能排出机外，或废气流回进气歧管。这会对发动机效率和未燃 HC 排放物造成很大影响。

对一种发动机转速只有一个最佳的配气正时，例如发动机高速时，进气门开启时间长，可提高发动机功率。发动机低速或怠速运行时，若进、排气门同时开启时间过长，由于残留废气成分过高，会造成 HC 排放增加和发动机燃烧不稳定。因此理想的配气正时，应根据发动机转速和负荷而变化，即采用可变配气相位。

9.2.3　降低汽油车废气排放的措施

降低汽油车排放的控制技术主要有以下几种。

① 采用曲轴箱强制通风装置。
② 采用燃油蒸发控制系统。
③ 采用电控多点燃油喷射系统。
④ 采用氧化型催化转化器。
⑤ 采用废气再循环系统。
⑥ 采用高能电子点火和控制系统。
⑦ 采用稀薄燃烧发动机技术。
⑧ 采用多气门、可变配气相位和进气旋流等技术，优化燃烧室形状。
⑨ 采用三元催化转化器和闭环电控系统。
⑩ 采用车载诊断系统，对汽油车排放控制系统进行自动监控。

1. 燃油蒸发控制系统

电子燃油蒸发控制系统原理如图 9-3 所示。ECU 根据有关传感器的信号判断发动机工况与状态，并输出相应的控制脉冲，通过控制炭罐通气电磁阀的开关占空比来调节炭罐电磁阀。

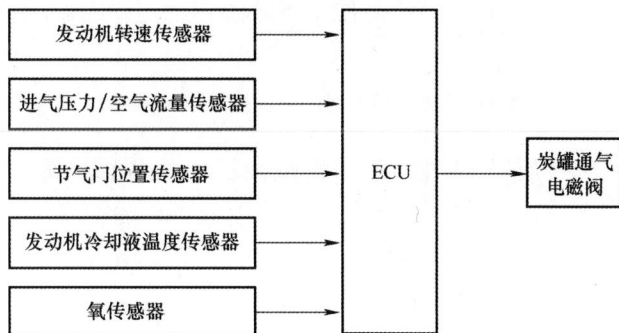

图 9-3　电子燃油蒸发控制系统原理

（1）电子燃油蒸发排放控制原理　ECU 根据有关传感器的信号判断发动机工况与状态，并输出相应的控制脉冲，通过控制炭罐通气电磁阀的开关占空比来调节炭罐通气阀的开度，使流经炭罐进入进气管的空气流量适应发动机工况、状态变化的需要。炭罐通气电子控制系统具体的控制过程如下。

1）发动机转速变化时的炭罐通气量控制。ECU 根据发动机转速传感器获得发动机转速信号。当发动机在高转速时，ECU 输出控制脉冲使炭罐通气阀开度加大，以增加炭罐通气量，使炭罐中的燃油蒸气能及时净化掉。当发动机不工作（无转速信号）时，ECU 使炭罐通气阀关闭，炭罐无空气流通。

2）发动机负荷变化时的炭罐通气量控制。ECU 根据进气管压力（或空气流量）传感器获得发动机负荷信号。当发动机负荷大时，ECU 输出控制脉冲使炭罐通气阀开度加大，用较大的通气量将炭罐中的燃油蒸气及时净化掉。当发动机处于怠速工况（节气门位置传感器提供发动机怠速信号）时，ECU 输出的控制脉冲使炭罐通气量减少，以免造成混合气过稀而使发动机怠速不稳。

3）发动机温度低时的炭罐通气量控制。ECU 根据冷却液温度传感器获得发动机温度信号。当发动机温度低于60℃时，炭罐通气阀完全关闭，使炭罐无空气流通，以免影响发动机的工作。

4）空燃比反馈炭罐通气量控制。ECU 根据氧传感器信号判断混合气空燃比状态。当氧传感器输出混合气过浓或过稀的电信号时，ECU 输出控制脉冲，及时调整炭罐通气阀的开度，以避免混合气过浓或过稀。

（2）燃油蒸发排放控制系统结构　典型的电子控制燃油蒸发排放控制系统如图 9-4 所示。

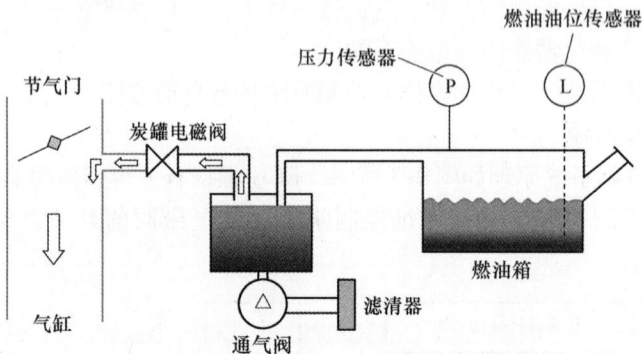

图 9-4　电子控制燃油蒸发排放控制系统

炭罐：炭罐中装有活性炭，活性炭可吸附燃油箱中的燃油蒸气，但这种吸附力不强，当有空气流过时，蒸气分子又会脱离，随空气一起进入进气管。

炭罐通气阀：炭罐通气阀内部膜片的上部为真空室，其真空度由炭罐通气电磁阀控制。当真空度增大时，阀膜片向上拱，主通气口通气量增加。

炭罐通气电磁阀：炭罐通气电磁阀的结构与工作原理与 EGR（废

扫一扫

燃油蒸发控制系统

气再循环系统）电磁阀相似，其作用是根据 ECU 输出的占空比控制脉冲工作，调整炭罐通气阀真空室的真空度，以控制通气阀的开度。

2. 三元催化转换器

三元催化转化器（TWC）能对汽车排气污染物中的 CO、HC 和 NO_x 同时具有净化作用。三元催化转化器由壳体、减振层、载体和催化剂涂层四部分组成（图 9-5a）。

减振层位于壳体和载体之间，起固定载体、减振、缓解热应力、隔热和密封等作用。载体是催化剂涂层的支撑体（图 9-5b），排气从其孔隙中通过并与固定在涂层上的活性催化剂相互作用，加速氧化还原反应速度，达到净化排气的目的。在载体孔道的壁面上，涂有一层氧化铝。涂层表面是活性材料贵重金属，一般是铂（Pt）、铑（Ph）和钯（Pd）以及作为助催化剂的稀土类材料。

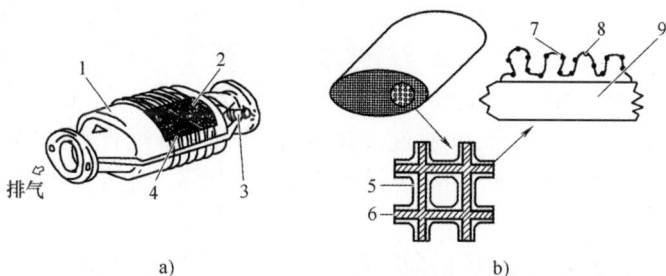

图 9-5　三元催化转化器的结构

a）基本结构　b）载体和涂层结构

1—壳体　2—减振层　3—排气温度传感器　4—载体和催化剂涂层
5—陶瓷载体　6—涂层　7—氧化铝涂层　8—贵金属颗粒　9—陶瓷载体壁面

目前常用的三元催化转化器工作原理为

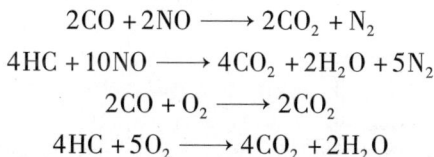

$$2CO + 2NO \longrightarrow 2CO_2 + N_2$$
$$4HC + 10NO \longrightarrow 4CO_2 + 2H_2O + 5N_2$$
$$2CO + O_2 \longrightarrow 2CO_2$$
$$4HC + 5O_2 \longrightarrow 4CO_2 + 2H_2O$$

三元催化转化器的转化效率与空燃比关系极大（图 9-6），要求空燃比保持在理论空燃比 14.7 ± 0.3 范围内。只有这样，催化剂才能既使 CO、HC 氧化，又使 NO_x 还原，实现催化剂三效。如果混合气过稀，只能净化 CO 和 HC；如果混合气过浓，只能净化 NO_x。为此，三元催化转化器必须与电喷发动机配合使用，并在三元催化转化器之前安装氧传感器，检测三元催化转化器入口处的氧气浓度，以便精确控制空燃比。

3. 废气再循环系统

废气再循环就是使部分废气再进入燃烧室，稀释混合气，降低燃烧温度，抑制 NO_x 生成的一种方法。但废气再循环会使发动机有效功率下降，经济性变差。所以，再循环的废气量应随工况而定。接近全负荷或高速运转时，为使发动机保持充足的动力，不进行废气再循环。在冷起动和暖机过程中，发动机温度较低，NO_x 排放量不大，为保持发动机运转的稳定性，也不进行废气再循环。同理，冷起动和怠速工况下也不进行废气再循环。

废气的回流量用废气再循环率（EGR 率）表示，最多不超过 25%。

扫一扫

催化转换器

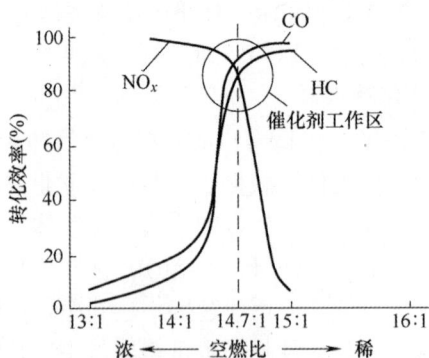

图9-6　三元催化转化器的转化效率与空燃比关系

$$EGR 率 = 废气的回流量/(新鲜进气量 + 废气的回流量) \times 100\%$$

废气再循环的方法有两种：其一，通过控制气门正时，使废气在气门叠开期间倒流入气缸，此方法称为内部再循环；其二，通过 EGR 阀和软管将排气管中的部分废气引入进气歧管，与新鲜混合气一起进入燃烧室的外部循环。图 9-7 所示为电子控制废气再循环控制系统（EGR 系统）。

当发动机运转时，发动机 ECU 根据转速、节气门位置、冷却液温度、点火开关、电源电压的信号，给电磁阀不同占空比的脉冲信号，使电磁阀开度改变，以调节进入真空控制阀的空气量，得到控制 EGR 阀不同开度所需的各种真空度，从而使适量的废气循环稀释进入的油气混合物，获得与发动机工况相匹配的 EGR 率。

使用中，EGR 阀易因严重积炭而导致"常闭不开"或"常开不闭"现象。前者使发动机温度过高、NO_x 排量增加，易发生爆燃现象；后者将使混合气变稀，造成动力不足、怠速不稳甚至熄火，也可能不能起动。所以，应注意检查、清洗或更换 EGR 阀。

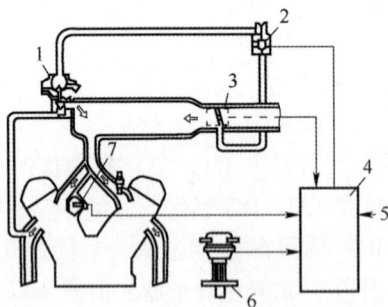

图9-7　电子控制废气再循环系统

1—EGR 阀　2—EGR 电磁阀　3—节气门位置传感器　4—ECU
5—起动信号　6—曲轴位置传感器　7—冷却液温度传感器

扫一扫

废气再循环系统

4. 二次空气喷射系统

二次空气喷射作为早期控制污染物排放的措施之一，目前与催化转换器配合使用。它同样由 ECU 控制二次空气喷射气道的导通，将空气引入催化转换器中（图9-8），实现对 NO_x、CO、HC 的转变。在将空气引入排气管的方式中，除了空气泵控制外，还可用排气脉冲波来实现。另外，随着研究的进一步深入，又出现了许多新技术。如停缸控制，它可根据负荷的不同要求，停止部分气缸的燃油供给与点火控制，减少浪费，提高发动机效率；再如加速踏板电控系统，可避免机械式加速踏板因为磨损而产生的误差，增加控制精度。

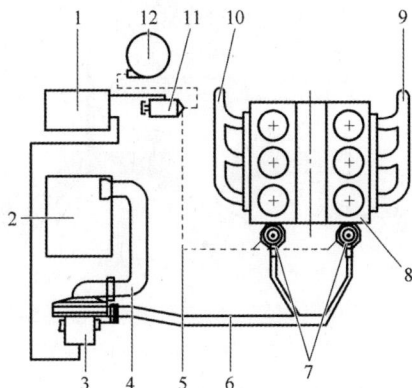

图 9-8 二次空气系统示意

1—发动机控制单元 2—空气滤清器 3—二次空气泵电动机 4、6—连接管 5—真空管
7—组合阀 8—发动机 9—左排气歧管 10—右排气歧管 11—二次空气阀 12—真空罐

（1）二次空气喷射系统的工作条件 冷车 5 ~ 33℃工作时间 100s；发动机冷起动开环控制模式下；热车 95℃以下工作 10s。冷却液温度 96℃以上二次空气喷射系统不工作。

（2）二次空气喷射系统的作用 降低 HC 和 CO 的排放量；缩短氧传感器的加热时间，使发动机控制模块尽快进入空燃比闭环控制过程。

（3）空气泵型二次空气喷射系统 空气泵型二次空气喷射系统主要由空气泵、分流阀、连接管道、空气喷射歧管等组成。

1）工作原理。当发动机工作时，通过直流电动机传动带带动空气泵运转，泵送量大而压力较低的空气流通过软管进入分流阀。正常情况下，分流阀上阀门开启，空气流经分流阀、单向阀进入空气喷射歧管。空气喷射歧管将空气流喷入发动机排气孔或排气歧管，与排气中的 HC、CO 反应，使其进一步转化成 CO_2 和水蒸气，以减少排气污染。一旦空气泵泵送的空气压力太高，释压阀起作用，切断向空气喷射歧管供应的空气，防止发动机产生回火，经过几秒后，双向作用阀下落，又恢复向空气喷射歧管供应空气，二次空气喷射系统正常工作。

当汽车冷起动时会要求比平常高的空燃比才能保证运转平稳。因此，电子控制模块（ECU）在冷起动时会命令发动机在开路循环模式（固定空燃比）下运转 20 ~ 120s，直到氧传感器达到正常温度。

空气泵型二次空气喷射系统的结构如图 9-9 所示。

2）组成。

① 二次空气泵：二次空气泵由电动机带动，叶片结构与水泵相似，通过离心力抽吸和泵出空气。

② 进气喷射控制组合阀（图 9-10）：进气喷射控制阀由电磁阀控制，电磁阀控制阀体通大气或者通真空，从而控制阀的打开和关闭。

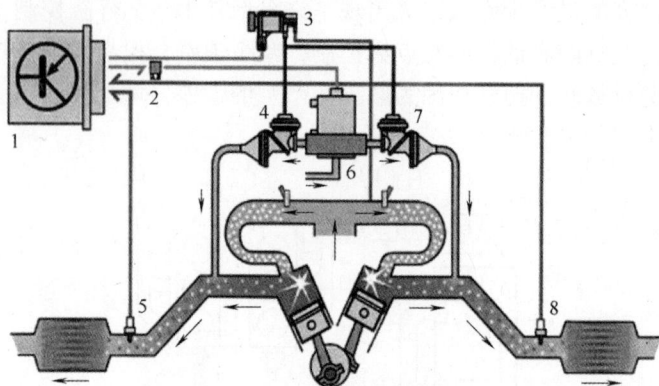

图 9-9　空气泵型二次空气喷射系统的结构

1—发动机控制单元　2—二次空气泵继电器　3—二次空气喷射继电器
4、7—二次空气分流阀　6—二次空气泵　5、8—氧传感器

③ 限压阀：主要由阀体、弹簧、阀门和阀座等组成，其作用是当发动机高速运转，空气泵泵送的空气流气压超过限压阀弹簧预调弹力时，空气压力克服弹簧弹力，促使阀门离开阀座，压力过大的空气则通过阀门与阀座间的通道经释气孔排入大气，从而使进入空气喷射歧管的空气压力基本上保持恒定；当空

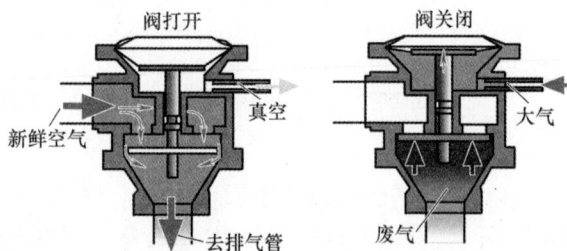

图 9-10　进气喷射控制组合阀

气泵送来的空气其压力低于弹簧预调弹力时，弹簧压阀门回位，从而切断了排往大气的通路。

④ 单向阀：装在空气喷射管上。它允许从空气泵来的具有一定压力的空气进入空气喷射歧管，而防止高温的发动机废气进入连接软管和空气泵。也就是说，若空气泵传动带断裂或传动打滑等原因造成空气泵停转或转速下降，空气连接软管漏气等不能向喷射系统正常供应空气时，单向阀可以保护二次空气喷射系统免受高温的废气损害。

⑤ 二次空气喷射歧管：空气喷射歧管通常是由不锈钢管焊接而成，其形状和分支数目由发动机的结构和气缸数目而定。空气喷射歧管的作用是把空气泵泵送的新鲜空气分别喷射进发动机排气门附近的排气孔里或喷入排气歧管。

5. 稀薄燃烧发动机

如果用比较稀的混合气使发动机工作，则可减少发动机的排放污染，同时可以降低油耗（图 9-11）。一般将空燃比大于 17 的混合气燃烧称为稀薄燃烧。使混合气逐渐变稀后，空燃比达到 23

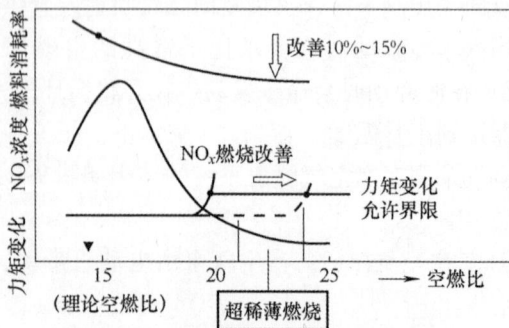

图 9-11　稀薄燃烧对发动机性能的影响

左右时，混合气还能保持稳定的燃烧。但空燃比超过 23，燃烧就会变得不稳定，空燃比达到 25 左右时，转矩就出现异常。因此，用燃烧压力传感器监视气缸内的压力，采用计算机控制稀薄燃烧的空燃比最大限度不超过 24。为了促进稀薄混合气的燃烧，在燃烧室内设置了产生涡流的涡流控制阀和螺旋进气道。

9.3　柴油车的排放净化

9.3.1　柴油机排放污染物的成因

从总体看，由于柴油机的平均混合气浓度比汽油机稀得多，即使在高负荷区，平均过量空气系数也远大于 1，所以柴油机总有足够的氧气对已形成的 CO 和 HC 进行氧化。柴油机的 CO 和 HC 排放量要比汽油机低得多。从细节上看，柴油机 CO 和 HC 的具体生成原因也与汽油机有所不同。

1. 一氧化碳

柴油机 CO 的生成主要源于缺氧造成喷注中过浓部分的不完全燃烧。

2. 碳氢化合物

柴油机 HC 的生成主要有下述两个原因。

1）滞燃期中，处于喷注前缘（图 9-12）的极稀混合气，其浓度远低于燃烧极限而无法着火便产生 HC。滞燃期越长，滞燃期中喷油量越多，过分稀释的混合气也越多，HC 排放也就增多。

2）在柴油机中，喷雾质量、喷雾贯穿度、与空气的混合等因素对未燃 HC 的生成影响很大。喷油器结构不合理，特别是针阀后压力室容积过大是形成未燃 HC 的重要原因。此外，窜机油、起动时不着火以及不正常喷射（如二次喷射）也是产生未燃 HC 的原因。在冷起动、怠速、低负荷等条件下，喷注中的大颗粒油滴来不及蒸发，严重的后燃也会造成未燃 HC 的排放。

3. 氮氧化物

柴油机的 NO_x 生成条件与汽油机相同，也是高温、富氧和较长的作用时间。但是达到上述条件的具体情况各不相同。

柴油机在燃烧过程中产生 NO_x 的区段有速燃期的稀燃火焰区和缓燃期的扩散燃烧区。因为这两个区段具有生成 NO_x 的条件。

4. 微粒和炭烟

柴油机中，微粒和炭烟的生成源于高温和局部混合气过浓。

混合气越浓，其中碳成分就越多。在柴油喷注中，混合气浓度由芯部的极浓到前缘的极稀，所以喷注在燃烧过程，芯部总会有自由碳产生。

混合气在高于一定温度条件下，某些燃料分子会产生热裂解而分解成许多分子量低而碳比例高的碳氢化合物，如乙炔、乙烯等，其中也有自由碳。以这些裂解产物为核心，会形成球形粒子，到一定尺寸后，多个粒子又会聚成键状的集合体。当燃烧进行到末期，缸内温度下降，一些未燃 HC 和有机、无机物凝结和粘附在这些集合体表面，这就成为柴油机排气中的微粒。

炭烟生成量与温度和混合气浓度的关系如图 9-13 所示。1327～1427℃的温度范围对炭烟形成的影响最大；混合气越浓，炭烟值越大。

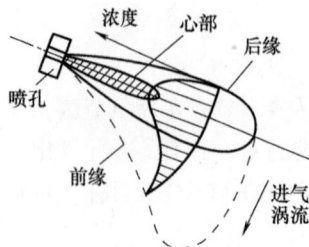

图 9-12　滞燃期喷入气缸内的喷注形状示意

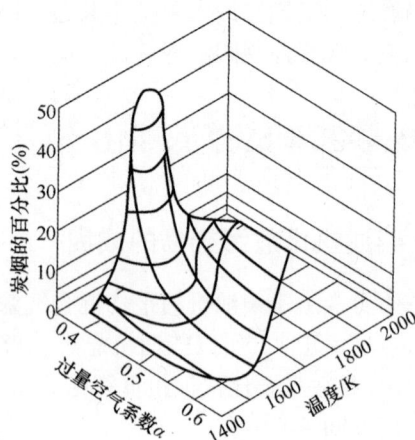

图 9-13　炭烟生成量与温度和混合气浓度的关系

9.3.2　柴油机排放污染物的主要影响因素

1. 混合气浓度

混合气浓度与直喷式柴油机排气污染物的关系如图 9-14 所示。尽管柴油机混合气不均匀，会有局部过浓区，但由于过量空气系数较大，氧气较充分，能对生成的 CO 在缸内进行氧化，因而一般 CO 较少，只是在接近冒烟界限时急剧增加。HC 也较少，当 α 增加时，HC 将随之上升。在 α 稍大于 1 的区域，虽然总体是富氧燃烧，但由于混合气不均匀，当局部高温缺氧使 $2 \geq \alpha > 1$ 时，就会急剧产生大量炭烟，随着 α 增大，炭烟浓度将迅速下降。柴油 NO_x 排放量随混合气浓度变稀、温度下降而减少。

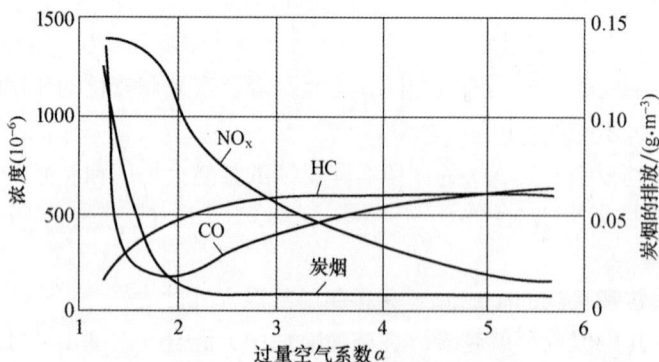

图 9-14　混合气浓度与直喷式柴油机排气污染物的关系

2. 运行工况

车用柴油机不仅在宽广的负荷和转速范围内工作，而且还经常进行加、减速工况转换。这些情况下的排放特性各有其自身特点，对总体排放量有着不可忽视的影响。

（1）稳定工况时负荷和转速变化的影响

① 柴油机负荷的变化就是混合气浓度的变化。CO 排放在大负荷和小负荷两头偏高；HC 排放则是随着负荷的减小而加大；NO_x 排放随着负荷的减小、燃烧温度的降低而降低；微粒炭烟排放量在中、低负荷时较低，而大负荷时急剧增长。

② 柴油机转速改变时，一般来说，HC 和 NO_x 排放变化不大；CO 则因高速时充气量下降和燃烧时间短而上升；低速时缸内温度和喷油压力较低，也使 CO 上升；微粒炭烟则在高速时增加，这是充气量下降，混合气变浓的缘故。

总之，工况对排放的影响总体表现为低速、低负荷时，CO 和 HC 排放偏高，而 NO_x 和微粒排放量很低；高速、高负荷时，微粒和 NO_x 排放上升；特别是微粒炭烟排放，即使是中、低转速，由于转矩校正、油量加大，往往烟度超标，所以低速冒烟常常成为车用柴油机的一个痼疾。

（2）柴油机的加、减速排放特性　对于全速式调速器，踩下加速踏板，相当于加大弹簧预紧力，调速器起作用，很快加大供油量，转矩上升，然后再下降达到新的平衡点，因此加速迅猛，过大的油量往往造成过高的炭烟和 HC、CO 排放量。而两速式调速器，踩下加速踏板直接操纵喷油泵供油拉杆，达到新的平衡点，加速平缓，污染物排放量的增加很少。柴油机的减速过程是减小供油量，所以污染物排放量下降。

（3）冷起动过程的影响　柴油机冷起动时，缸内压缩温度很低，燃油雾化条件差，相当部分会附着在燃烧室壁面，初期未燃 HC 以白烟的形式排出机外。由于起动时雾化程度低，直喷柴油机一般要加大 50% ~100% 的起动油量，因此炭烟、HC 和 CO 排放量必然增多。

3. 喷油提前角

推迟喷油，直接喷射式柴油机的 NO_x 大幅度下降，而间接喷射式涡流室式柴油机的 NO_x 的下降幅度则小一些。但是喷油过迟，燃油消耗率和炭烟排放都会恶化，对 CO 和 HC 的排放也有不利影响。

4. 喷油压力

近年来，提高喷油压力的高压喷射措施日渐成为直接喷射式柴油机机内净化的最佳手段。而间接喷射式柴油机，由于主要依靠气流进行雾化、混合，所以对喷油压力要求较低。

在循环喷油量和喷孔大小及分布不变的情况下，提高喷油压力就是加大喷油率，它直接产生以下两方面的效果。

① 降低微粒烟度的排放量。喷油压力提高，则喷雾粒子的粒径减小，贯穿度加大，喷雾锥角加大，再加上紊流的增强，直接促进了燃油与空气的混合。其直接效果是降低了某一时刻浓混合气成分的比例，使生成微粒炭烟的范围缩小。所以高压喷射必然使微粒炭烟排放降低。

② 降低油耗率。喷油率增大必然缩短喷油时间，使燃烧加速，从而使油耗率降低。

以上高压喷射降低烟度和油耗的优点，恰恰弥补了推迟喷油所带来的缺点。应认识到，高压喷射并没有明显削弱推迟喷油所带来的减小 NO_x 排放的效果。因此若将两种措施同时应用，进行合理调配后，NO_x 和微粒炭烟排放会同时降低。

9.3.3　降低柴油车废气排放的措施

柴油车排放控制技术主要有以下几个。

① 采用废气再循环控制系统。

② 采用电控可变进气涡流技术。

③ 采用废气涡轮增压与中冷技术。

④ 采用氧化催化转化器。

⑤ 采用四气门结构。

⑥ 发展电控柴油喷射系统，采用电控共轨喷射技术。

⑦ 采用可变配气相位技术。

⑧ 采用微粒捕集器。

1. 电控共轨柴油喷射系统

电控共轨柴油喷射技术改变了传统柱塞脉动供油原理，是在喷油泵、燃油压力传感器和 ECU 组成的闭环系统中，将喷射压力的产生和喷射过程彼此完全分开的一种供油方式。由喷油泵将高压燃油输送到被称为"共轨"（Common rail）的油管中，通过对共轨油管内油压进行精确控制，使高压油管的压力大小与发动机转速无关，可以大幅度减少柴油机供油压力随发动机转速的变化，因此也就减少了传统柴油机的缺陷。采用该技术的最大特点是喷油正时与燃油计量完全分开，喷油压力、喷油量和喷油时刻由 ECU 控制，其喷油压力在整个喷油期内几乎保持恒定，最大值可达到 135MPa，是普通柴油机喷油压力的数倍，大大降低了柴油发动机的排放污染。

博世电控共轨
柴油喷射系统

2. 微粒捕集器

微粒捕集器也称为柴油机微粒过滤器。作为微粒捕集器的过滤材料可以是陶瓷蜂窝载体、陶瓷纤维编织物、金属蜂窝载体和金属纤维编织物等。

目前应用最多的是壁流式蜂窝陶瓷微粒捕集器（图 9-15a），与一般催化剂载体不同的是，这种微粒捕集器的壁面是多孔陶瓷，相邻的两个通道中，一个通道的出口侧被堵住，而另一通道的进口侧被堵住。这就迫使排气由入口敞开的通道进入，穿过多孔陶瓷壁面进入相邻的出口敞开通道，而微粒就被过滤在通道壁面上。这种微粒捕集器对炭烟的过滤效率可达90%以上，可溶性有机成分 SOF（主要是高沸点 HC）也能部分被捕集。与催化器不同的是，一般微粒捕集器只是一种物理性的降低排气微粒的方法。随着过滤下来的微粒的积累，排气背压增加，使发动机动力性和经济性恶化。因此，必须及时除去微粒捕集器中的微粒，以便能继续工作。除去微粒捕集器中积存的微粒称为再生，这是微粒捕集器实用化中的关键技术。

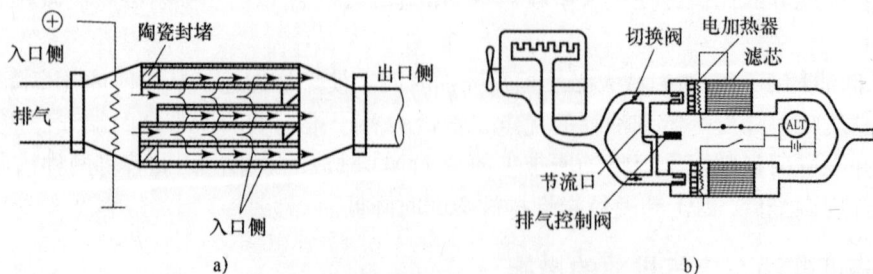

图 9-15 微粒捕集器及其控制系统

a）微粒捕集器 b）控制系统

微粒捕集器常采用的再生方法是断续加热。

在实际使用加热再生方法时，需要一套复杂的控制系统。图 9-15b 所示给出了一例微粒捕集器控制系统。排气系统中装有两个微粒捕集器，当一侧的捕集器由于微粒的存积使排气背压升高到一定限值时，再生系统启动，通过电磁阀切换，使排气流向另一侧的捕集器；同时对积存了微粒的捕集器进行电加热以烧掉微粒使其再生。这样，两侧的微粒捕集器就交替工作或再生。

3. SCR 技术

对于柴油机而言，可通过使用选择性催化还原（SCR）技术，利用尿素溶液对尾气中的氮氧化物进行处理，使其符合国家排放要求。下面以康明斯 ISLe 发动机为例，介绍 SCR 的主要结构和工作原理。

（1）SCR 主要结构部件　SCR 又称选择性催化还原系统，是控制柴油机排放后处理的一种装置，它是将尿素溶液喷射到排气管中，尿素溶液由于高温分解为 NH_3 和二氧化碳 CO_2，NH_3 又在催化剂作用下，与氮氧化合物 NO、NO_2 发生反应，将其还原成氮气和水。选择性催化还原系统如图 9-16 所示。

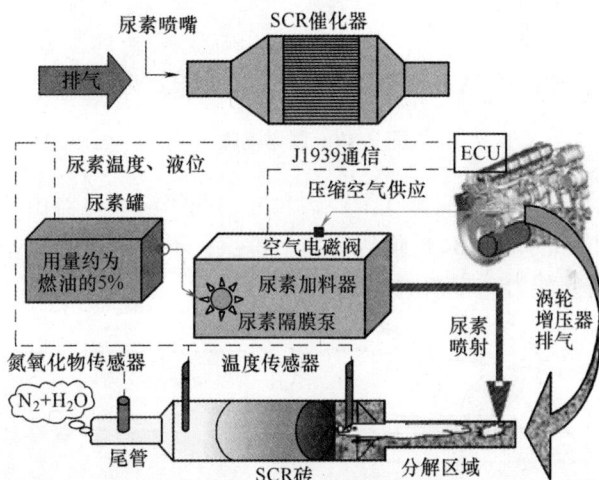

图 9-16　选择性催化还原系统

SCR 系统中的主要部件有尿素罐、尿素加料装置（尿素泵）、尿素喷嘴、催化器、排气温度传感器、氮氧化物传感器。

1）尿素罐。尿素罐用于储存工业尿素，主要由尿素罐液位、尿素滤清器和温度传感器组成，尿素罐液位和温度传感器分别监测尿素罐的液位及温度，如图 9-17 所示。

2）尿素加料装置（尿素泵）。加料装置本质上是一个智能泵，在发动机 ECU 的控制下将尿素加料到喷射器喷嘴上进行喷射，如图 9-18 所示。

尿素加料泵按照发动机 ECU 发出的 CAN 指令输送尿素溶液。尿素加料系统利用系统提供的压缩空气传送一定剂量的尿素到喷嘴上。尿素加料泵具有一个内置加热装置，允许系统在外部温度为 –40℃ 以下工作（尿素在 –11℃ 时冻结）。尿素加料泵集成了自诊断程序，通过 J1939CAN 通信接口发送 OBD 信息，向系统报告自身的运行状况。尿素加料泵可以适应 12V 和 24V 电源电压。

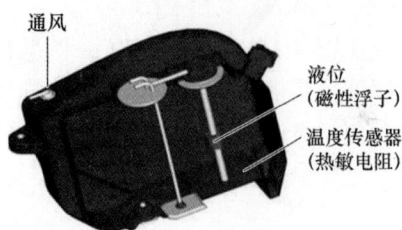

图9-17 尿素罐

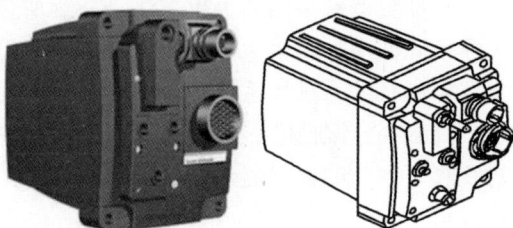

图9-18 尿素泵

3）尿素喷嘴。尿素喷嘴由不锈钢制成，喷射器管焊接在喷射器喷嘴体上，如图9-19所示。

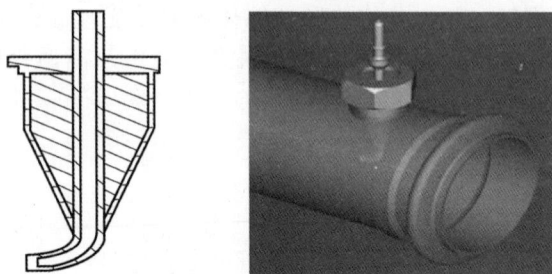

图9-19 尿素喷嘴

4）催化器。催化器通常是当前排气消声器尺寸的两倍。催化器由消声器和SCR催化砖两部分组成，如图9-20所示。SCR催化砖有如下特点：不含贵重金属、良好的NH_3吸收能力和良好的氮氧化物转换能力、带褶皱的玻璃纤维纸、可以卷成不同的尺寸和形状。

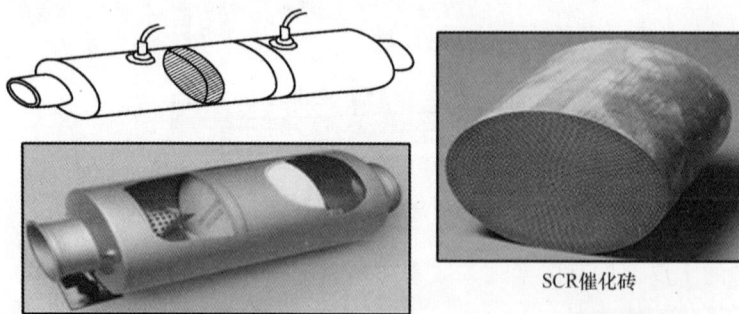

SCR催化砖

图9-20 催化器

5）排气温度传感器。SCR系统上装有两个排气温度传感器，一个进口排气温度传感器和一个出口排气温度传感器，它们是用来监测催化器的温度的，如图9-21所示。

6）氮氧化物传感器。后处理出口氮氧化物传感器的位置根据发动机用途的不同而变化，通常位于排气系统中的后处理催化器的出口处，如图9-22所示。

后处理出口氮氧化物传感器是一个精密设备，用于测量发动机出口氮氧化物的排放，它接收来自发动机电子控制模块的指令。它永久连接在氮氧化物控制模块上，作为一个整体部件进行维修，并且不能单独进行更换。

图 9-21　排气温度传感器

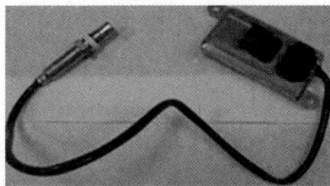

图 9-22　氮氧化物传感器

（2）SCR 工作原理　SCR 由 ECU 控制加料泵非常精确地喷射液体尿素到催化器上游的排气系统中，将发动机排气产生的氮氧化物转化成氮气和水。SCR 工作原理如图 9-23 所示。

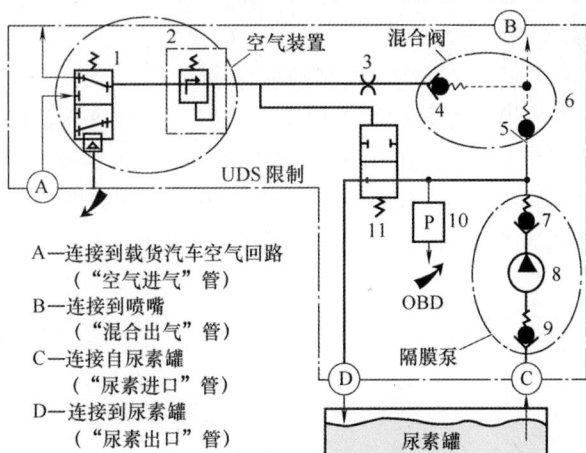

图 9-23　SCR 工作原理

1—气阀（由电磁阀控制）　2—空气压力调节器（0.4MPa）　3—计量孔　4—空气单向阀

5—背压阀（BPV）　6—混合室　7—出口单向阀（弹簧加载）　8—驱动膜盒

9—进口单向阀（弹簧加载）　10—压力开关　11—气动阀（AAV）

在正常工作情况下，系统工作过程是：系统自检→系统预注→等待加料→系统加料→系统排空。

1）系统自检。钥匙开关转到 ON 位置，加料器加电自检。驱动电动机转一下，使驱动轮上的一个金属参考点与电路板上的监测点对正后，驱动电动机停止转动。这时尿素输送泵驱动杆处于释放状态。

2）系统预注。每次发动机起动成功，开始运行时，系统都会开始预注阶段。加料器内隔膜泵开始全速运转，尿素溶液通过隔膜泵循环并流回到尿素罐中，以便排空系统中的空气。该过程持续 30s。

如果预注阶段成功：①空气电磁阀在预注阶段末期通电打开，压缩空气进入加料器；②检查尿素压力；③隔膜泵停止工作。

如果预注阶段第一次不成功：①空气电磁阀立即断电，切断空气，隔膜泵电动机将再次全速运转 30s；②这一过程可重复 20 次，如果 20 次后仍不成功，则提示 SCR 泵状态控制加料器错误。

3）等待加料。在预注阶段末期，空气电磁阀打开，加料器电动机停止。压缩空气一直进入喷嘴，隔膜泵不转，不喷尿素。加料器此时准备好进行加料，加料阶段由发动机 ECU

根据发动机产生的氮氧化物和排气温度进行控制。

除非满足喷入尿素的条件，加料器不会开始加入尿素，但是发动机运转时，空气通过加料器、喷嘴、尿素供应管持续加入，以避免喷嘴堵塞。在加料阶段，空气压力调节到40kPa，空气持续穿过空气电磁阀进入喷嘴。

4）系统加料。加入尿素的条件如下。

① 在催化器进口和出口排气温度都达到200℃以上。

② 没有与SCR系统相关的OBD故障码。

③ 尿素罐液位高于6%。

④ 空气压力高于0.4MPa，而尿素压力为0.3MPa。

⑤ 尿素罐内尿素温度超过-5℃。

⑥ ECU根据康明斯氮氧化物算法，发出喷射命令。

5）系统排空。当钥匙开关转到OFF（断开）位置，系统进入清除阶段。压缩空气从喷嘴和加料器中流过。空气将任何残留的尿素从系统中排出，否则这些液滴可能堵塞加料器单向阀或喷油器喷嘴。此阶段将延续30s，然后系统关闭。每次钥匙开关关闭循环，都会进行排空工作。如果在发动机正常运行期间，SCR系统故障变为现行故障，SCR系统将关闭。

【小 结】

1. 汽车排放污染物是汽车排放物中污染环境的各种物质，主要有一氧化碳（CO）、碳氢化合物（HC）、氮氧化物（NO_x）和微粒物（PM）等。

2. 汽油机排放污染物的主要影响因素有：混合气浓度、运行工况、火花质量和点火提前角、配气相位等。

3. 降低汽油车排放的控制技术主要是采用曲轴箱强制通风装置、燃油蒸发控制系统、电控多点燃油喷射系统、氧化催化转化器、废气再循环系统、高能电子点火和控制系统、稀薄燃烧发动机技术、多气门技术、可变配气相位和进气旋流等技术。采用车载诊断系统，对汽油车排放控制系统进行自动监控等。

4. 柴油机排放污染物的主要影响因素有混合气浓度、运行工况、喷油提前角、喷油压力等。

5. 柴油车排放控制技术主要是采用废气再循环控制系统、电控可变进气涡流技术、废气涡轮增压与中冷技术、氧化催化转化器、四气门结构，发展电控柴油喷射系统，采用电控共轨喷射技术、可变配气相位技术、微粒捕集器等。

【课后练习题】

1. 汽车排放污染物有哪些？对人体有何危害？

2. 汽油机排放污染物的成因及其影响因素有哪些？

3. 降低汽油车废气排放的措施有哪些？废气再循环系统是如何工作的？

4. 柴油机排放污染物的成因及其影响因素有哪些？

5. 降低柴油车废气排放的措施有哪些？

参 考 文 献

[1] 关文达. 汽车构造 [M]. 北京：机械工业出版社，1999.
[2] 鲁民巧. 汽车构造 [M]. 北京：机械工业出版社，2003.
[3] 田其铸. 汽车构造 [M]. 哈尔滨：哈尔滨出版社，1997.
[4] 陈家瑞. 汽车构造 [M]. 北京：人民交通出版社，2003.
[5] 李春明. 汽车电器与电路 [M]. 北京：高等教育出版社，2003.
[6] 李春明. 汽车构造 [M]. 北京：北京理工大学出版社，2008.
[7] 刘艳莉. 汽车构造与使用 [M]. 北京：人民邮电出版社，2009.
[8] 谭本忠. 汽车底盘构造与维修图解教程 [M]. 北京：机械工业出版社，2008.
[9] 李晶华. 汽车构造 [M]. 北京：机械工业出版社，2009.

读者沟通卡

一、申请课件

本书附赠教学课件供任课教师采用，可在**机械工业出版社教育服务网**（www.cmpedu.com）注册后免费下载；也可扫描二维码关注"机工汽车"微信订阅号获取课件。

　机工汽车	**免费下载**　教学课件、学习视频、海量学习资料 ➢　扫描二维码，关注"机工汽车" ➢　点击"粉丝互动"→"视频课件"

二、加入机工汽车教师群

任课教师可加入**"机工汽车教师群"**，与教材主编、编辑直接沟通交流。**"机工汽车教师群"**提供最新教材信息、教材特色介绍、专业教材推荐、样书申请、出版合作等服务。

QQ 群号码：7348129，本群实施实名制，请以"院校名称+姓名"的方式申请加入。

三、微信购书

　车界瞭望	关注汽车分社微信订阅号**"车界瞭望"**，可直达机工社旗下网络购书平台**"汽车书院"**，第一时间购买新书，获取车界前沿资讯

四、意见反馈和编写合作

联 系 人：赵海青　齐福江　母云红
电　　话：010-88379353、88379160、88379439
电子信箱：13744491@qq.com、502135950@qq.com、2455675943@qq.com
地　　址：北京市西城区百万庄大街 22 号汽车分社
邮　　编：100037